民国报刊中的
军政人物与事件

以1926-1932年
《大公报》为中心视角

曹明臣 著

团结出版社

© 团结出版社，2024 年

图书在版编目（ＣＩＰ）数据

民国报刊中的军政人物与事件：以 1926-1932 年《大
公报》为中心视角 / 曹明臣著 . -- 北京：团结出版社，
2024.8
　ISBN 978-7-5234-0453-9

　Ⅰ . ①民… Ⅱ . ①曹… Ⅲ . ①《大公报》- 史料 - 研
究 - 1926-1932 Ⅳ . ① G219.296

中国国家版本馆 CIP 数据核字 (2023) 第 187661 号

责任编辑：王思柠
封面设计：谭　浩

出　版：团结出版社
　　　　（北京市东城区东皇城根南街 84 号　邮编：100006）
电　话：（010）65228880　65244790
网　址：http://www.tjpress.com
E-mail：zb65244790@vip.163.com
经　销：全国新华书店
印　装：济南精致印务有限公司

开　本：170mm×240mm　　16 开
印　张：18.5　　　　　　　　字　数：266 千字
版　次：2024 年 8 月 第 1 版　　印　次：2024 年 8 月 第 1 次印刷

书　号：978-7-5234-0453-9
定　价：59.00 元
　　　　（版权所属，盗版必究）

摘　要

　　民国时期，独立的新闻媒体通过对当时军政人物与事件的报道与评论，引导社会舆论，进而对相关军政人物与事件产生一定影响。积极处理与新闻媒体的关系，是民国主要军政人物借以推动重大事件朝着预定方向发展的重要手段。从新闻媒体的视角研究民国军政人物与事件，是研究视角上的重要创新。

　　1926—1932年，《大公报》对北伐"孙蒋"江西之战、"汉赣党潮"、"反共清党"、宁汉之争、南北妥协、蒋介石第一次下野与复职、北伐讨奉、蒋桂战争、蒋冯战争、中原大战、约法之争、胡汉民"辞职"、宁粤对峙与和谈、蒋介石第二次下野与复职等重大事件进行了深入的报道与评论，反映了该报对民国军政人物与事件的基本认知变化情况。这种认知受到该报的自身立场、局势的进展与相关人物的进退、当局的新闻检查与控制等多方面的影响，具有过程性、全景式、真实性、导向性等鲜明特点。该报的报道与评论以及由此反映出的社会舆论，对相关历史事件的发展产生了一定程度的影响。在相关历史事件中，主要军政人物非常注重处理与新闻媒体的关系。在不同阶段，主要军政人物与新闻媒体的关系有所不同，他们对新闻媒体的利用与干涉也会产生不同的效果。

　　透过新闻媒体这一视角，主要利用《大公报》资料，研究民国军政人物与事件问题，考察当时的新闻媒体是如何认识这些军政人物与事件的，是如何对军政人物的进退与事件的发展产生影响的，可以进一步丰富民国军政人物与事件的历史图景，展现一个与以往民国史研究不同的新面相，从而深化中华民国史及其他相关领域的研究。

　　关键词：《大公报》；军政人物；事件；认知；作用

Abstract

Independent news media guide public opinion by reporting and commenting on military and political figures and events during the Republic of China period, thereby having a certain impact on relevant military and political figures and events. The main military and political figures of the Republic of China actively handled their relationships with the media as an important means to promote the development of historical events in the predetermined direction. Studying military and political figures and events of the Republic of China from the perspective of media is an important innovation in the research perspective.

From 1926 to 1932, Ta Kung Pao carried out in−depth reports and comments on major events such as The War between Chiang Kai shek and Sun Chuanfang in Jiangxi during the Northern Expedition, The Party Struggle between Wuhan and Nanchang, Anti communist and purging the party, The Struggle between Nanjing and Wuhan, Compromise between the South and the North, Chiang Kai shek's First Step Down and Restoration, Northern Expedition to Conquer the Feng Clan, Chiang−Gui War, Jiang Feng War, Central Plains War, Debate over the Constitution, Hu Hanmin Resigns, Chiang Kai shek's Second Outfall and Restoration.These reports and comments reflect the basic cognitive changes of the newspaper regarding military and political figures and events in the Republic of China. This perception is influenced by various factors such as the media's own stance, the progress of the situation, the advancement or retreat of relevant figures, and the authorities' news inspection and control. This kind of cognition has distinct characteristics such as process, panoramic, authenticity and influence. The report and comments of the newspaper, as well as the social public opinion reflected thereby, have had a certain degree of impact on the development of related historical events. In historical events, major military and political figures attach great importance to handling relationships with the media. The relationship between major military and political figures and the media varies at different stages, and their use and interference with the media can also have different effects.

From the perspective of news media, this topic mainly uses the Ta Kung Pao materials to study the military and political figures and events of the Republic of China, and investigate how the news media at that time understood these military and political figures and events, and how they affected the advance or retreat of military and political figures and the development of events. Through these efforts, this topic can highlight the rich historical landscape of military and political figures and events in the Republic of China, showcase a new perspective different from previous studies on the history of the Republic of China, and further deepen the study of the history of the Republic of China and other related fields.

Key words: Ta Kung Pao; Military and political figures; Event; Cognition; Role

目　录

绪 论

一、选题的缘起与研究的意义

（一）选题的缘起

1. 1926—1932 年民国军政人物与事件

1926—1932 年是民国史上最为混乱的时期之一，其间历经国共合作的北伐战争、宁汉分裂与合流、国民党"反共清党"、北伐讨奉、东北易帜、蒋桂战争、蒋冯战争、中原大战、约法之争、宁粤对峙与和解等一系列重大事件。

此时期的乱局与国民党的"党争"有很大关系。孙中山逝世后，国民党随即面临"建党的第一代魅力领袖去世后的权力继替问题"。[1] 在很长一段时期内，孙中山的几位得力助手，包括胡汉民、汪精卫、蒋介石等人，就国民党的最高领导权问题，相互之间展开了激烈的竞争。在这一竞争过程中，蒋介石作为一个革命"后辈"，以军权坐大，成为最后的赢家。

直到 1932 年 3 月，蒋介石经过两次下野与复职之后，其"党国领袖"的地位才基本确立，国民党的党争问题才基本上告一段落。1932 年以后，虽然有 1933 年察哈尔抗日同盟军事件、1936 年 6 月的两广事变与 12 月的西安事变，这些都对国民党的南京中央政府及蒋介石的领导权威构成了一定挑战，但与此前完全不同的是，这些挑战的直接目标并不是否定国民党南京中央政府的权威与蒋介石的"党国领袖"地位，而是对日不抵抗政策。[2] 因此，与 1932

---

[1] 王奇生：《党员、党权与党争——1924—1949 年中国国民党的组织形态》，北京：华文出版社，2009 年，第 92 页。

[2] 1933 年 11 月，十九路军发动福建事变，之后组织中华共和国人民革命政府，放弃国民党旗号，因而不能视之为国民党内部势力对蒋介石领袖地位的挑战。

年之前蒋介石的领袖地位不断受到党内各派的挑战、反蒋派经常与南京中央分庭抗礼的局面完全不同的是，"此后党内再难形成各派联合一致的反蒋基础，国民党基本形成了以蒋介石为主导、各派联合统治的局面。"①

正是基于此，本书尝试将 1926—1932 年的民国军政人物与事件作为一个独立的对象进行考察。

2. 为何选择《大公报》

在中国近代报刊史上，《大公报》是值得重视的一份报纸。该报的三位续办人张季鸾、胡政之、吴鼎昌都是留日学生，都在日本接受了西方自由主义思想文化的洗礼。在办报过程中，他们奉英国《泰晤士报》和美国《纽约时报》为楷模，以言论自由为追求。张季鸾就公开宣称："中国报人本来以英美式的自由主义为理想，是自由职业者的一门。其信仰是言论自由，而职业独立。对政治，贵敢言，对新闻，贵争快，从消极的说，是反统制，反干涉。"② 学者任桐就直接指出，《大公报》人是自由主义知识分子群落中的一员。③ 可见，《大公报》是中国近代自由主义知识分子办的报纸。

因为是近代自由主义知识分子办的报纸，其特色就非常鲜明。胡政之对此有很好的说明："自从我们接办了大公报以后，为中国报界辟了一条新路径。我们的报纸与政治有联系……但同时我们仍把报纸当作营业做，并没有和实际政治发生分外的联系。我们的最高目的是要使报纸有政治意识而不参加实际政治，要当事业做而不单是大家混饭吃就算了事。这样努力一、二十年之后，使报纸真正代表国民说话。"④ 所谓"新路径"，就是文人论政，论政而不参政，经营不为营利，以言论报国，为民众说话。《大公报》坚持"不党、不卖、不私、不盲"的"四不"社训，是对这条"新路径"的最好

---

① 金以林：《从汪、胡联手到蒋、汪合作——以 1931 年宁粤上海和谈为中心》，《近代史研究》2004 年第 1 期。

② 张季鸾：《季鸾文存》（下卷），重庆：大公报社，1944 年，第 151 页。

③ 任桐：《徘徊于民本与民主之间：〈大公报〉政治改良言论述评（1927–1937）》，北京：生活·读书·新知三联书店，2004 年，第 21 页。

④ 周雨：《大公报史（1902–1949）》，南京：江苏古籍出版社，1993 年，第 28 页。

诠释。①

从"四不"社训的表述看,其核心是独立性。台湾学者赖光临在《七十年中国报业史》中认为,"独立报纸"不同于政治性报纸与商业性报纸,但兼有两类报纸的特色,即以商业经营为手段,不以营利作目标,仍保持文人论政的本色与宗旨。独立报人在政治上不参加或附属任何党派,经济上求自立,不受政治投资,不纳外人资本。"这类报纸,最具代表性的,当推大公报。"② 美国学者易劳逸也肯定了《大公报》是"一家持独立立场的大报"。③

可见,《大公报》是一份独立的文人论政性质的报纸。相对于当时的《申报》《新闻报》等以营利为目的的商业性报纸而言,《大公报》是一份"事业与营业兼顾"的文人论政性质的报纸,是社会舆论的重镇;相对于国民党《中央日报》这类政治性报纸而言,《大公报》是一份独立的大众报纸,是大众媒体的代表。正是作为一份独立的文人论政性质的报纸,《大公报》在1926年续刊后,很快由中国北方社会的舆论重镇发展为全国的舆论重镇,其言论足以影响全国。

《大公报》在1926年续刊后,对当时军政人物与事件的报道与评论,不仅在广度上和深度上大大超过了其他报刊,还更少受到政治立场与经济利益的影响。因此,本书以《大公报》的报道与评论为中心,考察1926—1932年

---

① 《大公报》在续刊的第一日就刊登《本社同人之志趣》(1926年9月1日第1版),其中提出了"不党、不卖、不私、不盲"的"四不"社训。"不党"指"原则上等视各党,纯以公民之地位发表意见,此外无成见,无背景,凡其行为利于国者,吾人拥护之,其害国者,纠弹之,勉附清议之末,以彰是非之公";"不卖"指"吾人声明不以言论作交易,换言之,不受一切带有政治性之金钱补助,且不接受政治方面之入股投资是也,是以吾人之言论,或不免囿于智识及感情,而断不以金钱所左右";"不私"指"本社同人,除愿忠于报纸固有之职务外,并无私图,易言之,对于报纸并无私用,愿向全国开放,使为公众喉舌";"不盲"指"夫随声附和,是为盲从;一知半解,是为盲信;感情冲动,不事详求,是为盲动;评诋激烈,昧于事实,是谓盲争;吾人诚不明,而不愿自限于盲"。

② 赖光临:《七十年中国报业史》,台北:中央日报社,1981年,第111—112页。

③ (美)费正清,(美)费维恺编,刘敬坤等译:《剑桥中华民国史:1912-1949》(下),北京:中国社会科学出版社,1994年,第160页。

报刊视野中的民国军政人物与事件。①

（二）研究的意义

第一，进一步拓展对国民党派系斗争史乃至中华民国史的研究。

国民党内部历来成分复杂、派系众多。金以林曾把国民党各派军事势力角斗的原因归结为更深层次的矛盾，即国民党高层派系政治。② 郭绪印也认为"辩证地、动态地观察中国国民党史，就能看出中国国民党史简直就是一部派系斗争史"。③ 可见，国民党派系斗争是中华民国史的重要组成部分。对于国民党派系斗争史乃至中华民国史的研究，学术界已经有很多成果。当然，学术研究无止境。就研究视角而言，视角不同，所展现的历史人物与事件的面相也不完全一样。多一个观察视角，我们的认识便更深一层。1926—1932 年，《大公报》对国民党派系斗争有大量探讨。例如，蒋介石1927 年第一次下野时，《大公报》特别指出蒋介石之所以下野，其中很重要的一个原因是"军官"与"黄埔"之分派。《大公报》认为"今番之事，军官派拉腿为蒋氏第一致命伤"。④ 这其实就是从国民党派系斗争的角度分析蒋介石下野的原因。此外，《大公报》对此时期的宁汉对峙、宁粤对峙、蒋汪关系、蒋胡关系、蒋桂关系、蒋冯关系等各方面均有观察。因此，以《大公报》的报道与评论为中心，来探讨此时期民国军政人物与事件问题，可以换一个角度来认识国民党派系斗争的基本面相和内在缘由，拓展对国民党派系斗争史的研究，从而进一步深化对中华民国史的研究。

第二，进一步拓展对《大公报》史的研究。

---

① 以 1926—1932 年的《大公报》报道与评论为中心，即以《大公报》报道与评论为主要研究资料，而不仅以研究《大公报》的言论为目的。《大公报》言论，通常情况下是指《大公报》社评所表达的意见与主张，代表了《大公报》本身的立场，其他如新闻报道与新闻通讯等内容，虽然一定程度上受到《大公报》基本立场的影响，但是并不能完全与之等同。本书希望将《大公报》作为一个视窗，通过这一视窗，窥视当时的大众媒体对相关问题的认知状况、关注焦点与价值取向，同时借以考察民国军政人物与媒体乃至社会舆论之间的互动情况。因此，本书在关注《大公报》社评的同时，也注意分析社评以外的新闻报道与新闻通讯，有时甚至涉及"读者论坛"中的个别文章。

② 金以林：《国民党高层的派系政治：蒋介石"最高领袖"地位是如何确立的》，北京：社会科学文献出版社，2009 年，第 1 页。

③ 郭绪印主编：《国民党派系斗争史》，上海：上海人民出版社，1992 年，序言第 1 页。

④ 《蒋介石下野之因果》，《大公报》1927 年 8 月 21 日第 2 版。

张宪文先生指出，"报纸是文字史料的一种，也是比较重要的史料，通过它可以看到当时社会的各个方面"。[①]《大公报》是中国近现代史上一份有着广泛影响的报纸。由于坚持"不党、不卖、不私、不盲"的"四不"社训，该报报道较为客观、全面，评论较为公正、合理。与《申报》《新闻报》等大报侧重于新闻报道不同，该报不仅重视对事件与人物的新闻报道，还更注重于分析与评论，尤其是其社评，在当时独树一帜。例如，在蒋介石第一次下野期间，该报对蒋介石下野的原因，对蒋介石访日与蒋宋联姻的政治动机，对蒋介石复职过程中的蒋汪、蒋桂关系，均提出了自己的看法与主张，充分体现了文人论政的特点，也从一个侧面反映了当时社会的关注热点与价值取向。再如，在1931年宁粤对峙期间，该报对宁粤对峙与和解极为关注，予以了充分的报道与评论。该报反对军事冲突、坚持和平解决政争的立场与言论，从一个侧面反映了当时社会舆论的基本倾向。而这种舆论倾向对宁粤双方均产生了一定的影响，不断把宁粤双方从对抗引向和解，在一定程度上影响了宁粤对峙与和解的历史进程。因此，以《大公报》资料为中心，来探讨此时期民国军政人物与事件问题，也可以了解到《大公报》报道与评论的基本特点、所持立场与基本态度，尤其是在此时期所经历的变化情况。

二、学术史的回顾与反思

这里从整体性研究和专题性研究两个方面对《大公报》研究的状况作一简要回顾。

（一）整体性研究

对于《大公报》史的整体研究与总结，突出的研究成果有以下几种。

一是周雨的《大公报史（1902—1949）》（江苏古籍出版社，1993年）。该著作是改革开放以来国内第一部比较完整总结《大公报》历史的专著。作者的宗旨是"本着实事求是的精神，力求恢复旧中国时期大公报的本来面貌，写出一部全面反映大公报历史、它的特点和发展规律的专书，使之成为一部

---

① 张宪文：《中国现代史史料学》，济南：山东人民出版社，1985年，第78页。

信史。"① 该著用了较长的篇幅对抗战以前《大公报》的言论作了分析说明，如"标榜不偏不倚""指责权贵人物""反对屠杀青年""应付国民党新军阀混战""与国民党蒋介石的关系"等。

二是吴廷俊的《新记〈大公报〉史稿》（武汉出版社，1994年）。该著作是非《大公报》人写的第一本《大公报》史。书中对吴鼎昌、胡政之、张季鸾等一系列人物的介绍，对不同时期《大公报》的述评，都有作者自己的见解。该著作对创业时期（1926.9–1928.9）及发展时期（1928.9–1936.9）《大公报》的事业发展、新闻与言论、副刊和专刊、办报主张等问题作了全面的分析，指出它既不是党人办的报纸，又不是商人办的报纸，它是一份文人办的报纸。

三是方汉奇的《〈大公报〉百年史》（中国人民大学出版社，2004年）。该著作系统介绍和评析了《大公报》1902—2002年整整一百年的历史，是对《大公报》历史的全面研究。该著作第四章"涅槃后的新生"、第五章"由地方报纸发展成全国性大报"对续刊后新记《大公报》的最初发展历程作了概述，对于期间《大公报》的报人、版面、内容、言论、经营、管理等进行了介绍和分析。该著作对《大公报》的历史地位作了论述，认为《大公报》是一份文人论政的报纸，是一份爱国的报纸。此外，该著作还修正了一些历来不准确的说法，如大公报是"政学系的机关报""大资产阶级的报纸""小骂大帮忙"等。总体上说，该著作代表了《大公报》研究的一个新的高度。

四是俞凡的《新记大公报再研究》（中国社会科学出版社，2016年）。该著作以台北"国史馆"藏"蒋介石档案"为主要材料，以新记《大公报》与蒋介石国民党政府的关系为主线，以吴鼎昌、胡政之、张季鸾、王芸生等新闻巨头在国、共、日三方关系中的重要事件为节点，结合《大公报》主要社评及新闻，从试探时期（1926—1933）、合流时期（1933—1941）、分歧时期（1941—1946）、决裂时期（1946—1949）四个时期对该报的历史进行了再考察，揭示了《大公报》与蒋介石所领导的南京国民政府由相互试探到密切合流再到产生分歧最终决裂的基本历程，对这份近代史上重要的民营报刊做出

---

① 周雨：《大公报史（1902–1949）》，南京：江苏古籍出版社，1993年，第447页。

了新的评价，同时也为如何评价近代史上的民营报刊与政府间关系这一重要问题提出了新的思路。

其他论著如赖光临的《中国近代报人与报业》（台北商务印书馆，1987年），曾虚白的《中国新闻史》（台北三民书局，1993年），方汉奇主著的《中国新闻事业通史》第2卷（中国人民大学出版社，1996年），马艺主编的《天津新闻传播史纲要》（新华出版社，2005年）等也都对《大公报》历史作了整体性的论述。

（二）专题性研究

1.《大公报》言论研究方面

贾晓慧的《〈大公报〉新论》（天津人民出版社，2002年）探讨了20世纪30年代《大公报》与中国现代化的关系，认为在中国处于内外危机的国难时期，《大公报》把工业化当作中国的唯一出路，并提出了非资非社的现代化方案，力图通过国民党政权，争取一个相对稳定的国际国内环境，自上而下地来实现经济层面的现代化。该著作指出，《大公报》把国家现代化与拥护国民政府联系起来，又因其不具备领导现代化的政治条件——廉洁有能，因而对它的支持与指责就像一枚硬币的两面，贯穿于现代化的过程中。任桐的《徘徊于民本与民生之间——〈大公报〉政治改良言论评述（1927–1937）》（生活·读书·新知三联书店，2004年）将《大公报》定位为泛政治化的民营报纸，并以分析《大公报》社评为基础，以新记《大公报》最初十年发展期间对政治改良思想的传播为主线展开论述，以期彰显《大公报》人基于民本思想、期于民主政治、弘扬民族主义的自由主义理念。书中对《大公报》宣扬和平裁兵思潮的解读，突出了《大公报》明显的民本主义倾向。马冬的博士论文《国民党"以党治国"政策对于公共舆论的影响研究 ——以新记〈大公报〉（1932–1935）为中心》（中央民族大学，2019年）主要分析了1932年8月至1935年7月国民党直接统治华北地区时以《大公报》新闻、短评为主构成的公共舆论内容，结合此时期国民党"以党治国"政策为核心的垄断意识形态对于公共舆论的影响和约束，研究了二者之间形成的正向关联、悖论反衬及屈从权威、教育外延的关系，认为面对国民党"以党治国"政策的控制和束缚，作为大众媒体代表的《大公报》表现出了积极灵活的态度和方法，通过灵活多样的形式展现了公共舆论的立场。张研的硕士学位论文《〈大公报〉与蒋介石（1927–1936）——抗战爆发前〈大公报〉舆论导向的变化和对中国政治影响作用的考察》（北京大学，2010年）将《大公报》的社评还原到历史事件发生的场景中，综合《大公报》人的活动，试图梳理1927年到1936年间，《大公报》的舆论变化及其与蒋介石的关系，揭示《大公报》对社会舆论的引导和对中国政治的影响。此外，王咏梅、刘宪阁的《从"四不"到"二不"——探析新记〈大公报〉办报方针表述改变的背后》（《新闻与传播研究》2017年第2期），肖燕雄、卢晓的《〈新华日报〉〈大公报〉〈中央日报〉同题新闻抗日话语分析》（《新闻与传播研究》2017年第9期），陈廷湘的《1928–1937年〈大公报〉等报刊对中苏关系认识的演变》（《近代史研究》2006年第3期）也是这方面的突出成果。

2.《大公报》专栏研究方面

李秀云的《〈大公报〉专刊研究》（新华出版社，2007年）从社会文化史与学术思想史的理论视角，系统研究了天津新记《大公报》专刊的十年发展历程，具有填补空白的意义。作者在全面收集并细致梳理《大公报》专刊一手资料的基础上，勾勒出了《大公报》专刊的发展概貌，揭示了《大公报》专刊的发展特点，分析了《大公报》专刊的发展动因，剖析了《大公报》专刊的办刊立场、办刊原则与办刊理念，阐释了《大公报》专刊对现代天津及中国的社会转型、思维方式转型与学术文化转型所起的推动作用。孙会的《〈大公报〉广告与近代社会：1902–1936》（中国传媒大学出版社，2011年）也是值得肯定的一部学术专著。该著作对《大公报》的广告经营特色进行了分析，肯定了报纸经营特色与广告特色的密切关系，认为在新记时期，它的广告也是"四不"方针的体现；该著作对《大公报》广告的演进过程进行细致的分析，厘清了广告从简单、粗糙、幼稚的告白式、布告式发展到后来多样、精致、成熟的图文并茂式、情感式等成熟形态的过程。作者把《大公报》广告放在社会背景中去解读，阐述了广告对社会的折射与影响。此外，文学武的《论〈大公报〉文艺副刊的文学版图（1933—1937）》（《社会科学》

2017年第4期），刘娟的《从〈大公报·医学周刊〉看民国时期现代卫生观念的传播》（《新闻与传播研究》2014年第5期），王金福的《新记〈大公报〉的科学传播特点及策略研究——以〈科学周刊〉〈科学副刊〉为例》[《现代传播（中国传媒大学学报）》2014年第4期]，雷承锋、卫俊、岳谦厚的《〈大公报〉广告（1926–1937）与天津社会生活变迁》[《现代传播（中国传媒大学学报）》2013年第5期]等也是这方面的突出成果。

3.《大公报》报人研究方面

总体来看，关于《大公报》报人的研究主要围绕着张季鸾、胡政之和王芸生，对其他报人的研究则不多。关于张季鸾的研究著作有陈纪滢的《报人张季鸾》（台北文友出版社，1957年），陈纪滢曾是《大公报》特约记者；《张季鸾先生纪念文集》（陕西人民教育出版社，1991年），是纪念张季鸾先生逝世五十周年专题学术会议论文集；此外还有如王润泽的《报人时代：张季鸾与〈大公报〉》（中华书局，2008年），徐铸成的《报人张季鸾先生传》（生活·读书·新知三联书店，2009年），施喆的《自由主义职业报刊理念的探寻与游移——张季鸾新闻思想述评》（《新闻大学》2002年第3期），阳海洪的《自由民族主义：张季鸾新闻思想另一种解读路径》（《国际新闻界》2011年第7期），刘宪阁的《从"爱的宗教"到"报恩主义"——理解报人张季鸾心态的一条线索》（《兰州学刊》2016年第12期）等。关于胡政之的研究论著有：陈纪滢的《胡政之与大公报》（香港掌故月刊社，1974年），方汉奇的《一代报人胡政之》（《新闻与写作》2005年第1期），王咏梅的《试论胡政之新闻思想的核心》（《当代传播》2009年第4期），陈志强的《胡政之的新闻职业伦理观及其实践》[《南昌大学学报（人文社会科学版）》2011年第4期]等。关于王芸生的研究论著有：周雨的《王芸生》（人民日报出版社，1995年），王芸生之子王芝琛的《百年沧桑——王芸生与〈大公报〉》（中国工人出版社，2001年）和《一代报人王芸生》（长江文艺出版社，2004年），俞凡的《〈青年与政治〉真的是"违心之作"吗？——兼论王芸生与蒋介石、孔祥熙之关系》（《国际新闻界》2012年第6期），王润泽、王雪驹的《从革命青年到新闻记者：对王芸生早期经历的考察（1919–1929）》（《新闻大学》2019

4.以《大公报》资料为中心研究事件与人物方面

侯杰与冯志阳的《媒体与领袖形象的建构——以〈大公报〉中的孙中山为例》（天津："孙中山与中华民族崛起"国际学术研讨会论文，2006年11月）通过系统探讨《大公报》中孙中山形象的演变过程，考察中国近代媒体对孙中山革命事业认识的基本过程，以此进一步展现孙中山革命事业不断开展的历史过程。车雄焕的《战前平津地区知识分子对日本侵华反应之研究（1931-1937）——以独立评论、大公报、国闻周报为中心的探讨》（台湾政治大学历史研究所博士学位论文，1996年）将研究建立在《大公报》等北方三种报刊资料基础上，对1931—1937年平津地区知识分子关于日本侵华与中日关系的讨论与认识作了比较细致的分析。高郁雅的《北方报纸舆论对北伐之反应——以天津大公报、北京晨报为代表的探讨》（台湾学生书局，1999年）是利用《大公报》《晨报》资料研究1926—1928年国民党北伐战争的专著。该著作认为对北伐这个从南方攻打北方的战争，不能单由南方的角度去观察，还需从北方的立场加以思考。该著作即是将关注北伐的焦点从南方移至北方，通过对《大公报》及《晨报》资料的分析，观察北伐期间北方民众对北伐的反应与感受。段彪瑞与岳谦厚编著的《媒体、社会与国家：大公报与20世纪初期之中国》（中国社会科学出版社，2008年）是以《大公报》资料为基本素材的专题性研究成果。该著作以20世纪初期发生的某些重要历史事件为主要研究对象或范畴，通过对《大公报》所刊文章及社评的研究分析，从不同侧面反映了20世纪初期中国的社会状况。该著作对南京国民政府成立初期裁兵运动的前因后果作了比较全面的介绍与分析。其他以《大公报》资料为中心开展研究的还有陈建云、杨唯汀的《〈大公报〉与国民政府新生活运动》[《兰州大学学报（社会科学版）》2018年第6期]，王天根的《卢沟桥事变与〈大公报〉新闻时评及其舆论聚焦》（《兰州学刊》2016年第12期），张继木的《1933年中国报刊捍卫南海九岛主权的斗争——以〈申报〉〈大公报〉为例》（《国际新闻界》2012年第7期），石涛的《从期望到绝望：舆论视野中的编遣运动——以〈大公报〉社评为中心的考察》(《兰州学刊》2008年第8期)，唐小兵的《公共舆论与权力网络——以1930年代前期〈大公报〉〈申报〉为例的考察》(《浙江学刊》2010年第1期)，张玮与武婵的《1937年上海"纱交风潮"——以〈申报〉和〈大公报〉为中心的考察》(《晋阳学刊》2008年第2期)，岳谦厚等人的《1930年代阎锡山之"土地村公有"理论——以〈大公报〉报道及其所刊文章为中心的讨论》[《山西大学学报（哲学社会科学版）》2007年第6期]和《1930年代关于中国农村合作道路问题的讨论——以〈大公报〉为中心的考察》[《华中师范大学学报（人文社会科学版）》2008年第3期]等。

（三）对学术史的反思

从《大公报》研究的学术史回顾看，已有成果固然不少，但是可以拓展的研究空间仍然很大。

首先，在整体性研究方面，虽然前述的几部学术专著对续刊开始至1930年代初的《大公报》作了分析，但由于是比较宏观的研究，不可能做到面面俱到，也不可能对期间的某些问题有很深的研究。其中，吴廷俊的《新记〈大公报〉史稿》将此时期《大公报》的新闻与言论问题分为"北伐武汉时期的新闻与言论（1926.9-1927.4）""蒋、汪'清共'时期的新闻与言论（1927.4-1927.12）""北都易帜时期的新闻与言论（1928.1-1928.9）""新军阀混战时期的新闻与言论（1928.9-1930.11）""'围剿'与救亡时期的新闻与言论（1930.11-1934.12）"等部分，并对此作了较全面的概述，但是疏漏之处也很难避免。例如，"蒋、汪'清共'时期的新闻与言论（1927.4-1927.12）"一节除利用《呜呼领袖欲之罪恶》与《蒋介石之人生观》两篇文章分析了《大公报》对汪精卫与蒋介石的看法之外，主要是分析了《大公报》的"反共"主张，而对此时期的宁汉对峙与合流、蒋介石下野与复职等问题的看法与主张并没有提及。在"'围剿'与救亡时期的新闻与言论（1930.11-1934.12）"中则主要是分析了《大公报》对围剿红军的立场和九一八之后的抗日言论，对于期间的约法之争、宁粤对峙与和解、蒋介石下野与复职等方面的言论，则没有提及。方汉奇的《〈大公报〉百年史》是对百年《大公报》

历史的全面研究，对《大公报》的报人、版面、内容、言论、经营管理等方面作了介绍和分析。该著作在论述新记《大公报》前十年的新闻与言论时，专门谈到了《大公报》关于对蒋介石的言论与立场，标题为"从'骂蒋'到'拥蒋'"，内容大约1500字。虽然该著作认为，《大公报》对蒋介石有一个从"臭骂"到"拥护"再到"亲热"的过程，但是由于篇幅的限制，其论述并没有按照这一逻辑展开，而且分析也相对简单。其中，对于"臭骂"，主要是引用《蒋介石之人生观》一文；对于"拥护"，则主要阐述对蒋介石"清共""分共"政治立场的拥护；对于"亲热"，则没有分析。

其次，在专题性研究方面，对此时期《大公报》的研究在形式上已经涉及社评、专栏、广告等各个方面；在内容上涉及了政治改良主义言论、裁兵问题、救灾问题等方面。尽管如此，对此时期《大公报》的研究还只是初步的，可以拓展的空间仍然是相当的巨大。例如，张研的《〈大公报〉与蒋介石（1927-1936）——抗战爆发前〈大公报〉舆论导向的变化和对中国政治影响作用的考察》一文，虽然以一章的篇幅从"'不学无术'的一介武夫""'实获我心'的北伐司令""裁兵不得的军政领袖"三个方面分析了1927—1930年《大公报》对蒋介石认识的转变，但是从文本分析来看，作者对资料的利用并不十分充分，对蒋介石认识的梳理也略显简单，尤其是没有将以《大公报》为代表的媒体与蒋介石之间的互动关系充分地展现出来。再如，裁兵问题，任桐的《徘徊于民本与民生之间——〈大公报〉政治改良言论评述（1927—1937）》主要从政治改良思潮的角度进行了阐述，认为《大公报》在此期间"阐发和平理念与仁政思想""发起裁兵宣传周""主张废除私兵，实现军队国家化"等主张体现了明显的民本主义倾向；段彪瑞、岳谦厚的《媒体、社会与国家：大公报与20世纪初期之中国》专注于利用《大公报》资料来廓清裁兵问题的来龙去脉；石涛的《从期望到绝望：舆论视野中的编遣运动——以〈大公报〉社评为中心的考察》也是利用《大公报》资料对裁兵原因、裁兵方法、裁兵编遣的实施与《大公报》态度的变化等问题进行了分析。裁兵问题最早由蒋介石倡导，他在裁兵运动中的言论、活动、作用都非常引人注目。对此，《大公报》也给予了积极的关注，并有一定的反映与言论，而前述的论著却并没有给予足够重视。

在以《大公报》为中心资料研究历史事件与人物的专题研究方面，成果还是不多的，尽管这些成果在数量上基本上可以代表目前以报刊资料为中心来研究历史事件与人物方面的成果。鉴于《大公报》本身的极其丰富性，主要以该报的资料为中心，从媒体或舆论这种独特的视角来研究近代中国的相关事件与人物并非不可能，本书希望在此作一尝试。

三、研究思路、基本框架与创新点

（一）研究思路

本书旨在以1926—1932年《大公报》的报道与评论为中心，同时辅以其他资料对比参照，揭示对于此时期的民国军政人物与事件，以《大公报》为代表的大众媒体的基本认知情况与关注焦点，以及背后所反映出的社会认知情况；分析相关军政人物在特定的历史阶段与大众媒体之间的互动关系问题；探讨媒体对于特定历史阶段军政人物与事件的影响与作用。具体而言：

第一，探讨以《大公报》为代表的大众媒体对民国军政人物与事件的基本认知情况与关注焦点，以及背后所反映出的社会认知情况。主要分析《大公报》对此时期的军政人物、人物关系、事件与活动等各方面的情况是如何报道与评论的。这一问题可以分解为以下三个方面：①对民国军政人物及其生活方面的报道与评论情况，如蒋介石个人的行踪、蒋宋联姻等方面的情况；②对军政人物关系方面的报道与评论情况，包括蒋介石与军事实力派的关系、蒋汪关系、蒋胡关系等方面；③对相关事件与活动方面的报道与评论情况，如北伐、宁汉对峙、与新军阀混战、约法之争、宁粤对峙与和解等。分析以上三个方面的报道与评论在不同阶段的具体情况如何，与其他一些报纸相比有什么特点，所体现出的《大公报》态度与立场如何，这种态度与立场反映出媒体乃至社会的基本倾向如何，等等问题。

第二，分析相关军政人物与大众媒体之间的互动关系问题。总体而言，军政人物与大众媒体之间是一个相互作用的关系。例如，蒋介石就非常关注社会舆论动向，还积极通过媒体来引导社会舆论，甚至通过新闻干涉的方式试图控制社会舆论。由此，探讨他对社会舆论采取的引导与控制措施究竟产生了多大的效果，这种效果在以《大公报》为代表的大众媒体中又是如何体现出来的。《大公报》等大众媒体通过自身的报道与评论，表达了对军政人物与事件的基本立场与观点，试图对人物的进退与事件的发展施加一定的影响。由此，分析以《大公报》为代表的大众媒体，在军政人物的进退与历史事件的发展中扮演了什么角色，产生了什么影响，产生了多大的影响，在不同阶段又有着什么样的表现。

本书在研究方法上，除沿用一般的史学研究方法外，还运用了以下两种方法：

第一，个案研究方法。

本书选取1926—1932年的《大公报》为分析的个案，以《大公报》的报道与评论为中心，分析《大公报》在此时期内不同阶段中对军政人物、人物关系、事件与活动等各方面的报道与评论情况，揭示《大公报》在相关问题上的立场与观点。通过对《大公报》的分析，进一步窥视大众媒体在相关问题上的基本认知度与关注焦点，从一个侧面展现当时社会舆论的价值取向。

第二，比较研究方法。

本书主要利用1926—1932年的《大公报》资料展开研究，但并不是将其作为唯一史料，也不是仅以探讨《大公报》的言论为目的。本书在一定程度上结合利用《晨报》《申报》《民国日报》《中央日报》等报刊资料，与《大公报》资料进行对比参照，这样既可以突出《大公报》的言论特点，又可以更好地反映大众媒体乃至社会舆论的一般倾向。此外，本书在考察军政人物通过媒体渠道表达相关信息的同时，还试图利用相关档案与日记等个人资料来考察相关人物在一些问题上的真实看法与主张，以便于进行对比参照，并揭示其中的异同与意义。

（二）基本框架

为了达到研究的目的，本书拟以时间为序，集中若干重点内容，加以论述。全书分为绪论、正文与结语。

绪论部分主要解决三个问题：选题的缘起与研究的意义；学术史的回顾

与反思；研究思路、基本框架与创新点。

第一章，北伐、党争与南北妥协。

从1926年9月北伐军进入江西到1927年8月蒋介石宣布下野前，《大公报》对"孙蒋"江西之战、"汉赣党潮"、"反共清党"、宁汉之争与南北妥协等问题的报道与评论，从一个侧面揭示了当时社会舆论对一些重要军政人物与事件的认知情况。这段时期，相关军政人物也非常注重处理与媒体的关系，或者说是在积极利用媒体，以推动事件朝着自己的预期方向发展。

第二章，蒋介石下野、复职与北伐讨奉。

从1927年8月蒋介石下野到1928年7月初蒋介石的北京之行这段时期，《大公报》对蒋介石下野与复职、蒋桂关系、北伐讨奉、蒋介石北京之行等系列问题的报道与评论，展现了《大公报》对以蒋介石为代表的国民党军政人物的基本认知过程。这些报道与评论深入细致、言辞犀利，对相关重大事件与军政人物产生了重要影响。这段时期，相关军政人物与媒体之间存在着较为密切的互动关系。

第三章，新军阀混战。

从1929年3月至1930年10月，《大公报》对于蒋桂战争、蒋冯战争和中原大战等国民党新军阀混战有很好的报道与论评。这些报道与论评不仅详细地记录了蒋介石在蒋桂战争、蒋冯战争、中原大战中是如何应对挑战并最终战胜对手、渡过危机的，还反映了《大公报》对于其间的相关军政人物与事件所持的基本态度与立场，一定程度上反映了大众媒体与社会舆论的基本倾向。在此期间，相关军政人物与媒体之间存在着较为明显的互动关系。

第四章，约法之争及其影响。

从1930年10月中原大战结束至1932年3月蒋介石第二次复职，《大公报》密切关注蒋胡约法之争、胡汉民"辞职"事件、宁粤对峙与和解、蒋介石第二次下野与复职等一系列历史事件。以该报为代表的新闻舆论对此时期历史事件的发展与军政人物的进退产生了一定影响。这段时期，相关军政人物极其注重处理与媒体的关系，军政人物与媒体的互动对历史事件的发展进程产生了重要影响。

结语部分主要探讨如下四个方面的内容：媒体认知的影响因素，包括媒体的自身立场、局势的进展与相关人物的进退、当局的新闻检查与控制；媒体认知的基本特征，包括过程性、全景式、真实性、导向性；历史事件中的媒体作用，主要有鼓励与推动作用、批评与抑制作用这两种类型；军政人物处理与媒体关系，主要有被动应对、积极引导、主动示好、强力干预等几种类型。

（三）创新点

本书主要有如下几个方面的创新点：

第一，探讨民国军政人物与事件中的社会认知问题。

学界对民国军政人物与事件问题的研究，一般局限于问题的本身。例如，对于中原大战的研究，研究的焦点基本上都是集中于中原大战的历史背景、发展历程、最终结果、深远影响，以及其中历史人物的钩心斗角、纵横捭阖等。其实，历史人物的进退与事件的发展也有一个被社会认知的问题。比如，关于蒋介石，在国民革命军北伐时期，一般社会即认为身为国民革命军总司令的蒋介石不过是一个地方军事领袖。而到了1932年时，蒋介石的"党国领袖"地位无疑已被当时社会所认可。对于蒋介石是如何一步步成为当时社会认可的"党国领袖"的，以往的研究基本上没有涉及。针对这些问题，本书提出了民国军政人物与事件的社会认知问题，并试图在研究中回答这一问题。

第二，以媒体的视角来研究民国军政人物与事件。

当前，关于民国军政人物与事件的研究资料已经非常充实，民国军政人物与事件的研究也已经达到了一个相当高的水平，再想依据原有的史料更进一步地推动民国军政人物与事件的研究，难度非常大。因此，需要不断引入新视角和新方法，这样民国军政人物与事件的研究才会进入一个新境界。本书试图以《大公报》资料为中心，从媒体的视角来研究民国军政人物与事件，通过对《大公报》资料的分析了解大众媒体在民国军政人物的进退与事件的发展过程中的基本认知度、关注焦点及发挥的作用，借此进一步深化民国军政人物与事件的研究。

第三，运用《大公报》资料对民国军政人物与事件进行考察。

《大公报》资料算不上是新史料，在以往的中华民国史研究中经常被利用。但是，以往学者对《大公报》资料的利用主要是为了弥补相关资料，尤其是档案资料的不足，而不是以《大公报》资料为中心通过个案研究的方式来研究民国军政人物与事件。这种个案研究之所以可行，一方面是因为研究视角的限定，即媒体的视角，媒体的视角需要以媒体资料作为主要研究对象。另一方面是因为《大公报》在1926—1932年这一时段内相关报道与评论的丰富性。相对于其他报刊来说，《大公报》对相关人物与事件的评论较多，既客观公正，也颇具特色。基于此，本书选择《大公报》进行个案研究。

第四，考察民国军政人物如何处理与媒体关系问题。

积极处理与媒体的关系，借以引导社会舆论，是民国军政人物及其活动的一个独特面相。例如，对于此时期的蒋介石，大众媒体给予了充分的关注，使其长期成为媒体中的焦点人物。媒体的大量报道与评述不能不对蒋介石产生一定的影响与作用，从而促使其采用相应的应对措施。另外，蒋介石有时也会主动地去与媒体打交道。这样一来，就必然会有一个蒋介石与媒体之间的互动关系问题。对于这种互动关系，在以往对蒋介石的研究中很少见到，对蒋介石如何处理与媒体关系问题更是没有专门的研究。因此，民国军政人物是如何处理与媒体关系的？处理与媒体的关系对人物的进退与事件的发展产生了多大影响？本书希望通过对《大公报》及相关资料的分析，以回答上述问题。

第一章　北伐、党争与南北妥协

1926年9月1日，《大公报》在天津续刊。同一天，国民革命军攻抵武昌城下。续刊后的《大公报》当然会密切关注国民革命军北伐中的重要人物与事件。本章试图分析从1926年9月北伐军进入江西到1927年8月蒋介石宣布下野前，《大公报》对"孙蒋"江西之战、"汉赣党潮"、"反共清党"、宁汉之争与南北妥协等问题的报道与评论，从一个侧面揭示当时社会舆论对一些重要军政人物与事件的认知情况。

第一节　"孙蒋"江西之战

1926年9月1日，也就是《大公报》续刊的这一天，蒋介石电令北伐军第三军军长朱培德、第六军军长程潜、第一军副军长王柏龄、第二军副军长鲁涤平，做好对赣军事准备。几乎是在同时，浙江总司令卢香亭也奉孙传芳命赴九江指挥对北伐军军事，北伐军与孙传芳势力在江西的冲突一触即发。

蒋介石领导的北伐军与孙传芳势力在江西的战争是北伐过程中的重要战争，其胜负不仅极大影响了北伐的成败与中国南北政治格局的变化，还深刻影响了蒋介石等国民党军政人物的命运。对于这么重要的战争，《大公报》当然不会放过。

从《大公报》的报道与评论情况来看，焦点主要集中于"孙蒋"对比、"终须一战"、"孙蒋"之战、战中之"和"、"蒋介石生死如何"几个方面。

一、"孙蒋"对比

从称谓上看，《大公报》认为北伐军与孙传芳势力在江西的战争是"孙蒋"之战。"孙蒋"一词在《大公报》新闻标题中使用的频率相当高，如《孙蒋离合》（1926年9月7日第2版）、《武汉陷落与孙蒋开战》（1926年9月8日第1版）、《孙蒋战事形势谈》（1926年9月11日第2版）、《孙蒋恐终须一战》（1926年9月15日第2版）、《孙蒋战事前途之推测》（1926年10月3日第1版）、《孙蒋和战并行》（1926年10月3日第2版）、《孙蒋战事甚紧》（1926年10月4日第2版）、《孙蒋命运决诸数日》（1926年10月5日第2版）、《孙蒋战略评》（1926年10月10日第2版）、《孙蒋政见对照》（1926年10月14日第6版）等。

使用"孙蒋"一词，当然是因为孙传芳此时是威震宇内的五省联帅，而蒋介石此时则是国民革命军总司令。但为什么使用"孙蒋"而不用"蒋孙"？《大公报》并未解释。从排序来看，至少给当时的读者一种印象，即孙传芳的地位高于蒋介石，蒋介石只是一个后起之秀。从二人的具体称谓上看，孙传芳被称为"苏孙"或"宁孙"，而蒋介石则被称为"粤蒋"，这种带有地域性质的称谓也至少在一定程度上体现了地域之间的对比。孙传芳控制的五省尤其是宁沪地区，无论是在经济影响力上还是在政治影响力上，均高于两广。

其实，"孙蒋"一词并非仅《大公报》使用，其他报纸也用，如北京《晨报》，就有《孙蒋决难议和》（1926年10月2日第2版）、《孙蒋军在赣最后决战》（1926年10月6日第2版）、《孙蒋能议和耶》（1926年10月7日第2版）、《孙蒋两军尚在德安西方激战》（1926年10月9日第2版）、《孙蒋两军暂无剧战》（1926年10月10日第2版）、《孙蒋议和？》（1926年10月10日第2版）等。

虽然将"孙"置于"蒋"之前，但是《大公报》指出，"他们俩一个是站在新的方面，一个是站在旧的方面。"① 对于新旧之别，《大公报》特地发表社评，予以解释：

> 孙传芳宅北洋余绪，起于袁段曹吴失败之后，惩前毖后，殆欲改良北洋军阀的政治以收拾中国者也。但其为治，得甲（为"政治的原则"——引者）之义为半数，得乙（为"世界的趋势"——引者）之义仅十之二三，是故人或谓为国际保守的进步主义，吾以为实改良的官僚主义也，比之曹吴，固为有进，拟之袁段，何分轩轾。以此之东南文化中心地，当军乱之余，人或称之，时局稍定，为期较长，终引人心不满矣。盖其文治，尚不敌南唐之盛，欲割据以终古，岂能之哉。
>
> 蒋之政治，其见于粤政府者，以吾人所知，殆非无当于甲乙二义也。其政治略注重于农工，欲行国家社会政策，而军权集于中央，与地方脱离关系，对外取强决态度以改善国际地位，是皆人心之所同望也。人称之为赤化，其实亦与冯等耳，唯取迳过狭。其将为列宁之党治乎，抑为墨索里尼之党治乎，此时虽尚难知，吾人亦不能予以同情，然以较北洋政治则侗乎远矣，虽去成功之途尚远，而称雄一时，亦岂无故哉。②

《大公报》认为，一国政治能"平流而进"，有两个要素：甲为"政治的原则"，乙为"世界的趋势"，此为政治成功必遵之轨道。孙传芳试图改良北洋军阀的政治以"收拾"中国，得甲之义为半数，得乙之义仅为十之二三，因而最终会导致人心不满。"蒋之政治"虽"取迳过狭"，但较北洋政治"侗乎远矣"，因而得以"称雄一时"。《大公报》进一步断言"孙者军阀的较善之官僚政治"，而"蒋者一党专制之全民政治"。从二者比较看，《大公报》虽对"赤化"不表同情，但相对于直接否定孙传芳而言，对"蒋之政治"则给予了相当积极的肯定，认为蒋介石是"站在新的方面"。

---

① 《孙蒋离合》，《大公报》1926年9月7日第2版。
② 《时论：民国以来乱源杂谈》，《大公报》1926年10月14日第1版。

对于蒋介石是否"赤化",《大公报》也给出了自己的看法。10月14日，《大公报》以《孙蒋政见对照》为题，将蒋介石10月初在汉口发表之《敬告全国民众》一文与孙传芳10月10日在沪报发表之《双十节祝词》并列刊载，以便读者对照阅读。通过对比，《大公报》认为"观粤蒋在汉宣布之三十三条，其中且并无主张共产之行迹。"[①] 当时以孙传芳为代表的北洋军阀认定蒋介石是"赤化",《大公报》的这种论断显然与此不同。

二、"终须一战"

《大公报》认为，"孙蒋"之间"终须一战"。[②] 对此，该报从多个角度进行了分析：

首先，从蒋介石方面看，蒋介石击败吴佩孚后，必然会立即攻入赣闽两省，原因在于：

> 一则该两省与粤湘距离太近，非打成一片，实觉处处可危，缘广东为南方根本重地，由闽如粤，随时可以为之，湖南则为粤鄂之联络点，而江西侧面，随时又可以攻进，衡州长沙，刻刻可虑，衡长一失，北伐之功尽弃，交通一断，湖北亦无法保持。二则如果赣闽未得，南方防线合鄂赣闽皖各边界，延长不下三千里，在军事上无防守之可能，至于费人费财，更不待论；如取得赣闽，则至少可缩短千二百里，兵力节约，军费减短固已，即防守之业亦轻便多多，蒋介石对此事筹之已久。[③]

这种分析不无道理，孙传芳就曾对人言："广东党军（革命军）本像一团绳索，刀子不能砍断，但当拉成一道长线时，用剪刀便能剪断它。"[④] 他要等国民革命军把战线拉长到一定限度时，用"剪长绳"的办法，一举消灭。

---

① 《社评：东南与东北》，《大公报》1926年10月17日第1版。
② 《孙蒋恐终须一战》，《大公报》1926年9月15日第2版。
③ 《蒋早决心进兵赣闽》，《大公报》1926年9月9日第2版。
④ 陶菊隐：《北洋军阀统治时期史话》（5），海口：海南出版社，2006年，第158页。

蒋介石击败吴佩孚后，其防线"合鄂赣闽皖各边界，延长不下三千里"，极难防守，正如一道长线。在这种情况下，夺取赣闽以缩短防线，制止孙传芳"剪长绳"，正是蒋介石不得不采取的措施。

9月6日，蒋介石对江西下攻击令，第二、三两军由醴陵出萍乡进攻袁州万载，第六军自咸宁折向通城出修水，第一军王柏龄师自岳州趋浏阳出铜鼓，第十四军与第二军第五师及第五军之一团攻赣南。① 对于这种先发制人的战略，《大公报》认为是"至不得已之举"：

> 盖先锋如鄂，后方岳州虽尚驻有王柏龄之师，而长沙空虚，偶一不慎，即有被截断之虞，最可怕者，武穴方面，尚有吴佩孚之残部，达一万左右。孙军果由九江渡江，以助吴部反攻，袭取武汉，则武昌当在围城之中，形势至可为虑，而外闻传说，孙氏两路袭取之说甚盛。故蒋不得不于赣南取先发制人之计，使孙氏趋救，分其兵力，不能如愿进兵。②

8月中旬，孙传芳命令谢鸿勋的第四师、杨震东的第七混成旅陆续向江西进军。20日，谢鸿勋师杨震东旅抵达九江并向修水一带出动。其后，陆续到达赣境的孙军有卢香亭第二师、周凤岐第三师、郑俊彦第十师、彭德铨第六混成旅等，全军合计10余万人。月底，孙传芳正式颁发援赣令及对湘鄂作战计划。此外，孙传芳还命令福建的周荫人制订攻粤计划，以伺机袭扰广东，扰乱北伐军后方。正因如此，"孙氏两路袭取之说甚盛"。对此，蒋介石不得不先发制人，以打乱孙传芳的进军计划。

其次，从孙传芳方面看，该报从积极与消极两个方面对其"毅然应战"进行了分析：

> 吴氏既败，威望顿损，然各地吴部，尚不下十余万，此皆孙传芳可以罗

---

① 郭廷以编著：《中华民国史事日志》（第2册），台北："中央研究院"近代史研究所，1984年，第79页。
② 《上海通信：东南和战观》，《大公报》1926年9月26日第1版。

致者，故吴方退兵于孝感，孙已宣战于金陵，此后首领地位，实际上将移归孙氏，果一战败蒋，孙将为中原主人矣，此积极之理由也。抑推孙之意，亦未尝不愿有战争以外之方法，以巩固五省，观望大势，然无奈已为时机所不许，何则，孙之五省，俱非金汤，而江西尤甚，方本仁近已入赣，方部军队，散在各府，万一如报纸所传，九江有变，或赣南先失，孙将欲保守而不能，故与其坐而待亡，毋宁力争先着，此消极之理由也。①

从"积极之理由"看，孙传芳在赣战爆发前就一直坚持"人不犯我，我绝不犯人"的中立政策，拒绝吴佩孚的援湘要求，坐山观虎斗，企图在两败俱伤时，坐收渔人之利，不仅占领两湖，取代吴佩孚成为直系的新首领，同时还击败蒋介石。从"消极之理由"看，江西是孙传芳势力控制相对薄弱的地区。8月10日，广州国民政府派原江西督办方本仁为江西宣抚使兼国民革命军第十一军长，方于20日到江西萍乡宣誓就职。②此举引发孙传芳相当恐慌。孙传芳在4月初才将方赶出江西，现方又受广州委派返回江西。方在江西有大量旧部，其返赣必然会造成江西局势的极大不稳。对此，孙传芳不得不有所行动。

对于"积极之理由"，李宗仁有一段回忆能够很好地予以说明，足见《大公报》的分析不无道理：

当我军自泊罗河向武汉疾进时，吴佩孚曾檄请"五省联军总司令"孙传芳前来湘、鄂应援，以便夹击我军。孰知孙氏此时却作坐山观虎斗的打算。意图等待我军和吴军两败俱伤后，一石二鸟，取吴氏而代为华中之主。至于我军，因素为孙氏所轻视，渠如能取吴而代之，则区区华南便不难定了。③

---

① 《社评：东南战事》，《大公报》1926年9月10日第1版。
② 郭廷以编著：《中华民国史事日志》（第2册），台北："中央研究院"近代史研究所，1984年，第69、72—73页。
③ 李宗仁口述，唐德刚撰写：《李宗仁回忆录》（上），桂林：广西师范大学出版社，2005年，第289页。

再次，双方和议毫无结果，战争势必发生。1925 年 12 月，孙传芳曾派代表到粤会见蒋介石；次年 2 月、5 月，孙又两次派代表赴粤与广州国民政府修好；7 月，孙传芳派人赴沪，和粤方代表商洽，希望蒋介石不用“北伐”字样，不侵犯闽赣。[①] 而蒋介石在北伐之初也派何成浚前往南京与孙协商，但“没有具体结果”；8 月下旬，何成浚又代表蒋向孙提出由国民政府任孙为五省总司令及由孙宣布一致讨吴两项提议，但孙“受不了国民政府任命两字”，对吴也不能表示以“讨”，孙氏对何，则满口说蒋已是“赤化”；9 月初，蒋又派张群赴南京与孙接洽，结果毫无所获。对此，《大公报》认为“孙蒋”“隔阂愈弄愈深”，“要复成完璧，是不容易的了”。[②]

最后，《大公报》对“孙蒋”关系的总结是：

盖孙蒋调解，数月无功，思想之冲突，利害之扞格，皆有莫可如何之势。迨湘鄂战起，五省出兵，蒋既未得孙谅解，则不能不时时顾虑孙军之侧击。由孙言之，蒋得武汉，顺流而东，孙军存亡，亦系于此。故孙蒋不得不战者，势也。[③]

可见，《大公报》认为“孙蒋”双方不得不战，“终须一战”。

从当时其他报纸的报道情况看，双方“终须一战”的趋势也很明显。例如，《晨报》有《苏孙对粤步骤》（1926 年 8 月 16 日第 2 版）、《蒋介石决先攻赣》（1926 年 8 月 17 日第 2 版）、《东南一周内正式动员》（1926 年 8 月 19 日第 2 版）、《南方军事侧重赣省》（1926 年 8 月 20 日第 2 版）、《孙军陆续入赣》（1926 年 8 月 21 日第 2 版）、《孙传芳对粤宣战》（1926 年 8 月 22 日第 2 版）、《孙传芳决先攻击党军》（1926 年 9 月 1 日第 2 版）；《申报》有《赣省战事之准备》（1926 年 8 月 19 日第 2 张第 7 版）、《党军攻赣亦谋急进》（1926 年 8 月 29 日第 2 张第 8

---

① 杨天石主编：《中华民国史》第 2 编第 5 卷，北京：中华书局，1996 年，第 52 页。
② 《孙蒋离合》，《大公报》1926 年 9 月 7 日第 2 版。
③ 《社评：东南战事》，《大公报》1926 年 9 月 10 日第 1 版。

版)、《粤方对赣军事之准备》(1926年8月29日第3张第9版); 等等。

《晨报》甚至认为蒋介石在攻打武汉之前就会发动对江西的进攻："蒋以粤省为后方策应地，而湘东湘南为军行输送必经之地，若不先定赣省，而遽行进攻荆襄武汉，则湘赣昆连千余里之间，在在皆足为人所乘。"① 这种预测虽不完全正确，但是对北伐军战略弱点的把握还是比较准确的。战线拉长、腹背受敌，确使蒋介石决定对赣用兵。

三、"孙蒋"之战

在战争过程中，《大公报》除对战况进行大量的报道之外，对双方的实力、战略、战争的趋势及胜败的原因均作了观察与分析。

就蒋介石的实力而言，《大公报》起初并不十分看好。早在续刊第一日，《大公报》即刊文指出："仅赖蒋氏之力，肃清湘境，已属侥幸，谓能直下武汉，蓬勃发展，苟非运数，理无可能，且即令长驱直入而一得亦不易久守。"②

不过北伐军进抵武汉的消息很快传到北方，《大公报》在此后的论评中改变了先前的看法：

彼等年来外蒙强国之嫉视，内受北洋之高压，然犹能经营惨淡，练成节制之师，崎岖长征，突出武汉，是足知其军队上下，诚有一种热烈之牺牲精神与救国志愿。……以数字或以军火论，北方武力，尚远优于南，然北军绝非一个目的，且或全无目的，党军虽少，然统一于一个政治的主义与目标之下；就全体言，北方已无组织，不复有袁世凯其人者，笼罩一切。故无论战局变迁如何，北洋正统从此已矣。③

其中不无对蒋介石及其统帅的党军大加赞扬之词。通过南北对比，《大

---

① 《蒋介石声东击西》，《晨报》1926年8月15日第5版。
② 《北京特讯：武汉告警中之大局写真》，《大公报》1926年9月1日第2版。
③ 《论评：回头是岸》，《大公报》1926年9月4日第1版。

公报》还得出了"北洋正统从此已矣"的观点，这在当时不可谓不大胆。此外，《大公报》更是在该论评中指出，国民党人亦应旁采各方见解，修正本身态度，"使民国十五年成为第二辛亥"。

尽管如此，《大公报》对蒋介石尚未肃清鄂境即宣布进军江西仍表示了一定的担忧："今乃于入鄂之后，宣布讨孙，闽赣用兵，连接而下，进行过猛，蹉跌堪虞。"① 之所以有这种担忧，《大公报》提供了一种分析，认为蒋介石实力有限，且受到重创，已经无力彻底解决东南：

> 主力军队，实仅五万，以王柏龄之总预备队为基本，再合李宗仁等之师，至多不逾八万，故在蒋氏初愿，以为肃清湖南，已属万幸，今战事虽利，而战线延长，实甚可虑，北已达武胜关，当须兼顾闽赣，且武汉之役，陈铭枢师损失颇巨，故其无能力以彻底解决东南，自属事实。②

双方开战，蒋介石已"无攻击之余力"。③ 那么孙传芳又如何？《大公报》也提供了一种观察：

> 观其（孙传芳——引者）调军情形，皆系在各师抽调，毫不统一，入江西后，战线极长，修水一路，固可达通城，然南军则在平江驻有大部队，平江趋通城，路线较修水短，亦便于南而不便于孙。④

"战线极长"是孙传芳与蒋介石均面临的问题，内部不统一则更多是孙传芳所面临的问题。例如，江西的邓如琢、福建的周荫人，都不是他的嫡系，同床异梦，各有所图；安徽的陈调元素以圆滑善变著称，关键时刻未必

---

① 《武汉陷落与孙蒋开战》，《大公报》1926 年 9 月 8 日第 1 版。
② 《东南和战观》，《大公报》1926 年 9 月 26 日第 1 版。
③ 《孙蒋决裂》，《大公报》1926 年 9 月 8 日第 2 版。
④ 《两军事家之观察谈》，《大公报》1926 年 9 月 5 日第 1 版。

听孙指挥。① 正因内部不统一,《大公报》判定 : "蒋力固属不充, 孙力亦非甚大"。②

除认为双方实力对比难分伯仲外,《大公报》还分析了双方的宣战时机问题, 认为孙传芳在这一问题上先机已失, 出现了战略失误 :

> 孙馨远(传芳)宣战, 似已嫌迟, 先着已为南军所占。盖为孙军计, 果知不免一战应早取攻势, 若在长岳战事相持之时, 孙能以三四万人一面由修水趋通城, 一面由萍乡一带进攻, 则蒋军地位非常危险。乃计不出此, 持一种优柔暧昧之态度, 直至汉阳既下, 党军侵赣, 始行宣战, 已稍晚矣。③

《大公报》认为, 孙传芳既然不愿意与蒋介石相 "提携", 就应该尽早给予吴佩孚援助, 等到吴佩孚战败, 蒋介石对赣已采取行动时才宣战, 先机已失, 且 "予人以各个击破之机"。此外, 该报还指出 "闽赣多内顾之忧, 江南非易守之地", 所以断定 "孙之环境, 可谓至危"。④

一面是认为蒋介石已 "无攻击之余力", 一面是判定孙之环境 "可谓至危", 虽然两种看法均有一定的理由, 但也说明了远在天津的《大公报》对于这场战争双方的了解并不透彻。至少从蒋介石方面来看, 这种判断并不准确。因为参加两湖战场作战的主力是第四、七、八军, 而先期进入江西战场作战的主要是原来防备江西的第二、三军和总预备队第一、六军。当然, 战争的进行瞬息万变, 任何事前的判断都可能是多余的, 其作用无非是为读者提供了一种解读的空间。

9月19日, 北伐军第六军第十九师杨源浚部及第一军第一师王柏龄部袭占南昌, 但是两天后, 该城又被孙军夺回, 北伐军损失惨重。对此,《大公报》又作了有利于孙传芳的判断 :

---

① 龙秋初 :《北伐时期的江西战场》,《近代史研究》1984年第4期。
② 《时局解剖》,《大公报》1926年9月29日第2版。
③ 《孙蒋战事形势谈》,《大公报》1926年9月11日第2版。
④ 《武汉陷落与孙蒋开战》,《大公报》1926年9月8日第1版。

孙蒋战事连日据各方报告，似孙军形势颇利，虽军事瞬息万变，双方主力尚未经大决战，胜败之数，犹难预言，然以常理测之，蒋军备多力分，利在速战，如果迁延时日，则危险滋多，而孙军迭次进行顺利，即曩传态度灰色之军队，亦慑服不敢有异动，近日比较上孙之危机已过，蒋之危机方来。①

因为"孙军迭次进行顺利"，内部相对稳定，所以认为孙传芳"危机已过"。蒋介石军队"备多力分，利在速战"，如果作战时间拉长，则"危险滋多"，所以认为蒋介石"危机方来"。不过，《大公报》也认识到"双方主力尚未经大决战，胜败之数，犹难预言"。可见这种判断较为谨慎。

第一次进攻南昌失败后，蒋介石从湖北战场抽调战斗力较强的第七军入赣作战。江西战场形势很快有所改变。9月30日，第七军于赣北武宁附近之箬溪围歼孙传芳军精锐第四师谢鸿勋部，毙其旅长庞广荫，谢受重伤，后死于上海。② 谢鸿勋部是孙传芳的精锐部队，《大公报》认为该部的覆灭对孙传芳影响极大，预示着孙传芳的失败：

谢部覆灭而孙军战略，根本上业告失败，迫夫尽撼入鄂之军，以救江西，已成"只有招架之功，并无还手之力"之势。日来战事似仍未休止，据孙军宣传胜利，据外人得报则南昌仍极危急，九江亦甚动摇，孙氏本人迄九日止似尚在浔……要之孙之自保已成问题，援鄂更一时无从说起。③

关于谢鸿勋部的覆灭对孙军的负面影响，李宗仁也有回忆："谢鸿勋部向称剽悍，为孙传芳军中的精华，孰知和我军鏖战一日便全军覆没。孙氏全军为之胆寒。"④

---

① 《社评：孙蒋战事前途之推测》，《大公报》1926年10月3日第1版。
② 《谢鸿勋昨晨伤重逝世》，《申报》1926年10月17日第4张第13版。
③ 《最近南北大势》，《大公报》1926年10月12日第2版。
④ 李宗仁口述，唐德刚撰写：《李宗仁回忆录》（上），桂林：广西师范大学出版社，2005年，第298页。

《大公报》甚至认为："孙之主力军受损实巨，皖浙情形，并堪注意"。[1]10月中旬，又有传闻称南昌再度失陷。《大公报》更是据此断言"赣大势已非"。[2] 从当时的形势来看，这种判断基本是准确的。蒋介石第二次围攻南昌虽然没有成功，但是经过第二期作战，孙传芳主力受到较大损失。

10月下旬，蒋介石抽调湖北第四军第十、十二师，湖南独立第二师进入江西参加作战。11月2日，北伐军开始第三次总攻击，至11月8日，完全占领江西。对此，《大公报》评论道："江西境内，现实无孙军余迹，十三四年北洋盘据之基，竟一旦被覆，吾知北洋老人，当必为洒同情之泪矣。"[3]

对于蒋介石在江西如此迅速地击败孙传芳，《大公报》认为主要原因在于孙传芳方面：

（一）为皖之陈（调元）王（普）两军各怀嫉视之心，欲为吞并，故不肯出力。浙周（凤岐）则与党军通，以本地某公司总理家为介绍，图覆孙（传芳）以收浙。夏超之独立，外间不知仅出马叙伦之运动，实则周电促之也，不过周之手段甚巧。在孙以为，周军已分散无能力，明知不可信，亦不重视之，实则孙不能制周也。（二）为本地人因受孙军之虐待，不肯助力。如孙雇用土人为侦探，每人辄与五十元，令探敌情，卒之多妄报以误之，党军虽以一二元雇之，反为出力，到处得土人之辅助，故孙军全不知敌情，党军则全知之。有时至乡僻处，孙军以重价不得食物，党军又反之。是固由党军宣传之力，而孙军之好杀好威，使土人不愿与近，亦其一也。（三）为孙骄而好谀，凡所部以败讯告者，辄呵之，以胜告之，则喜，故部下多不以真情告。闻周凤岐对人言，小胜则报大捷，小败则报小胜，大败则讳言无事，此为孙部之常事。至有言敌如何强战如何巧者，必为所斥，故自左右以至前敌，无一以真情告者。盖骄则轻敌，好谀则不闻其言，故自南昌解围，德安收复后，其部下均言党军仅余数千，已向西退，即蒋介石死讯，亦其左右捏

① 《孙蒋息战九日签字说》，《大公报》1926年10月12日第2版。
② 《孙军大势不乐观》，《大公报》1926年10月13日第2版。
③ 《九江通信（二）：江西已无孙军踪迹》，《大公报》1926年11月17日第2版。

言得自日美领馆电信以欺之。①

归结起来，第一是内部不稳，各部常怀异心；第二是丧失民心，得不到民众的支持；第三是孙传芳好大喜功，以致受部下蒙蔽。

《大公报》总经理胡政之在通讯《南行视察记》中更是专门对孙传芳个人的弱点作了分析：

孙传芳在江西作战，始终也是只守不攻，三心二意，忽而信任甲，忽而信任乙，左右几个人都弄得彼此猜疑，稍为得点意，便满嘴大话，什么直取武汉咧，打到广州咧，大吹大擂地自己骗自己，稍为失利点，便垂头丧气。②

可见孙传芳输给蒋介石不仅是由于战略上的失误，其对部下的不信任及个人的过于自信等，都是其失败的原因。

四、战中之"和"

前述在"孙蒋"江西战争爆发之前，双方的和议就一直在进行，除孙传芳多次派代表与蒋介石方面联络外，蒋介石也数次派何成浚、张群前往南京与孙传芳协商，但和议均以失败告终。

"孙蒋"江西之战爆发后，双方和议仍在继续，一直未停，不仅"孙蒋"之间存在和议，社会上还出现了所谓的东南和平运动。《大公报》均予以了充分的报道与评论。

（一）"孙蒋"和议

战争之初，孙传芳就表示，"和平始终不无可商量之处"。对于孙传芳的表示，有观点认为孙希望和平，理由主要在于："东南与东北，原有参差，假使东南与粤军积极作战，不但胜利难有把握，且即不败，实力要不免折

---

① 《九江通信（三）：孙军轶事》，《大公报》1926年11月17日第6版。
② 冷观：《南行视察记（四）》，《大公报》1927年3月9日第2版。

伤，如此则南方多树一敌，而某军一旦以雄兵东下，江南将何以应付，故不如与蒋妥协。"① 此处所指"某军"即为奉鲁军队，孙传芳将奉鲁军队赶出东南地区还不到一年，一旦对粤开战，奉鲁军队又以雄兵东下，孙传芳将无以应付。

不过，《大公报》认为，"夫以孙之思想言，与蒋介石无合作可能。"② 因为蒋介石所坚持的三民主义，与其"北洋同袍之观念"不同，使得孙传芳"亲北而疏南"，双方无合作可能，孙愿意和议的原因仅为"布置尚未妥协"，而不愿立即"表示决绝"。③

与孙传芳一样，蒋介石也表达了不愿开战的诚意：

宁孙如有和平诚意，能撤退援赣各军，本军决不愿扩充战区，即使赣省为本军占领亦可如前议归还于其范围之内。此间只要在赣吴某之势力消灭，不使其为湘粤鄂中之患而已。现虽冲突，但不能作为正式开战。④

蒋介石此时正急于另辟战场并力谋夺取胜利，以提高自己的威望。⑤ 他亲自督战江西，可谓势在必得，所谓"即使赣省为本军占领亦可如前议归还于其范围之内"，不过是在向外界传达虚假信息，以迷惑对方。

由于双方均无议和诚意，因此双方开出的条件均不能为对方所接受。蒋介石要求孙"撤退在赣之苏浙军"，"赣事交与方本仁"。⑥ 孙方条件则为"南军全部退出江西，赣事仍交邓如琢李定魁"。⑦ 蒋介石第一次围攻南昌失败后，孙传芳更是提出"南军全部退出江西，解围武昌恢复城内之交通"等条件。⑧ 双方虽一直有所和议，却都没有诚意。

---

① 《和平呼吁中之东南形势》，《大公报》1926年9月17日第2版。
② 《论评：南征北伐可以已矣》，《大公报》1926年9月3日第2版。
③ 《和平呼吁中之东南形势》，《大公报》1926年9月17日第2版。
④ 《粤蒋又一表示》，《大公报》1926年9月24日第2版。
⑤ 杨天石主编：《中华民国史》第2编第5卷，北京：中华书局，1996年，第57页。
⑥ 《蒋介石要求苏军退赣》，《大公报》1926年9月17日第2版。
⑦ 《孙蒋进行和议说》，《大公报》1926年9月29日第2版。
⑧ 《孙蒋和战并行》，《大公报》1926年10月3日第2版。

　　除了双方均不能接受对方议和条件之外，《大公报》还观察到了"孙蒋"难以议和的另一个因素，即双方部下将领少有赞同息战者：

　　孙军主将郑俊彦卢香亭谢鸿勋等颇欲恃战争之功而取得地盘，因是孙传芳本人纵有意言和，无如对前线将领有讪讪不便发言之苦衷，蒋军主将王柏龄朱培德程潜李品仙等之抱负，与郑俊彦等之目的正相同，故孙蒋两方对于赣鄂战事，有欲罢不能之势。①

　　不过，随着战争的继续，《大公报》认为双方议和还是有可能的。10 月 3 日，北伐军第七军胡宗铎、夏威、李明瑞等旅与孙传芳军第三方面军卢香亭部及颜景宗、李俊义、段承泽等旅激战于德安附近，最后北伐军攻占德安，但双方均损失惨重。《大公报》据此认为："德安之战，孙军死伤四千余，蒋军死伤五千余，其剧烈为前所未有，双方军队，均已疲乏，不能再战，乃成为和议之绝好时机"。②

　　此后，战争形势日益不利于孙传芳，孙先后派葛敬恩、蒋伯器等与蒋介石直接议和。《大公报》认为，由于孙传芳所面临的内部和外部的特殊形势，因此更有需要议和的一面：

　　某方面之军队，自开至鄂东以来，始终未露战意，当德安危急时。孙曾急电征调，竟至抗不应命，卒乃改调鲁军马登瀛旅驰援，因将占已六日之大冶一带，拱手还人，是该军态度之灰色，可不待智者测矣。又孙氏对某实力派之疑惧总难释然，且假道之使，频频而来，万一之防，不得不慎，苟使重演春秋故事，不将更危殆百倍哉。联军方面之隐患既如上述，其改变态度也宜也。③

---

① 《北京通信：孙蒋和战混沌之内幕》，《大公报》1926 年 10 月 5 日第 2 版。
② 《孙蒋和议急进》，《大公报》1926 年 10 月 10 日第 2 版。
③ 《和战内幕》，《大公报》1926 年 10 月 18 日第 6 版。

这里"某方面之军队"，即指皖军陈调元部。9月初，孙传芳任命陈调元为第五方面军总司令，令其统帅皖军向武穴集中。陈调元部进入鄂东后，态度一直"灰色"，致有"抗不应命"的现象，使孙传芳始终放心不下。而"某实力派"则指北方的奉鲁军阀，"春秋故事"即假道灭虢。孙传芳与奉鲁军阀长期不和，不久前还是生死冤家。虽然在"孙蒋"开战之前双方有所妥协，但是孙传芳对其疑惧"总难释然"，担心"春秋故事"在他的身上重演。

除此之外，《大公报》注意到，孙传芳急于议和，还有一个重要原因，在于"浙江问题之关系"。[①] 10月15日，受李石曾、马叙伦等人策动，浙江省省长夏超宣布与孙传芳脱离关系，响应北伐军，并就国民革命军第十八军军长职。虽然孙传芳很快将此事平息，得以重新掌控浙江，但是内部离心倾向更加严重。《大公报》认为："孙军纵转危为安，势已不能继续作战，望和而已，无他意也。"[②]

不过，由于战争形势发展迅速，双方和议尚未有任何结果，孙传芳即已被赶出江西。

（二）东南和平运动

据《大公报》载，"孙蒋"开战期间，东南地区一些团体及个人发起了影响颇大的和平运动。其中重要的团体有上海总商会、全浙公会、江浙协会、江西和平公会等，重要的人物有蒋尊簋（伯器）、王晓籁、陈蔼士（其采）、褚辅成（慧僧）、张一麐、魏伯桢（炯）、殷铸夫、殷汝骊、沈田莘等。这些团体与个人通过自身的影响力，不仅多次致电孙传芳和蒋介石呼吁和平，还积极与双方直接协商，试图推动和议的实现。例如，全浙公会曾派蒋尊簋、殷汝骊、沈田莘三人赴宁，向孙传芳请愿；派蒋尊簋、魏伯桢（二人与蒋有旧），赴汉口面见蒋介石，派殷铸夫、王晓籁赴广州与国民政府接洽。[③]

值得注意的是，蒋介石与孙传芳二人也主动同这些和平团体与个人联

---

① 《孙蒋议和又盛传》，《大公报》1926年10月24日第2版。

② 《社评：东南与东北》，《大公报》1926年10月17日第1版。

③ 《全浙公会请孙蒋维持和平》，《申报》1926年9月9日第4张第13版；《接洽东南和平人物》，《大公报》1926年9月17日第2版。

系，表达自身的和平立场。例如，蒋介石9月15日致电上海总商会指出，"今日本党出师，专在讨吴，实不愿扩张战区，重苦吾民。至于南北军人，皆为国家桢干，力图团结，尚虑不遑，何忍另启战衅，糜烂地方，中正虽愚，决不出此。"① 同日，蒋介石在复上海全浙公会电中更明确表示，"苟有一线和平之望，中正决不忍重启兵戎，延长战祸。"② 不久，蒋介石在复全浙公会常务董事褚辅成电中要求孙传芳调回援赣各军，认为孙果有和平诚意，"即使全赣为敝军占领，亦可归还其范围，敝军只要其不侵犯粤、湘、鄂境也"，并表示"决不愿延长战祸，侵及江浙皖闽"。③ 孙传芳方面，9月10日，孙在会见全浙公会代表时强调"破坏和平，在蒋不在我"，并表示"我始终以和平为怀，只须蒋中正将入赣境之部队完全退出，我决不追赶一步"。④ 9月20日，孙传芳会见江苏、上海和平代表，表示和议的前提为蒋介石"撤退入赣党军，停止湘鄂战争"。⑤ 10月3日，孙传芳还因战事失利致电上海全浙公会表示愿与党军停战言和。⑥

除"孙蒋"对东南和平运动积极予以回应外，《大公报》认为，东南和平运动的发展，背后也有"孙蒋"的推动："奔走和平的人，决不是无聊等闲之辈，内中如张一麟褚辅成是接近孙传芳的，蒋尊簋魏炯是接近蒋介石的，孙蒋若无一点意思，他们绝不会干徒劳无功的勾当。"⑦ 再如陈其采，当全浙公会派蒋伯器、魏伯桢赴汉口面见蒋介石时，本已推陈为代表，陈以为有名义反不便，所以以私人资格偕同赴汉，与蒋接洽。对此，《大公报》认为"然终不无孙氏关系"。⑧

尽管东南和平运动此伏彼起，影响颇大，但是《大公报》认为，这种和

---

① 《蒋中正致总商会书》，《大公报》1926年9月18日第6版。
② 中国第二历史档案馆编：《蒋介石年谱初稿》，北京：档案出版社，1992年，第682页。
③ 《东南和平运动之最后努力》，《大公报》1926年9月26日第6版。
④ 《全浙公会奔走和平之趋势》，《申报》1926年9月12日第4张第13版。
⑤ 《南京和平会议消息》，《申报》1926年9月22日第2张第6版。
⑥ 郭廷以编著：《中华民国史事日志》（第2册），台北："中央研究院"近代史研究所，1984年，第90页。
⑦ 《时事小言》，《大公报》1926年10月6日第1版。
⑧ 《接洽东南和平人物》，《大公报》1926年9月17日第2版。

平运动所呼吁的和平与真正的和平距离尚远。对此,《大公报》专门发表社评以表达自身的观点:

现在之所谓和议者,大约不外三种,甲乙欲与丙丁战,于是甲与乙和,丙与丁和,所谓因战而和也;甲乙丙丁均战疲,事实上须各事休息,以谋再战,于是各为成文的或不成文的一时之和议,所谓以和待战也;甲乙丙均战疲,惧丁收渔人之利,暂和以待丁,或丁乘甲乙丙之力疲,欲以非战方法,执一时之牛耳者,进而提出和议,以挟持甲乙丙,所谓寓战于和也。吾人不必征远例,近一年中之战事,在今日以前,大约为因战而和,今日以后,因战疲者已多,以和待战及寓战于和之局面,必将开展,吾人可以拭目待之。

此种苟且和议,当然与吾人所述原则违背,各方和议之成立时,即各方着手战事之预备时,去和平之路径,尚不知几千万里也。①

该文认为,现在所谓的和议,不外"因战而和""以和待战""寓战于和"三种。该文虽没有明确指出东南和平运动所追求的"和"及"孙蒋"和议之"和"是什么样的"和",但也不外此三种。该文指出,这样的"和"是"苟且和议",离真正的和平还很遥远,真正的和平在于各方有"政治上共同途径",或至少需要发现"共同可能之政策,共同可能之人物"。由此,进一步认为应在南北两个极端思想上,痛下功夫,等到共同可能之政策,共同可能之人物均具备时,和平自然水到渠成。

《大公报》的这种观点并非孤论,当时的《晨报》也有类似评论:"以各方形势观之,则和平之望,终属于痴人说梦耳。"②

五、"蒋介石生死如何"

10月12日,蒋介石到达南昌南门外,指挥部队第二次围攻南昌,但没有

---

① 《社评:说和》,《大公报》1926年10月13日第2版。
② 《孙传芳赴浔后之南京》,《晨报》1926年9月26日第5版。

取得成功，不得不于第二日下令撤围。此后，社会上即有传言称蒋介石在此役中负伤身死，甚至传闻广州政府已电请尚在法国的汪精卫回国"摄理国民政府"。①一时蒋介石生死问题成为媒体争相追踪的焦点新闻。

较早报道蒋介石已死消息的为《申报》。18日，该报刊发孙传芳15日通电，内有"据俘虏及百姓均称，蒋中正在南昌附近受伤甚重，闻系子弹中其腹部，因而致亡。俄人鲍罗廷加仑等亦受伤，均抱头鼠窜而去云"。②

《大公报》对这一问题的报道稍迟，该报于10月22日刊发孙传芳17日通电：

（衔略）钧鉴，查此次南昌战役，蒋中正亲在前线督战，及受伤情形，曾经电达在案。顷据南昌铜元局附近某外国教士面称，本月十二日午刻南昌战事极烈，蒋中正携俄人加伦亲到铜元局附近指挥，并亲见其手戮学生四名；因前方微形动摇，遂乘马巡视战线，适联军炮弹飞来，正中马腹，蒋中正遂因而坠地，被破片中其左腋，流血甚多；当晚有多人舁予院求治，余察其伤势虽不至致命；因流血过多，静养尚须半月，遂立即运往后方；前线于次日亦不能支等语。合再电闻。孙传芳条（十七日）印。③

虽然都是孙传芳的通电，但两则通电有明显不一样之处：前一则通电的消息来源是俘虏及百姓，后一则通电的消息来源则是外国教士；前一则通电为蒋介石因子弹中腹部而受伤，后一则通电为蒋介石被炮弹破片击中左腋而受伤；前一则通电为蒋介石受伤甚重而致死亡，后一则通电为蒋介石受伤但不致命。

29日，《大公报》载南京联军总部消息：25日由长沙来宁赴沪的株萍铁路煤矿转运某公司经理，称"蒋介石于祃（廿二）因伤重死于萍乡行营，粤

①　季啸风，沈友益主编：《中华民国史史料外编——前日本末次研究所情报资料（中文部分）》（第19册），桂林：广西师范大学出版社，1993年，第215页。
②　《公电》，《申报》1926年10月18日第2张第5版。
③　《孙传芳电中之蒋介石负伤》，《大公报》1926年10月22日第2版。

方急电汪精卫速返主持一切。"但同时也刊登其他来源消息称："南军参谋长在长沙与日本遣外舰队司令官荒木少将谈,蒋介石目下在江西督战,并否认其负伤之说。"①对蒋介石生死问题未作任何评论,只是将相关消息呈现给读者,可见《大公报》对这一问题持慎重态度。

11月4日,《大公报》以《吴孙硬说粤蒋确死》为题,刊载孙传芳军总参谋处通电,该电依据长沙美国医院消息,称"蒋介石因腿部负伤糜烂,死于长沙医院"。所载吴佩孚通电内容与此基本一致。②

6日,《大公报》刊载东方社广东4日电,内称"据可靠方面消息,蒋介石之死,殆无复置疑之余地",但该报同时指出,"据本报驻沪访员确报,蒋介石确曾于腿部负伤,以后情形及蒋之所在俱尚未明"。③可见,《大公报》此时对蒋介石已死的消息有所质疑。

9日,《大公报》刊载《蒋介石生死如何》一文讨论蒋介石生死问题。该文对蒋介石死于长沙美国医院的消息进一步提出质疑,理由为事后美国医生声称"伤并不剧,但须两星期即复原",但是否为蒋介石本人,美国医生"亦云不可知"。同时,该文根据蒋之参谋处长张廷藩10月25日致汉口函,指出该函并未涉及蒋介石负伤及致死事,且该函措辞"尚多闲情逸致含有乐观之意",张廷藩自出兵以来,一直不离蒋介石左右,因此"蒋即被伤,亦已为过去事,所传死耗甚不足信"。此外,又进一步指出,"更就前线军事及粤当局态度观之,亦不似有此事者,盖蒋果死则即时发生总司令继任问题,岂有事隔半月余不速解决此著,而唯以匿报为唯一手段,岂死的蒋介石能吓走活的孙大帅耶?"所以,该文断定"蒋必尚健在人间也"。④

对于蒋介石已死的传闻,《大公报》认为可能是因为"蒋氏在战场中指挥时,身受重伤,致外间误认为死",也有可能是"所在不明遂传其死"。⑤

---

① 《蒋介石死活问题》,《大公报》1926年10月29日第2版。
② 《吴孙硬说粤蒋确死》,《大公报》1926年11月4日第2版。
③ 《东方广州电亦称蒋介石死去》,《大公报》1926年11月6日第2版。
④ 《上海特讯:蒋介石生死如何》,《大公报》1926年11月9日第6版。
⑤ 《蒋介石到南昌》,《大公报》1926年11月13日第2版。

《大公报》虽然已经断定蒋介石未死，但是否受伤，则不能确定。所以此后该报依然有蒋介石负伤的消息刊登。例如，11月14日该报称蒋介石在南昌城外铜元厂之战"实曾坠马，伤足破血"。①

至11月25日，《大公报》才将蒋介石负伤的传闻否定。该报在刊载蒋介石接受记者访问消息时指出，"一时传阵亡之蒋氏，御极粗之军服，元气横溢，实未尝负伤，笑容可掬，颇露得意之色。"②

根据《蒋介石年谱初稿》记载，蒋介石10月12日指挥军队围攻南昌失败后，于13日离开南昌，并于当晚十时抵达生米街，蒋介石"以昨夜澈宵指挥未能合眼，甚觉困疲，故倒枕酣睡"。③可见，蒋介石负伤甚至致死的消息完全不准确。《大公报》等媒体对此却大加报道与评论，恰恰说明了作为国民革命军总司令的蒋介石在当时具有相当大的新闻价值，其生死问题对南北政局具有重大影响，不能不吸引社会公众的视线。

第二节　从"汉赣党潮"到"反共清党"

早在"孙蒋"开战之初，《大公报》就认为，蒋介石对于武汉地盘本来"不肯放松"，只是由于赣战的原因，才以鄂事付之唐生智，而亲自赴江西督师，因此"将来赣局解决，武汉不免要成问题，甚至牵动西南全局，亦非不可能"。④虽然《大公报》在此处所指的"问题"是蒋介石与唐生智之间的问题，但这种预言在一定程度上变成了现实，因为在"赣局"解决后，很快就爆发了"汉赣党潮"，而"反共清党"则是"汉赣党潮"的直接结果。

一、所谓"党潮"

北伐军攻占江西后，"党潮"一词开始在媒体中出现，如《大公报》的

① 《南浔战事调查记》，《大公报》1926年11月14日第1版。
② 《蒋介石之谈片》，《大公报》1926年11月25日第6版。
③ 中国第二历史档案馆编：《蒋介石年谱初稿》，北京：档案出版社，1992年，第728页。
④ 《最近南北大势》，《大公报》1926年10月12日第2版。

《汉赣党潮中之蒋介石》（1927年3月22日第3版）、《鄂赣党潮中蒋介石又一表示》（1927年3月25日第6版）、《党潮外讯》（1927年4月4日第2版）、《东南党潮之深刻化》（1927年4月8日第2版）、《党潮至此》（1927年4月9日第2版）等。

"党潮"也被称为"党争""左右潮""左右之争"，其实就是国民党内部因左右问题引发的党争，也就是左右倾的问题。不过，在《大公报》的新闻标题中，"党潮"一词使用的较多，究其原因，"党潮"一词比较精炼，同时能更好地吸引读者的眼球，在当时，"党"字在媒体中使用较多，如党军、党治，其中的"党"即指国民党。

宁汉对峙以前，《大公报》是如何认识"党潮"或国民党的左右倾问题的？其实，《大公报》并没有给出一个精确的答案，但多次尝试予以说明。例如，《国民党内部一瞥》一文指出，左倾右倾究竟因何而定，殊难详述，左右之分"不过概括之词"，并非有显明之分野，大抵"倾向渐进者为右，而急进者为左"，"倡理想者为左，兼顾事实者为右"，关键在于手段方法之间的区别。该文认为："可以汪蒋二人代表此项潮流，即汪左而蒋右"。[①]

1927年初，《大公报》总经理胡政之游历了武汉、上海等地，归来后写了一组文章，以《南行视察记》为题在《大公报》连载。其中论及了国民的左右倾问题：

> 所谓左右派从思想上看来，仅仅一时的缓急之不同，并不是绝对的有鸿沟可划。譬如从前蒋介石有人认他是左倾，现在却又公认他是右倾，孙科有人认他是左倾，究竟俱是外人所加，本人乃自称不变，而实际上亦不过比较程度问题。况且左派与共产派又不必混合为一，右派与从前的张继居正谢持一般老民党更不是分而复合，这其间变化复杂而迅速，局外人不易了解与判断。总之思想固然有关系，环境地位似乎也很有关系。有人说责任负得重，权力享得大的人，大概易于右倾，因为身当其冲，感觉理论与事实调和之必

---

① 《国民党内部一瞥》，《大公报》1927年2月15日第2版。

要，便不知不觉地要右倾，又因为局面一大，应付的事实越多，当然需要自由，以便临机处置，渐不耐团体的束缚驰骤，所以不得意的人，易于左倾，等到他一得著地位，也会右倾的。[①]

该文虽指出左派与共产党不是一回事，右派与西山会议派也不是一回事，但认为左右倾"实际上亦不过比较程度问题"。从思想上看，左右派不过是一时的缓急不同。从环境与地位看，随着环境与地位的变化，左右倾之间也会有所转变。因而，左右派"并不是绝对的有鸿沟可划"。

后来，《大公报》还对左右问题做了比较具体的区分：

自大略言之，甲，全持阶级斗争之学理的基础，乙，则不必专认为阶级斗争，而不舍三民主义之原始的解释；甲，专凭理论原则，乙，顾虑事实现状。大抵所谓左右之分，不外如此。[②]

这里对左右问题的认识比前面的认识稍微具体一些，而且从理论的角度对二者进行划分，有一定的道理，但是并没有更深入的分析。

蒋介石一派开始实施"反共清党"时，《大公报》认为："党潮"问题"根本在辛亥革命思想与俄式革命思想之冲突"。张静江等老国民党人多属前者，因而有打倒老朽问题。邓演达等新国民党人多属后者，因而有清党运动问题。辛亥思想，政治上主张全民革命，经济上则标榜节制资本平均地权，但无具体办法，大体而言，辛亥思想即"普通之民主主义"。俄式思想，政治上主张以农工为基础实施阶级独裁，经济上也主张节制资本平均地权，但其办法也不一致，就大体言，俄式思想即"布尔失（什）维克主义"。[③]

总的看来，在宁汉对峙以前，《大公报》对"党潮"的分析有一定的可取之处，但是对其中存在的国民党最高领导权之争，则没有足够的认识。

---

① 《南行视察记（二）》，《大公报》1927 年 3 月 7 日第 2 版。
② 《社评：汪蒋握手之一幕》，《大公报》1927 年 4 月 5 日第 1 版。
③ 《社评：时局杂感》，《大公报》1927 年 4 月 17 日第 1 版。

这与当时大众媒体更多关注南北间的军事对抗而较少注意国民党内部纷争有关。

二、"汉赣党潮"的兴起

"汉赣党潮",有时也被称为"鄂赣党潮",是《大公报》较多使用的称谓。之所以有这样的称谓,主要在于赣战结束后蒋介石的国民革命军总司令部驻节南昌,而国民党中央党部与国民政府随后迁往武汉。"汉赣党潮"的主角,一方是以蒋介石为代表的国民党新右派,一方是以徐谦、邓演达为代表的国民党左派,《大公报》称之为"南昌派"与"武汉派"。

"汉赣党潮"因迁都之争而起。1926年11月26日,中国国民党中央执行委员会临时会议议决中央党部与国民政府迁往武汉。12月5日,迁都工作正式开始。1927年1月3日,在蒋介石的操控下,已抵达南昌的中央执行委员和国民政府委员召开中央政治临时会议,决议中央党部与国民政府暂驻南昌,待3月1日中央执行委员会全体会议公决中央党部及国民政府驻地后,再行迁移。[①] 蒋介石在1月5日的通电中指出国民政府暂驻南昌是"因政治与军事发展便利起见"。[②] 李宗仁认为,蒋介石之所以突然武断地改都南昌,"自然是私心自用"。[③]《大公报》对于国民党突然改都南昌,有所关注,如《党政府尚未决定移鄂》(1927年1月10日第2版)、《党政府暂不迁武汉》(1927年1月12日第2版)、《汉口通信:党政府暂驻南昌续报》(1927年1月17日第3版)等均专门涉及该事件。不过,由于对其中内幕的不了解,认为改都南昌是谭延闿与张静江两位主席的决定:

> 谭张既抵赣,以政治与军事发展便利起见,霹雳一声,决定中央党部及

---

① 彭明主编:《中国现代史资料选辑》第1、2册补编(1919–1927),北京:中国人民大学出版社,1991年,第438页。

② 孙武霞等编:《四·一二反革命政变资料选编》,北京:人民出版社,1987年,第1页。

③ 李宗仁口述,唐德刚撰写:《李宗仁回忆录》(上),桂林:广西师范大学出版社,2005年,第323页。

国民政府暂住南昌，于是国民政府迁鄂之议遂中止。[1]

谭延闿是当时国民政府主席，张静江是代理国民党中常会主席，《大公报》认为改都问题自然由他们两人决定，而并没有提及蒋介石在改都南昌中的作用。

蒋介石挑起迁都之争后，遭到了武汉方面的强烈反对。经过一个多月的较量，在武汉方面的压力下，尤其是宋子文将蒋介石所需军费 1300 万元暂扣不发，蒋介石不得不在迁都问题上作出让步。[2] 2 月 8 日，南昌召开的国民党中央执行委员会政治会议议决中央党部与国民政府迁往武汉。

迁都之争暂告一个段落后，《大公报》有评论指出，"近日颇传国民党有左右派争执之说，按此说由于党政府迁鄂问题而起。……现在党政府亦已实行迁鄂，则此问题似又已告解决矣。"[3] 虽然已经观察到左右之争因迁都问题而起，但认为党政府实行迁鄂，问题似告解决，可见对其中内幕尚缺乏了解。迁都之争是国民党高层的内部争端，且武汉方面当时曾致电蒋介石，要求对政府不迁汉消息保守秘密，认为"如宣布，民众必起恐慌，武汉大局必受影响"。[4] 因此，外界对国民党迁都之争的内幕真相了解甚少，《大公报》有这种认识也属正常。

因为迁都之争并没有得到很好的解决，国民党的党争更加激烈。2 月初，国民党左派掀起了提高党权运动，部分在武汉的国民党中央高级干部集会，决定由徐谦、吴玉章、邓演达、孙科、顾孟余 5 人组成行动委员会，领导开展提高党权运动。[5] 在提高党权运动中，武汉方面开始出现"打倒张静江！""反对军事独裁！""反对反动派！"等口号。[6] 此外，迎汪复职的呼

① 《汉口通信：党政府暂驻南昌续报》，《大公报》1927 年 1 月 17 日第 3 版。
② 杨天石主编：《中华民国史》第 2 编第 5 卷，北京：中华书局，1996 年，第 142—143 页。
③ 《国民党内部问题》，《大公报》1927 年 3 月 2 日第 6 版。
④ 中国第二历史档案馆编：《中华民国史档案资料汇编》第 4 辑（1），南京：江苏古籍出版社，1991 年，第 374 页。
⑤ 刘继增，毛磊，袁继成：《武汉国民政府史》，武汉：湖北人民出版社，1986 年，第 274 页。
⑥ 张国焘：《我的回忆》（上），北京：东方出版社，2004 年，第 526 页。

声也越喊越高。

提高党权运动引发了蒋介石的强烈反弹。2月21日，蒋介石在南昌行营总理纪念周发表讲演，表达了个人的强硬主张。他指出，党权无所谓提高，本来是最高的，党权也无所谓集中，本来是集中的，武汉方面提出提高党权的口号，"不过拿这一个口号来排除异己的同志，做他们真正要想把持党权的武器就是了"；对于鲍罗廷等人组织的汉口联席会议，认为"联席会议是没有根据的，若要提高党权，就要取消汉口的联席会议"，政治会议才是最高的机关，中央执行委员会和政治会议明令取消汉口联席会议，要求在武汉组织一政治分会，"而该联席会议，却不遵照命令，置之不理，还是继续开会"，致使党权不能够集中；对于汉口联席会议主席徐谦，蒋介石指出"只有徐谦是实行独裁制的，他以没有根据的汉口联席会议，自居主席，不受党的命令，这才是独裁制"；对于武汉方面攻击张静江，蒋介石认为，"对于年纪大些的同志，总理最诚实的信徒，硬要破口骂他是反革命，或者骂他是昏庸老朽，我想这样无异于拆散我们的党，排斥我们最忠实的同志，而使革命难以成功"。对于总理平生所"最尊敬的最敬爱的同志"，我们要同总理一样的尊重他，敬爱他；对于有人指责其阻碍汪精卫复职，蒋介石指出，"如果中正想一个人把持党，不要汪精卫同志出来，中正便是没有人格，谁都可以来杀我的"；此外，他还就容纳共产党问题发表了自己的意见："现在共产党党员，事实上有许多对国民党党员，加有一种压迫，表示一种强横的态度，并且有排挤国民党员的趋向，使得国民党党员难堪，这样，我便不能够照从前一样的优待共产党了。"①

该讲话经报载后，国民党内部矛盾更为世人所悉知。《大公报》除以《蒋介石痛斥徐谦详报》为题刊载此篇演讲词外，还作了一些相关分析，认为蒋的言论主要是针对武汉反对张静江而发的：

> 中央党部迁鄂之事，党中力争，方始办到，但满街宣传品，只有欢迎谭

---

① 清党运动急进会编辑：《清党运动》，1927年6月，第8—13页。

（延闿）主席，没得张（静江）主席字样。徐谦夫人沈仪彬有一天在党部演说，也公开攻击张静江，至于各党部快邮代电骂张的也是连篇累牍，满载各报。这样一哄，张不肯来，谭也不便独至，于是徐谦便当起中央党部主席，于是蒋介石才有在南昌攻击徐谦的一场演说。①

武汉攻击张静江的原因在于张坚持主张国民政府和中央党部不迁武汉，留在南昌，由蒋介石就近主持。"张蒋是二而一的"，攻击张不啻打击蒋，所以才有蒋介石的过激言论。

针对蒋介石与徐谦之间的矛盾，《大公报》也有所揭示：

蒋对徐谦等共产党分子不满之理由，以徐等拟利用民众为背景，结合纠察队工人党及农民组合等，仿苏俄成例组织劳农军队，俾与正式军队相抗，此属破坏国民政府势力下之经济组织紊乱党内统一，故深恶而痛绝之。②

共产党此时尚没有组织劳农军队，徐谦也不是共产党，但蒋介石对共产党人在武汉的行为是相当不满的。共产党势力在武汉的壮大又与徐谦等国民党左派的庇护分不开，蒋介石因此也极为不满。

国民党左右两派的关系是否会走向破裂？《大公报》并没有直接回答这一问题，而是认为"蒋氏为人，手腕也很厉害，从前种种都有明证"，如果旷日持久，如何变迁，"却难逆料"，"什么左右派，要是各趋极端，真有破裂之日"。③

三、"汉赣党潮"的持续

3月10日—17日，国民党二届三中全会在汉口召开。全会通过决议二十项，宣言及训令三份。其中《统一党的领导机关案》废除蒋介石原任、张静

---

① 《南行视察记（二）》，《大公报》1927年3月7日第2版。
② 《蒋徐关系又一说》，《大公报》1927年3月13日第2版。
③ 《南行视察记（二）》，《大公报》1927年3月7日第2版。

江代理的中央执行委员会常务主席一职，设立主席团，实行集体领导；在中央执行委员会下设政治委员会与军事委员会。《中央执行委员会军事委员会组织大纲》废除了蒋介石的军事委员会主席一职，规定军事委员会设主席团，实行集体领导。《国民北伐军总司令条例》则缩小了蒋介石的国民革命军总司令权限，规定"总司令为军事委员会委员之一"，服从军事委员会集体领导，将北伐初期划归总司令部的大部分权力收回军事委员会。①

此次会议进一步激化了国民党左右派之间的矛盾。《大公报》注意到了二届三中全会"带有极端回复党权的性质"。② 但在另一方面，从通过的多项决议出发，《大公报》对此次会议作出了比较积极的评价：

> 日前各方纷传武汉国民党左右倾之争甚亟，甚至有将决裂或破绽之说。最近该党中央执行委员会，自十日开会，已有数种重大之议决案，由此推断，已可明其大体真相，并知其内部问题已告解决矣。……可知武汉近日拥护党权统一之运动，业已贯彻，然若谓此即为对于蒋介石为一种打击，其真相又似不然，因蒋既为总司令，当然不能遥领其他职务，而废除主席，非削灭总司令权限也。③

《大公报》并不认为此次会议会造成更大的党争，反而认为此次会议后，国民党"内部问题已告解决"，同时认为此次会议对蒋介石而言并非一种打击，废除主席制，也"非削灭总司令权限"。

《大公报》之所以有上述判断，一方面是由于在南北对峙的环境下，《大公报》很难对国民党内部矛盾有更为透彻的认识；另一方面则是源于对国民党团体性的认识：

---

① 荣孟源主编：《中国国民党历次代表大会及中央全会资料》（上），北京：光明日报出版社，1985年，第326页。
② 《外电所传之武汉空气》，《大公报》1927年3月14日第2版。
③ 《武汉政局》，《大公报》1927年3月17日第2版。

中国社会，单位为家族，家族主义者，个人主义之扩大而已。中国教人，以修身齐家为本，治平之事，则属之君子，故中国社会，可谓为一种扩大的个人主义所支配。其优点为发扬个人精神的自由，且务不侵犯他人，而其流弊则为自私自利，中国之衰，亦由于此。现在国民党之态度，乃全为欧洲式，尤其为苏俄式。所谓一切权力在党，党有自由，个人无自由，盖绝对重团体生活，甚至欲抹杀个性，以服务团体，不惟此也，党员一切行动，皆以会议决之，其细胞组织，微上微下，为许多级之团体。故每人每日，有许多会议，殆终日在团体生活中。至其农工政策，亦以组织团体为惟一要义，皆抑制个性，而服从团体。①

《大公报》认为国民党注重团体性，一定程度上抓住了1924年国民党改组后的基本特征。也正是基于此种观点，《大公报》断定国民党二届三中全会的召开，内部问题即告解决，而蒋介石也将服从党的决议。

除上述两种原因外，当局者否认有冲突，也是一个重要原因。12日，武汉某"重要党员"对外谈话时，"不承认近数日所传国民党内部冲突之说"；此外，"负责方面"也宣布中央执行委员会已"巩固党权"。② 这无疑给外界造成了一种假象，即党潮并不严重。

实际情况是，国民党的党争并没有因为二届三中全会的召开而平息，反而进一步升级，而且矛头开始公开转向蒋介石本人。

3月中旬，武汉三镇国民党集会并致电蒋介石，指责蒋介石作为全党所拥护之领袖，"对于本党之病象与危机，既不加以纠正，反为反动分子所蒙蔽，于总理之政策，多所违背"，并请蒋介石"明白宣布对于总理政策之态度"。③ 此后长沙也连续召开反对蒋介石大会，举行示威游行，并宣布"蒋介石敢行反动行动""反对中央党部国民政府之移鄂""阻止汪精卫归任""亲

---

① 《社评：中国社会之新波澜》，《大公报》1927年3月7日第1版。
② 《民党中央大会与武汉近况》，《申报》1927年3月15日第2张第5版。
③ 《汉赣党潮中之蒋介石》，《大公报》1927年3月22日第3版。

日卖国""与奉鲁军携手"等六项反蒋理由。① 15日前后，广州出现了"蒋介石横暴，打倒蒋介石"等口号。② 此外，汉口市党部甚至议决呈请免蒋介石各职。③

对此，有人观察，蒋介石只有三条路可以走，即"完全服从党议""纠合从前国民党右派，另创新局面""学汪精卫办法，飘然远行，撒手不管"。④ 似乎形势已经逼迫蒋介石必须采取行动。

但实际上蒋介石此时并没有采取过激行为。对于各方面的指责，蒋介石也只是利用各种方式予以辩白。例如，3月7日，蒋介石针对武汉方面的指责，在南昌发表演说，对违反总理三大政策问题、北方军阀勾结问题、革命军军饷不清等问题，分别予以解释。⑤

3月12日，蒋介石在《致武昌军事政治分校学生书》中表示："党国权威，中正素所尊重"，但再次为张静江辩护："张同志忠贞亮直，为先总理所最尊敬之一人，自非别具肺肠之徒，断不忍加以诋毁，诸同学何可漠视本党历史，而效挑拨者所为"。⑥ 针对迎汪复职问题，强调自己"函电敦促，何止再三"，认为"汪同志销假，于党国有绝对之必要"，并表示"如其再不归国共负艰难，（中正）惟有辞职以谢同志"。此外，对军需用途不明问题、变更外交问题、与北方军阀妥协问题，均有所解释，表示"此三者，中正若有一于此，岂但不配为总理之信徒，不配为革命之党员，亦不配为天地之间之一人"。⑦

14日，蒋介石致电中央党部，答复长沙党部的质问。其中称汪同志复职，"中正为主张最力之一人"；谭主席及中央委员已到鄂，"无待赘述"；戴

① 《长沙之反蒋大会》，《大公报》1927年3月23日第2版。
② 《广州倒蒋声浪》，《晨报》1927年3月17日第2版。
③ 《左派请免蒋介石职》，《晨报》1927年4月3日第2版。
④ 《上海特讯：左派中坚分子之谈话》，《大公报》1927年3月29日第3版。
⑤ 《汉赣党潮中之蒋介石》，《大公报》1927年3月22日第3版。另见陈独秀：《评蒋介石三月七日之演讲》，《向导》第192期，1927年3月18日。
⑥ 《鄂赣党潮中蒋介石又一表示》，《大公报》1927年3月25日第6版。
⑦ 《鄂赣党潮中蒋介石又一表示（续）》，《大公报》1927年3月27日第6版。

季陶赴日，"为中央在粤时议定"，吴铁城赴日，"中正未与闻"；等等。①

30 日，蒋介石在上海接受外国记者访问，对于武汉中央执行委员会，表示"完全承认之"。②

虽然二届三中全会后，党争并未平息，反而更加激烈，但是蒋介石的表现却并未过激，且表示服从武汉国民政府，并一再希望汪精卫复职。这种态度往往给外界一种错觉，即党争并不严重，《大公报》就是持这种看法。即使是到了 4 月 4 日，《大公报》仍然发表社评文章，认为国民党的左右倾问题不值得十分重视：

> 近来东西人新闻通信，把汉口南昌上海广东的民党左右派，说得水火不容，险恶万状，其实左右两派，易地而然，急进缓进，因时而异，内本不可分离，外亦变迁无定。国民党组织，原是团体作用，世人观察依旧个人本位，因为根本没有弄明白，当然易起误会，也许我们看得很严重万分的事件，事实上仅止狂风一阵，雨过天晴，就像前年广州中山舰倒蒋一案，当时何等厉害，到现在嫌疑者首要的李芝龙，依旧在汉口当差，被押许久的吴铁城，居然在日本奉使，他们民党行径，原本就是这样雷霆雨露，没有定准，如果看得过于板滞，实在是不知道党人心理。我们从这点观察，觉得左右派问题，值不得十分重视。③

此时，《大公报》仍然坚持国民党的左右派是"易地而然，急进缓进，因时而异，内本不可分离，外亦变迁无定"，这种认识虽然是《大公报》一贯坚持的，但也与蒋介石的表态不无关系。

四、汪蒋握手

迁都之争后，国民党内迎汪复职的呼声越喊越高，无论是左派还是右

---

① 《蒋介石对党务之表示》，《申报》1927 年 3 月 27 日第 1 张第 4 版。
② 《蒋介石与外报记者谈话》，《大公报》1927 年 3 月 31 日第 2 版。
③ 《社评：神经过敏》，《大公报》1927 年 4 月 4 日第 1 版。

派，均高呼迎汪复职。蒋介石本人也多次表态，甚至以自己辞职为条件恳请汪精卫复职。当时社会观察："盖足以调停武昌南昌两派之争执者，惟有汪一人而已。"①

4月1日，汪精卫回到上海。蒋介石、吴稚晖、蔡元培、张静江等人当日即与之接触。3日，汪精卫又与蒋介石会晤于上海孔祥熙宅，双方达成初步协议：由汪精卫出面制止武汉派之反蒋运动，而蒋介石则通电所有党务政治均由汪负责。当日，蒋介石公开发表专心军旅通电，对汪精卫推崇备至，认为"汪主席在党为最忠贞之同志，亦为中正生平最敬爱之师友"，"深信汪主席既出，必能贯彻其意旨，巩固党基，集中党权，以底国民革命之全功，而竟总理未完之遗志"。同时指出，"汪主席归来以后，所有军政、民政、财政、外交诸端，皆须在汪主席指挥之下，完全统一于中央，中正唯有统帅各军，一致服从"，"中正唯当专心军旅，勠力北伐"。②

对于汪蒋会晤的结果，《大公报》发表社评《汪蒋握手之一幕》，予以积极评价：

> 当国民党内部风潮间不容发之际，而汪精卫忽出现于上海，汪蒋握手，一席密谈，而蒋遂有本人专问军事推汪氏主持大计之江电，悬崖勒马，诚奇迹矣。……近两月来，湘鄂等处，反蒋之议大起，上月中央执行委员会大会，设军事委员会，废主席制，凡所以防个人专制。而迎汪复职，声浪尤高，遍于各级党部，蒋亦电催之，有汪若不来，将辞职以去语。而自兵到浙沪，左右之争亦日烈，宁案发生，外交甚紧，沪局不安，尤为可虑。当此之时，而忽演汪蒋握手一幕，乃全剧之一大转关也。……国民党内部之危机，经此一幕，或暂趋和缓。盖汪可指导党，蒋可指挥军。今二人谈论既浃，必已互有谅解，即谓国民党壁垒一新，无不可也。③

① 《关于蒋介石意志之矛盾消息》，《大公报》1927年3月21日第3版。
② 王正华编注：《蒋中正"总统"档案·事略稿本》（第1册），台北："国史馆"，2003年，第173—174页。另见《蒋推汪主政原文》，《大公报》1927年4月10日第2版。
③ 《社评：汪蒋握手之一幕》，《大公报》1927年4月5日第1版。

《大公报》之前认为在国民党内汪属左，而蒋则属右，现汪蒋握手，蒋介石表示服从汪精卫，专心军旅，所以国民党左右之争自可告一段落，国民党壁垒自可一新。

不过《大公报》对汪精卫能否调和左右之争，也表示了一定的怀疑："今后国民党之政见，是否能藉汪精卫之力而调和之、统一之，而党政府行动是否能满足现在社会之需要，尚须待事实证明之耳。"① 可见，《大公报》的乐观是比较谨慎的。但是另一方面，《大公报》认为蒋介石既然通电专心军旅，不管政治，"自可减一部分纠葛"。②

国民党一左一右两巨头的握手，自然是很大的新闻。《大公报》对此也竭尽所能，努力挖掘，不仅追述了汪蒋分离之原因的中山舰事件的前因后果，还对于汪蒋如何复和也有一段叙述，认为与李石曾的居间调节有很大的关系：

该党要人已多感于左右派有调和之必要，而汪蒋复和，又为此中枢纽。前月有国民党旧人褚民谊者，由欧洲返国特至北京，访李石曾，要求李氏出为调停，因李与汪甚有交谊，与张静江亦深契合，张固蒋所推崇者，李若出而斡旋，则蒋汪可望重行携手，李初不肯，强而后行。当时北方宣传李为南北妥协运动出京，实非真相也。③

汪精卫于 3 日与蒋介石会晤后，曾与陈独秀商谈两党合作问题，并有联合宣言，该宣言于 5 日正式发表。《大公报》据此对汪蒋合作表示了乐观态度，认为汪陈宣言的发表，"系汪蒋协议办法结果之一"。④

实际上汪陈宣言发表后，引起了蒋介石一派的强烈反感。尤其是吴稚

① 《社评：汪蒋握手之一幕》，《大公报》1927 年 4 月 5 日第 1 版。
② 《汪蒋复和》，《大公报》1927 年 4 月 5 日第 2 版。
③ 《汪蒋复和之前前后后》，《大公报》1927 年 4 月 5 日第 3 版。
④ 《汪蒋合作条件履行》，《大公报》1927 年 4 月 6 日第 2 版。

晖，对汪精卫自命国民党领袖与宣言中"联共"一词极表不满，并当众质问汪精卫，使汪精卫羞愤难当。《大公报》对于汪陈宣言发表后引发的争论有一定报道，指出汪精卫与吴（稚晖）蔡（元培）李（石曾）等人"争论甚烈"。①

6日，汪精卫不辞而别，登船前往武汉。当日，汪精卫在《民国日报》发表通电，解释其前往武汉的原因：

> 各党部各同志钧鉴，兆铭抵沪后，经于支电报告，想已达览。顷接武昌中央来电，催促前往，故即日动程。兆铭之愚，以为现在国民革命势力发展，已奠定东南，且党务政务，亦因为纷繁，故抵武昌后，拟向中央提议开一扩大会议，以解决一切重要问题。先此电闻，诸祈鉴察。汪兆铭鱼。②

对于汪精卫前往武汉，各报均有记载，对于汪赴汉的原因基本是根据其通电内容。例如，8日《申报》载："汪氏曾接谭延闿发来冬（2日）电，促其赴汉，故汪氏于前晚（6日）即乘轮出发。"③《大公报》亦载："汪精卫今晨赴汉，汉先有电致汪，命其就汉口中央执行委员会，及中央军事委员会各主席团主席。汪意到汉后，提议召集扩大会议解决内争。"④

可见，当时的媒体对汪蒋合作的失败并没有明确的认识。《大公报》甚至认为，汪精卫赴汉，对于解决国民党左右倾问题影响重大，"国民党全局视汪此行"。⑤

汪精卫赴汉后，蒋介石将汪蒋会议达成的协议对外公布。对此，各报均有刊载，《大公报》的刊载是在9日，内容如下：

---

① 《汪陈宣言以后》，《大公报》1927年4月7日第2版。
② 《汪主席赴汉通电》，《民国日报》1927年4月8日第2张第2版。
③ 《汪精卫前晚赴汉》，《申报》1927年4月8日第4张第13版。
④ 《汪精卫赴汉》，《大公报》1927年4月8日第2版。
⑤ 《汪蒋等最后之决议案》，《大公报》1927年4月9日第2版。

一、由汪通知陈独秀停止共产党活动。

二、武汉政府及中央党部命令暂时否认。

三、各党部团体及军队，由负责人自行纠正。

四、工人纠察队及其他武装者，应服从总司令指挥，否则认为反革命行为，严行取缔。①

从协议看来，蒋介石通过与汪精卫的协商，获得了否认武汉政府、清党与对工人纠察队武装缴械的特权。

总的看来，由于条件的限制，《大公报》没能很好地认识汪蒋关系，误认为汪蒋握手即为汪蒋合作。直到 4 月 15 日，才认定"蒋汪间意见未能一致"。②此时宁汉对峙已初步形成，南京国民政府也即将成立。

五、"反共清党"

蒋介石拉拢汪精卫合作失败后，在上海发动了"四一二"反革命政变，实行"反共清党"，走上了与武汉国民政府直接对抗的道路。

"四一二"反革命政变是从收缴上海总工会纠察队枪械开始的。4 月 12 日，大批化装成工人的帮会分子分头袭击闸北总工会会所，以及南市、沪西、浦东、吴淞、江湾等十四处工人纠察队。工人纠察队奋起反抗，双方发生激烈冲突。驻扎上海的第二十六军周凤岐部，借口工人械斗，以维持与援助为名，将双方枪械全部收缴。拥有两千七百余人的上海工人武装纠察队被解除武装，上海总工会会所也被占据。次日，上海工人举行总罢工并进行游行示威，随后发生了第二十六军开枪屠杀游行示威群众事件。

对于这一事件，《大公报》作了比较深入的报道与分析。该报认为，仅从上海闸北、南市、浦东、吴淞各处同时械斗、同时军队发动一点观察，即可知此事"决非巧合"。从表面上看，当局虽宣称是由于工人内部复杂，致

---

① 《汪蒋等最后之决议案》，《大公报》1927 年 4 月 9 日第 2 版。
② 《汪蒋终未一致说》，《大公报》1927 年 4 月 15 日第 2 版。

起械斗，妨害军事及地方治安，但实际上真正原因在于"左右之争，共产分子与非共产分子之争也"，该报进一步对其中的原因作了分析：

> 总工会之活动，完全属于共派，亦完全自具目标，未肯听非共产当局之号令，此为确切之事实，无可讳言。虽总工会一再声明对外慎重，决不与当局意旨相左，而其所准备者，乃固不尽然。自上海军事大定而后，工人运动更倾向于外交政治两方。其所表示与举措，近与市党部呼应，远与武汉国民政府一致，凡此皆外间公认为共派多数之机关，与军事当局拥蒋派，显别蹊径。是故凡当局以为一切在军事时期中，应由军事方面处分之问题，工会主张，适与之矛盾，在当局心目中，自认为反抗行为。在此暂时不奉行武汉国民政府命令之上海，工会如此行动，其不能为军事当局所容，固事所必然也。①

因为总工会为"共派多数之机关"，其主张与行动不能为军事当局所容。在国民党党争日益激烈的时候，这一机关必然是首当其冲。加之蒋介石与汪精卫达成的四项协议中，有停止共产党活动与取缔不服从指挥之工人纠察队及其他武装的条款，说明蒋介石不允许其存在。

此外，《大公报》还注意到蒋介石在这一事件中利用帮会力量为其服务，指出蒋介石在抵沪后，欲取缔共产党，只不知如何下手，而黄金荣、张啸林、杜月笙等人，"遂献鱼目混珠之计"，质言之，即暗令青帮弟子数千人投入总工会，"上述困难，到此乃得解决"。②对于帮会分子卷入党争，《大公报》有所评论：

> 清末革命，得力于秘密结社者居多，孙（中山）黄（兴）诸人皆致力于此，大抵以湖南广东两省为起点，而辛亥之役，则江南帮会，助力不少，故

---

① 《上海总工会纠察队缴械之里面》，《大公报》1927年4月20日第1版。
② 《上海共进会与共产党（续）》，《大公报》1927年6月13日第2版。

今日中华共进会等之参加时局，应认为有重大意义也。^①

　　"中华共进会"是以杜月笙、黄金荣、张啸林等人为代表的帮会势力于
1927年4月初组织成立的，专门配合蒋介石"反共"。由评论可见，《大公报》
对蒋介石利用帮会势力进行反共并不表示反对，反而认为此举是继承了孙、
黄诸人的传统。

　　上海工人纠察队被缴械后，当局对革命群众、共产党人及部分国民党左
派采取屠杀政策。与此同时，全国其他地区，如浙江、福建、江苏、广东、
广西、四川等，也相继出现了"拥蒋反共"活动。例如，4月15日，李济深
在广州组成"中国国民党广东特别委员会"，实行"反共清党"，此后一周多
时间共计逮捕两千多名共产党员和左派人士，杀害两百多人。^②

　　对于蒋介石在"反共清党"过程中采取的屠杀政策，《大公报》极不赞
同，并予以严厉谴责：

　　　　若夫宁沪所标榜之反共，吾人姑不论政策，而论蒋介石之责任。孙中山
末年之联俄容共，孰倡之，蒋倡之，孰行之，蒋行之，故共产党之发展，蒋
实为第一责任人。然爱之则加诸膝，恶之则投诸渊，前后之间，判若两人。
且取缔则取缔已耳，若沪若粤，皆杀机大开，继续不已，是等于自养成共产
党而自杀之，无论事实上理由如何，道德上不能免其罪也。^③

　　蒋介石的"反共清党"政策对国共关系会产生什么影响？《大公报》给
出了自己的判断："国民党之分裂，势或不可幸免，而谓此后国共两系，名
实俱将截然分道而驰，盖犹未免早计也。"之所以如此，《大公报》认为：国
民党改组后之发达，不能不归功于共产党，今日国民党之发达，即可以认为
是共产党之发达，而中国共产党之发达，又完全是在国民党之名义下实现

---

　　① 《社评：上海工潮中之新问题》，《大公报》1927年4月16日第1版。
　　② 黄道炫：《民国兴衰（蒋家王朝之一）》，北京：中国青年出版社，2001年，第141页。
　　③ 《社评：党祸》，《大公报》1927年4月29日第1版。

的。如果直接以共产党之名义来号召大众，共产党则不会成功。所以，国民党之名，共产党万万不会抛弃，无论蒋介石一派，攻击共产党至于何种程度，共产党只能以国民党的名义讨伐他，"故蒋派挟国以讨共，共系亦挟国以讨蒋"，"蒋派与共产系不两立，共产系则与国民党不可分"。结果是"蒋派能自别于共产系，不能别共产系于国民党"。可以断言，共产党不会脱离国民党而自行其是。"如谓国共联合，将由此而破，是何殊见卵而求时夜，见弹而求鸮炙哉。"①

《大公报》的这种观点不无道理，而且也为事实所证明，蒋介石采取"反共清党"政策后，共产党依然留在国民党内，和武汉的国民党左派一起，对蒋介石进行讨伐。

第三节　"宁汉之争"与"南北妥协"

一、"宁汉之争点"

1928年4月18日，蒋介石一派在南京成立国民政府，正式形成了与武汉国民政府的对峙局面。对于宁汉之争，《大公报》更多采取冷眼旁观的态度，抓住其中的热点问题，进行比较客观的报道分析。

宁汉双方，为何而争，《大公报》对此作过多种解读：

第一种解读为"宁汉正统之争"。4月15日，蒋介石一派中央执行委员在南京召开中国国民党第二届中央执行委员会第四次全体会议，因人数不足，改开谈话会，议决自18日起国民政府移宁。《大公报》认为此举"不外蒋介石一派图谋掌握政府之全权"。② 这种观察不可谓不精到，因为蒋介石一派主张南京政府"非与汉口政府对立之第三政府，及（乃）武汉政府之迁于南京"。其法理依据在于：其一，在上海由汪精卫提议，并经中央监察委员会

---

① 《社评：国共分合之臆测》，《大公报》1927年4月23日第1版。
② 《南京国民党会议续讯》，《大公报》1927年4月16日第2版。

决议国民政府移宁；其二，国民政府建都于南京为先总理之遗志；其三，中央监察委员会已弹劾武汉中央执行委员会，并由中央执行委员开会决议自18日起国民政府移宁。[1] 1927年4月18日，南京国民政府成立时发表通电称："所有汉口联席会议及中央执行委员会会议产生之机关所发命令，一律否认。"[2] 对于南京方面的举动，武汉政府不仅去电阻止蒋介石等人召集中央执行委员会议，还以17日武汉中央常务委员会决议形式开除蒋介石党籍、免去本兼各职、通缉惩办，并否认南京国民政府的合法性。

《大公报》发现，宁方的法理依据是中央监察委员会决议，汉方的法理依据是中央执行委员会决议。对此，《大公报》认为双方在对峙过程中虽有一定的法理基础，但均不够稳固，从而在确立自身合法性的同时，也不能否认对方的合法性：

蒋无法否认中央执行会之权威，而中央执行会，亦不能置监察员之纠弹于不理；现在南京不能开中央执行会，仅以旧政治委员会处理一切，于法律上立脚不稳，而武汉命令讨蒋，即对于监察委员之纠弹，一字不提，则亦有站不住之处。[3]

南京国民政府之所以能对抗武汉国民政府，完全是依赖国民党中央监察委员会的支持。因为当时在上海的中央监察委员人数居于多数，所以可以开会否决武汉中央执行委员会及联席会议的决议，中监会的决议可以成为南京国民政府成立的法理基础。所以，"宁方亦有可以战胜武汉者，即监察委员实居绝对多数，尚可以为号令全党之凭藉"。[4] 而武汉则相反，只能依赖中央执行委员会的支持以奠定其法理基础，所以对监察委员之"纠弹"，一字不提。

---

① 《"南京政府非第三政府"》，《晨报》1927年4月27日第2版。
② 《党潮中之南京宣言与通电》，《大公报》1927年5月5日第6版。
③ 《党潮变成慢性症》，《大公报》1927年5月6日第2版。
④ 舜愚：《剧变中之南方局面》，《大公报》1927年4月29日第2版。

第二种解读为"宁曰反共，汉曰反蒋"。《大公报》发表的社评《宁汉之争点》认为，南京"反共"，主要指责共产党为把持党权，故设左右之名，构煽离间，排斥纯国民党分子，虽奉汪精卫等人为领袖，却逐渐垄断一切党权，施行共产主义，消灭三民主义，总之为破坏国民党，破坏国民革命；武汉反蒋，在宁汉未分立以前，主要指责蒋介石倾向独裁，分立以后，则指责其残杀工人，妥协帝国主义，总之为蒋介石破坏孙中山三大政策，专制独裁。[①]"宁曰反共，汉曰反蒋"，双方似乎旗帜鲜明，但是《大公报》认为，事实上宁汉双方均有不能立足之处：

> 宁方专标榜反共，而反对蒋者不全为共派。武汉专言讨蒋，而反对武汉之设施者，绝不仅蒋。宁方明知反蒋者之不仅为共，但除徐谦邓演达外，对其他之人，绝不攻击，实则最近主持讨蒋者，即为蒋上月三号通电拥护之汪精卫。又汉方明知反武汉者，不仅为蒋，但只攻蒋一人，而不及其它，实则此次反共最烈者，为吴稚晖蔡元培李石曾之诸清流。故由局外观察，双方皆避实就虚，俱不彻底。[②]

反对蒋介石的绝不止共产党，汪精卫就是反蒋极为激烈的人，而反对武汉者也绝对不止蒋介石一人，吴稚晖、蔡元培、李石曾等人反对武汉就颇为激烈。因而，南京标榜"反共"，武汉标榜反蒋不能不令人怀疑双方的真实用意何在。

第三种解读为名义之争或主义之争。《大公报》认为，"古者师出必有名，其所为名，即主义也，主义正当，故可宣传，惟能宣传，故所向有功，所谓名正而言顺，言顺而后事成也。"由此从三民主义、共产主义与帝国主义三种主义来解读宁汉之争：

---

① 《社评：宁汉之争点》，《大公报》1927年7月17日第1版。
② 《党潮变成慢性症》，《大公报》1927年5月6日第2版。

蒋中正派与武汉派分裂，于是两派遂共争三民主义之名，美哉三民主义之为名也，武汉派欲攘之，蒋中正派又欲攘之，北方诸军虽不便攘，却亦不便讨，则其名独为多数人所尚，可无疑矣。夫战争不能有攻而无守，亦自不能有守而无攻，蒋中正派与武汉派争三民主义之名，乃其所以为守，守之为名同，则攻之为名异，若攻守之名并同，斯无为为战矣。蒋中正派名武汉派为共产主义，武汉派名蒋中正派为帝国主义派。①

第四种解读为文武主从之争。《大公报》认为民国以来的政治，都可以视为文武主从之争。什么是文武主从之争？即是政治支配军事，还是军事支配政治，是智识理想支配枪炮，还是枪炮支配智识理想，前者为文主武从，后者为武主文从。宁汉之争，可以用文武主从之争来解读："汪兆铭代表文，蒋中正代表武"。不过《大公报》也认为，文武之间虽有主从之争，但二者是不能分离的，蒋介石自身就不能脱离"党国文士"而存在，"以号称三十万人之总司令，而保护维持者，实赖于老秀才之吴稚晖。"②

此外，《大公报》还将宁汉之争解读为"三民主义如何解释及如何施行之争"，具体而言，乃"政策问题"。③宁汉双方在对俄政策、外交政策、农工政策、阶级斗争、党治观念等各方面均有争论。例如，在农工政策方面，武汉为革命主义，南京为改良主义，武汉在使农会、工会自握政权，南京则仅止于改良农工待遇。④

宁汉之间，何以如此纷争？《大公报》认为，其中的原因在于国民党内没有一个像孙中山那样的"国民党之中心"：

及其（孙中山——引者）既死，党徒秉其遗教，承其遗泽，遂有相当之成功，然因领袖人物缺乏，竟以内讧，寝成自相残杀之祸。此无他，继中山

① 《社评：论名》，《大公报》1927年5月21日第1版。
② 《社评：文武主从论》，《大公报》1927年6月20日第1版。
③ 《社评：变化中之南北时局》，《大公报》1927年7月20日第1版。
④ 《社评：宁汉之争点》，《大公报》1927年7月17日第1版。

者其人格与智力不足以涵容全党耳。……今国民党势力虽若膨胀，而成绩未彰，内部分裂，社会之期许太深，民众之责难可畏，武汉固以幼稚自承，南京则只有筹款可纪，凡此现象，皆人才不足所致。①

孙中山逝世以后，党内虽有汪精卫、胡汉民、蒋介石等所谓国民党诸领袖，但《大公报》认为他们人格与智力皆"不足以涵容全党"。实际情况也正是如此。以蒋介石而言，虽然他以军权独大，但此时尚没有获得全党认可，且较早地显示出了很强的独裁倾向，更引起党内相当一部分人的不满。迎汪复职，提高党权运动，均是这种不满的表现。蒋介石没有意识到这一点，反而走上了分裂之路，更使其领袖的地位与形象受到很大的影响，这也是他此时还不足以担当"国民党之中心"的表现。据此，《大公报》认为国民党"是否再能建设一笼罩全局之中央干部，乃南方今后之最大问题"。② 由此可见，《大公报》在此时期对蒋介石的国民党领袖地位并不认可。

二、从相持到妥协

宁汉对峙形成后，虽然双方相互攻讦，但一直没有发生军事冲突，而是处于相持状态。当时汪精卫称蒋介石"梦想独裁"，但又认为，"吾人不承认有南京政府，惟不欲对此诉以武力而已"。蒋介石也对媒体表示，"南京政府现在惟坐待武汉之自灭，故于此方不主张进兵，而依然继续北伐"。③ 其实双方没有诉诸武力，主要在于双方均无力于此，因为此时武汉方面正急于向河南进军，以联络冯玉祥，打通西北交通线，南京方面则急于肃清江北，拱卫南京。

5月初，《大公报》就指出："双方相持，迄无解决之象"，"混沌期间，将至延长"。④ 在6月10日郑州会议时，武汉方面极力拉拢冯玉祥，以便与

① 《社评：党治与人治》，《大公报》1927年7月27日第1版。
② 《社评：离奇变化之南方时局》，《大公报》1927年8月7日第1版。
③ 《汪蒋谈话对照》，《大公报》1927年5月14日第2版。
④ 《党潮变成慢性症》，《大公报》1927年5月6日第2版。

冯玉祥共同对付蒋介石。对此,《大公报》认为,冯之为人,"本少决断",在宁汉对峙状态之下,"势必倡调和之论",因此冯玉祥"势不愿代汉以攻宁";另外,"宁方在河南战事告一段落之后,虽欲直接攻汉,亦力有所未逮也"。所以《大公报》进一步断言,在短时期内,双方仍将"保持相持之状态"。①

由于双方相持不下,宁汉妥协之声开始有所耳闻。《大公报》对此也有所分析,不仅认为双方有妥协的可能性,还从几个方面对这种可能性进行探讨:第一是冯玉祥的调和态度,冯玉祥始终主张宁汉调和,"冯不敌视宁,亦决不敌视汉",郑州会议决议将河南交给冯,表示武汉与冯合作,同时可以河南为宁汉间之缓冲,冯此后又赴徐州与蒋会晤,其目的应为调和;第二是武汉之农工政策"皆自招失败",武汉也因此自行引咎,承认"过火",实质上已经减少"双方争点";第三是南京若攻武汉,"仍属不易",湖南方面虽多"反共",但不一定反对武汉,且张发奎等已回湖北,守御之力,依然不薄;第四是双方外交形势上并无太大差别,均受帝国主义之压迫。此外,6 月 18 日张作霖在北京组织军政府、就任大元帅,也"足以刺激南方心理"。因此,"几经折冲之后,宁汉政府之归并问题,或有一种政治的解决,亦非意外矣"。②

当时的《晨报》也认为"蒋唐非不能合作,且其可能性或较多于奉宁也"。③

蒋冯徐州会议之后,冯玉祥电请鲍罗廷即时离境,并督促武汉方面实行清党。《大公报》由此认为,共产党势将退出舞台,而"国民党之统一,当即实现",对宁汉妥协表现出了一定的乐观态度。④《大公报》还观察到,蒋介石在徐州会议后已试图用政治手段解决武汉:

---

① 《南方时局之观察》,《大公报》1927 年 6 月 10 日第 2 版。
② 《社评:南方时局之观察》,《大公报》1927 年 6 月 22 日第 1 版。
③ 《宁汉两派提携:蒋唐进行妥协》,《晨报》1927 年 6 月 14 日第 2 版。
④ 《社评:时局之自然归宿》,《大公报》1927 年 6 月 25 日第 1 版。

徐会之后，（蒋介石——引者）颇信赖冯玉祥，欲藉冯之力，以政治的手腕消灭武汉机关，一方则调兵若干，赴九江武穴等处，以为威胁之计。其彼时未决定攻鄂之证据，则徐会乃商议对北军事，而津浦军则负入鲁责任也。又闻蒋氏于距今十日前，曾面嘱冯玉祥驻宁代表之赴开封者转告冯氏，务多用政治手腕不必用兵云云。①

6月23日，蒋介石下达攻取鲁南作战命令，第一、二、三路军纷纷向北移动，进一步实施其北进战略。对于武汉，蒋介石仅令第一军刘峙、卫立煌、陈诚三师南撤，以应付上游军事。6月30日，蒋介石"因闻唐已在汉布告驱逐共产党"，乃致电唐生智，希望其"与冯玉祥合作"，一致"反共"，并谓"只须能反共，则一切皆可商也"。②《大公报》的观察与此形势基本一致。

在南京方面继续北伐的同时，武汉方面却已经改变战略，准备对下游采取军事行动。郑州会议后，武汉方面将河南交给冯玉祥，撤兵武汉，在整顿内部、巩固两湖地盘的同时，准备攻打蒋介石。

7月4日，汪精卫正式提议东征，该提议得到7月6日中央政治委员会决议通过。此后，武汉第四、第十一、第二十、第三十五军积极向下游移动。武汉东征的名义是"讨蒋"。汪精卫就公开表示，"武汉形势犹如毒蛇缠身，层层束缚，断蛇须断头，要认定蒋介石是个蛇头，所以要先倒蒋，至张作霖等不成问题"。③即使是在7月15日武汉宣布"反共"之后，汪精卫、唐生智等人的态度仍是"政策尽可变更，惟必须倒蒋"。④

《大公报》对武汉东征讨蒋的真正用意作了分析，认为这是武汉所处形势决定的：

---

① 《宁汉军事之观察》，《大公报》1927年7月14日第2版。
② 王正华编注：《蒋中正"总统"档案·事略稿本》（第1册），台北："国史馆"，2003年，第540页。
③ 《宁汉军事之观察》，《大公报》1927年7月14日第2版。
④ 《社评：武汉真相如何》，《大公报》1927年7月21日第1版。

盖武汉派真正用意,为胜则取沪宁,否则南下取广东,务须得一个出海之路,所谓打通一条活路,不能在武汉坐而待毙是也。徐州会议,相当的使武汉忧虑,但最近汪精卫演说有云,我们不管什么徐州会议云云,足知其最后已下决心,虽冯助南京,彼等亦须一战,若力实不敌,则欲入粤,以为异日卷土重来之根据地也。①

武汉因受到南京方面的封锁,本身已经相当困难,不能持久。其工农政策的"过火"也使得武汉受到各方面的质疑与攻击,尤其是一些军队公开"反共",导致两湖地区相当不稳定。冯玉祥与蒋介石会晤后要求武汉"反共",与南京合作,更使武汉走投无路。种种原因使得武汉方面与其坐而待毙,不如放手一搏,打通一条活路,胜则取沪宁,否则南下广东。

从武汉方面的反应来看,似乎宁汉战争势必爆发。对此,《大公报》则有自己的看法,认为有三个方面的因素决定了"汉宁战事将不易起":

武汉中央党部,可分为三类:其一,属共产系,为绝对反宁,此派现已纷退;其二,非共产党,而恶蒋殊甚,汪兆铭等是;其三,则依违数者间无绝对可否,如谭延闿宋子文孙廖两夫人是。近日主持反宁者,为第二三两部分,然南京与第三类人,始终疏通,保持友谊,是以近日此数人从未发表讨蒋言论,足知武汉当局,态度不同,此要点一。宁汉根本之争,为共产党问题,武汉早已承认共产党政策不是,汪氏本人,近亦屡论之,且主张国共分离者,武汉亦大有人,共产党且愿自退,则对宁作战之政策上理由不存,此要点二。抑南京所要求者,驱共产党而招致在鄂委员来宁开会,即于汪兆铭,亦未示决绝,故双方仇恨似极深,而一言释兵,则合作固易,此其三。②

8月1日,中共南昌起义爆发。《大公报》认为,叶挺、贺龙在南昌独立,

---

① 《宁汉军事之观察》,《大公报》1927年7月14日第2版。
② 《社评:武汉真相如何》,《大公报》1927年7月21日第1版。

反武汉，"足使宁汉问题急转直下"：

昔也犹有战之名分，今并此无之，南京号召攻武汉为讨"共"，今则"共"且讨武汉，是去题甚远矣。武汉之号召曰倒"蒋"，然事实上不肯循蒋之政策而行，是倒蒋运动，纯为领袖人物个人之争，将士不用命矣。①

据此，《大公报》更认为宁汉战事不易起。

8月8日，胡汉民、吴敬恒、李宗仁等电武汉自承鲁莽，赞成合作。当日，南京方面由李宗仁等11人致电冯玉祥，蒋介石亦列名其中，电中赞同召开中央执行委员会第四次会议，促成第三次全国代表大会召开。8月10日，武汉汪精卫、谭延闿等复胡汉民等8日电，自承防共过迟，赞成宁汉合作。至此，宁汉妥协迅速告成。

宁汉妥协何以迅速告成？《大公报》认为，蒋介石反攻徐州失败是其中的一个推动因素：

汉宁之不能不合，于此（蒋介石反攻徐州失败——引者）又有以促成之。盖武汉政府因反共而失其立足点，南京政府则内政外交军事处处皆须打开局面，别树新猷。今因津浦之战败而迫其改组，一新壁垒，则塞翁失马，安知非福。北方因失败而张作霖乃作大元帅，南方因败挫，而蒋冯唐大联合，要非意外之事也。②

《大公报》认为武汉与南京均遭到严重挫折，只有妥协，才能打开局面，别树新猷，一新壁垒。蒋介石反攻徐州失败正好促成了"蒋冯唐大联合"。

此外，《大公报》还认为，宁汉妥协，"蒋唐部下亦与有力"：

---

① 《社评：离奇变化之南方时局》，《大公报》1927年8月7日第1版。
② 《社评：又一变化之南北大局观》，《大公报》1927年8月12日第1版。

唐生智蒋介石本处不能并立地位，何键反共之后，世人常认为将同时反唐，实则何劝唐与蒋复合，最费苦心，日前向唐痛切陈辞，谓汉宁不合则大局立见危险，唐颇动容，乃曰，吾此时不便转圜，一切听公为之，果能奏效，吾决不反对，何得此预约，乃益主妥协。至蒋之部下，第一努力妥协者为李宗仁，李部转战南北，厥功甚伟，与湘滇军皆患难交，上月亲赴湖口与朱培德会晤，即有各不相打之约，此次奉命顿兵皖芜，不啻自任缓冲，与武汉派夙有息事宁人之接洽，又如贺耀祖，亦蒋年来大得力之一部将，贺与程潜鲁涤平近方商榷妥协，避免内争，不再倒蒋。蒋唐部下有力分子，态度如此，适津浦战亟，陇海垂危，共产派又欲破坏武汉现状，此曹恐及今不图，无论南北，事益难办，乃相约各竭所能，促其速成。①

何键有没有劝唐与蒋复合，不得而知，但是从唐生智于8月8日仍通电讨蒋来看，此说有夸大何键作用之嫌；从蒋介石部下来看，李宗仁一派对于宁汉息争，的确有所作为。李宗仁亲赴湖口与朱培德会晤，确有其事，此事对于消除宁汉军事冲突起到了一定作用。桂系之白崇禧也在7月致电程潜，劝程"反共"，有"在反共之下，彼与李宗仁均无成见等语"。②

宁汉妥协，一定程度上也是蒋介石受到排挤的过程。对于此点，当时《大公报》并没有予以足够观察。

三、"万目暌暌之蒋冯"

冯玉祥在宁汉之争中举足轻重，成为宁汉双方竭力拉拢的对象。在郑州会议时，《大公报》就指出，"宁汉争欲拉拢冯玉祥"，当时"武汉要人倾巢而赴郑州，其意实欲坚冯氏倾向武汉政府之心，以对蒋为第一目的"。③尤其是武汉方面将河南、陕西、甘肃三省实权交给冯玉祥后，更是认为"武汉对

---

① 《宁汉妥协与南北大势》，《大公报》1927年8月13日第2版。
② 《武汉已对宁宣战》，《大公报》1927年7月27日第2版。
③ 《内战中之外交战》，《大公报》1927年6月10日第2版。

于冯氏之大下功夫"。①

不过最令当时媒体关注的莫过于蒋介石对冯玉祥的拉拢，因为蒋介石拥有巨大的军事与经济实力，蒋冯合作，对时局影响尤为重大。

在宁汉之争初期，冯玉祥的态度一直为当时社会所费解。《大公报》有记载称，5月1日，西安召开反蒋大会，当时于右任登台演说，"痛诋蒋氏"，但是，当日冯玉祥却未参加会议，而且西安"始终未闻冯对免蒋问题有何表示"。② 即使到了郑州会议前夕，《大公报》还承认，"冯玉祥在汉被推为军事委员会主席，在宁为国民政府之一委员，冯本人态度如何，似无确报"。尤其是对于蒋冯关系，"非可轻下判断"。③

其实，在宁汉对峙期间，冯玉祥的态度始终是调和宁汉，共同北伐。他认为："目前正是军事紧急的时期，我们的唯一目标就是打倒军阀，完成国民革命，所有力量，都当集中于此，不容分化。"④

由于函电不通，蒋冯关系发生较迟。5月31日，毛以亨携蒋介石亲笔信到潼关面见冯玉祥。⑤ 6月1日，冯玉祥到洛阳，才与蒋介石通电，表示合作。

6月20日，蒋介石与冯玉祥举行徐州会议。会议结果："冯蒋通电继续北伐，冯自致电劝武汉取消共产，驱逐鲍（罗廷）等与南京一致。"⑥

对于冯玉祥赴徐州开会，《大公报》认为是形势使然：

冯之赴徐州会议，其环境上亦自有必要，晋阎态度一也，陕西之复杂二也，军费极端困难三也，奉晋宁妥协之风传甚盛四也，凡此情形，即宁汉决裂之后，亦依然如故。故冯事实上断不能加入武汉方面与南京为敌。⑦

① 《北京改制后南北大势》，《大公报》1927年6月21日第2版。
② 《左倾潮流中之西安》，《大公报》1927年6月5日第2版。
③ 《时局无甚进展》，《大公报》1927年6月9日第2版。
④ 冯玉祥：《我的生活》，北京：世界知识出版社，2006年，第449页。
⑤ 杨天石主编：《中华民国史》第2编第5卷，北京：中华书局，1996年，第572页。
⑥ 韩信夫，姜克夫主编：《中华民国大事记》第2册（1923–1929），北京：中国文史出版社，1997年，第636页。
⑦ 《宁汉军事之观察》，《大公报》1927年7月14日第2版。

从晋阎方面来看，阎锡山虽在6月3日即改旗易帜，宣布服从国民政府，但对冯玉祥若即若离，此前还与冯发生了晋北战事。当时又有传言阎锡山在动员晋宁奉合作，以对抗武汉与冯玉祥。从冯玉祥内部来看，虽然冯玉祥军队不少，但是内部复杂，加上军费极端困难，冯玉祥已经感觉很难驾驭。为了稳定内部，解决军费问题，最好的办法就是联合蒋介石，向北发展。正因如此，《大公报》认为"饷弹之接济，对北之发展，似乎联南京比联武汉合算，再加北方一逼，陇海路感觉危险，便越发有联宁的必要了"。①

蒋冯徐州会议后，冯玉祥发表致武汉汪精卫、谭延闿等人电，在通电中，冯玉祥表达了对武汉农工运动的强烈不满，认为工农运动导致"社会根本动摇，四民无一安宁"，"补救之方"，一是使鲍罗廷回国，一是希望"在武汉之国民政府委员，除愿出洋暂资休息者外，余均可合二为一"，冯玉祥认为，宁汉双方"既异地而同心，应通力而合作"。此外，冯玉祥还要求唐生智调集所部于郑州，与其协力北伐。②《大公报》认为，冯玉祥此举是"藉此收束武汉政府，而统一于南京政府之下是也"。③

对于徐州会议，蒋介石也相当满意，他在上海市党部迎蒋大会上得意地表示："现在中国的政治重心，在南京国民政府。自前月以来，最重要的，就是徐州会议，吾党之成败，吾国之存亡皆有关于此。"蒋介石认为冯玉祥在徐州会议中的态度，是忠实于党国的表现，认为冯玉祥是我党一个忠实的同志，而且是可以共患难的同志，由于冯玉祥支持南京国民政府，"从此我们的党可愈臻稳固了"。④

不过《大公报》注意到，冯玉祥曾表示，不否认武汉，不赞成对武汉用兵。⑤ 因此，《大公报》认为，"冯氏手段向取曲线，其与汉方之徐谦顾孟余等，又多私交，且河南地盘系出汉方为多，此时过以辣腕对汉必非其所愿

---

① 《社评：假定下之一种时局判断》，《大公报》1927年7月29日第1版。
② 《徐州会议后之两要电》，《大公报》1927年6月29日第2版。
③ 《南方时局急转直下》，《大公报》1927年6月25日第2版。
④ 王正华编注：《蒋中正"总统"档案·事略稿本》（第1册），台北："国史馆"，2003年，第559—562页。
⑤ 《徐州会议终了》，《大公报》1927年6月23日第2版。

也。"① 并断言，"冯于对北军事上听南京命令以为进止，而于宁汉军事必不参加"。②

正是由于冯玉祥对武汉不肯放手，不愿以武力对付武汉，因此《大公报》认为蒋冯合作只是"表面热闹"而已，社评《万目睽睽之蒋冯》对此有精彩的分析：

> 蒋冯联合，诚如表面所传，然蒋冯关系，实亦仅表面热闹而止，对时局目标与手段，初未尽同。蒋之意对待武汉，重于对北，故其次第，乃先解决武汉而后北方。冯之意趋重对北，而对武汉则不甚重视，且认为可资用为解决之手段，为用政治手段，有非必用武力解决之意。今宁汉既实行作战，冯是否仍持此态度，抑将循蒋意，而转变前此态度，殆甚难断言。观冯军近顷之积极渡河者，已达万余，且屡向晋催出动，益征冯对北方意见之积极，而对于武汉，恐终持消极之态度而已。③

武汉宣布东征讨蒋后，蒋介石不得不暂时缓和对北方军事，而将重点转向长江上游。这种做法与冯玉祥的战略产生了矛盾。冯玉祥因直接面临来自北方的威胁，一直主张先完成北伐再处理内部问题，所以对军事解决武汉问题，始终持消极态度。正因如此，蒋冯合作，只能是"表面热闹"。

对于蒋冯之间的"表面热闹"，《晨报》也有同样认识："二人之间，在外表上仍极亲密，供给军饷，无敢或缺，蒋之用心，亦可谓苦矣。近传冯对武汉，有严厉之电，此亦不足信。盖冯在宁汉胜负未决之前，决不至有所偏袒也。"④

实际上，冯玉祥始终没有支持蒋介石军事解决武汉的政策，蒋介石拉拢冯玉祥以解决武汉的计划最后以失败告终。

---

① 《长江军事调查谈》，《大公报》1927年7月27日第2版。
② 《宁汉军事之观察》，《大公报》1927年7月14日第2版。
③ 《万目睽睽之蒋冯》，《大公报》1927年7月15日第2版。
④ 《时局进展方向如何》，《晨报》1927年8月2日第2版。

四、"南北妥协"

在宁汉对峙时期，宁汉双方相继进行了各自的北伐。对于北伐本身，媒体并无多少议论，一般以战报为多。当时媒体所关注较多的是南北之间的妥协问题。南北妥协，主要指以蒋介石为代表的南京方面与以张作霖为代表的北京方面之间的妥协。当时奉张一派标榜反共，与武汉基本无妥协可谈。所以当时为社会极为关注也为媒体所不断追踪的是蒋张之间，也就是宁奉之间的妥协。

（一）南北妥协之可能性

早在宁汉双方相继北伐之初，就有南北妥协之声浪。例如，5月8日，张作霖接见记者时表示："须蒋真能反对共产主义，且能将俄人逐尽，并完全脱离过激赤化主义，而后不辞对蒋妥协。"① 17日，奉方重要人物杨宇霆发表谈话称："奉方与国民党关系，历史甚早。……如果（蒋）以诚意反对赤化，奉方当然可与之合作矣。"② 当日，北京《晨报》披露："蒋之代表，为谋与奉方妥协之故，最近已赴大连。蒋拟重新派代表一名，以同样之使命，一两日中赴大连。"③

对于南北妥协问题，《大公报》不仅有不少报道，还有专文进行探讨。《大公报》断言："南北妥协之可能性极少，质言之，殆不可能也。"理由如下：

其一，妥协之意形式上应为协商组织统一政府，而北京、南京、武汉"三种中心组织"，皆以全国之政府自命，且否认其他政府之存在，更否认其他势力之存在，因此毫无妥协可谈；其二，最近所传之妥协为"反共者之妥协"，即北京、南京之妥协，而不含武汉，且须消灭武汉，但是北京除"反共"外，并否认国民党之党治，南京除"反共"外，并否认安国军之军治，南北正相反；其三，此前有"划江而治"之倡议或"南北分治"之说，然

---

① 《对蒋可和对冯不和：奉宁议和之前提》，《晨报》1927年6月9日第2版。
② 《奉军与国民党有历史的关系可以合作》，《晨报》1927年5月18日第2版。
③ 《蒋介石代表先后赴大连》，《晨报》1927年5月17日第2版。

"言之虽易，行之极难"，因为在江北者，无日不想到江南，在江南者，亦无日不想到江北，而暂时未到者，只是打不到，并非克制自己；其四，妥协问题，只有在双方势均力敌的情况下，才愿意罢战，才可以言和，而现在北方认为南方不足平，南方认为北方不足平，双方战意正浓，敌意甚盛，言妥协尚早；其五，目前妥协只是传闻，事实上双方暂时并无妥协之议，蒋介石自到沪宁后即无时不谈北伐，有北伐便无妥协可谈。①

在南北妥协过程中，晋阎的作用值得一提。阎锡山于6月3日在山西太原改旗易帜，宣布服从南京国民政府。在易帜前后，阎锡山主动敦劝张作霖顺应潮流，改旗易帜，服从三民主义，实现晋奉宁三方合作。6月9日，《晨报》记载："日来奉晋之间，信使往来，较前益为频繁，阎自易帜更名以后，对奉尤诚恳的商洽收拾时局办法。闻晋阎昨又派其最信赖之政务处长兼警察厅长南桂馨来京，直接与张作霖商议办法。"②当日，南桂馨在接受记者访问时更是明确表示："百帅（阎锡山）之心理，实深信奉宁晋之三角联盟，为目下收拾时局之最善方法。"③阎锡山之所以倡导奉宁晋之三角联盟，一方面自然是为了增加在与蒋介石合作中的筹码；另一方面则是冯玉祥的原因，《大公报》认为："晋阎之提议妥协也，其究竟之意，自在忌冯，阎之于冯，其真相为怀疑而不便敌视，适南京亦虑冯之祖共，故晋阎劝奉妥协之说以起。"④6月初，冯玉祥与武汉相当接近，阎锡山担心，一旦冯玉祥与武汉合作，自己的处境就将相当危险。

虽然奉方曾有表示"苟能合作反共，奉方愿与携手"，但是张作霖随后在与日本记者谈话时公开指出，"青天白日旗，乃国际主义招牌，奉天绝对不用。"并对蒋介石反共问题也表示了相当怀疑："对于蒋介石之压迫共产党，殊为怀疑，不能以彼压迫共产党即认为反共。"认为"反共"问题应该

---

① 《社评：南北妥协之可能性若何》，《大公报》1927年5月19日第1版。
② 《晋阎代表南桂馨来京》，《晨报》1927年6月9日第2版。
③ 《奉宁晋联盟为收拾时局唯一方法》，《晨报》1927年6月10日第2版。
④ 《社评：南方时局之观察》，《大公报》1927年6月22日第1版。

以事实为据，方为可信，"口头反共，不足为凭"。① 这种言论等于直接否定了与蒋介石合作的可能性。尤其是 6 月 18 日北京改制之后，所谓妥协之声浪，"顿归于寂静"。②

对于阎锡山撮合晋奉宁三方合作失败，《大公报》有一比喻：

> 劝奉张之易帜改名，而奉张拒之，拒之是也，夫亦幸而拒绝耳，譬如一巨室之妇，子孙绕膝，足不出庭，如是者已数十年矣，一旦有人忽劝其剪发洋装，按风琴，学跳舞，周旋于福禄林，国民饭店之舞厅，宁有不盛怒拒之者，此非拒者之过，乃劝者之过也，假令实行，不令旁观哗然称异乎。③

将奉张比喻为一个传统的巨室之妇，让其改变传统，过现代生活，当然是相当的困难。

对于奉方要求的合作"反共"，《大公报》认为蒋介石也不可能答应，因为"'勾结军阀'在南边空气上亦大站不住"。④ 徐州会议后，蒋介石下达攻取鲁南作战命令，宁方进一步实施其北进战略。此时，"对北除军事解决外，似无妥协之地矣。"⑤

（二）妥协之声再起

7 月初，武汉宣布讨蒋，宁汉之间军事形势趋紧。蒋介石不得不从北方战场抽调大批军队南下，并转往长江上游，而对于北方，则不得不转为守势。因此，南北妥协声浪又应时而起。一时传说蒋介石将派正式代表北来"商洽如何和平妥协办法"。⑥

此时，《大公报》也认为蒋介石有与北方谋妥协之必要：

---

① 《奉张与日本记者谈话》，《大公报》1927 年 6 月 9 日第 2 版。
② 《社评：南方时局之观察》，《大公报》1927 年 6 月 22 日第 1 版。
③ 《社评：妥协问题之又一考察》，《大公报》1927 年 6 月 16 日第 1 版。
④ 《晋奉交涉与奉方态度》，《大公报》1927 年 6 月 11 日第 2 版。
⑤ 《南京之军事政治观》，《大公报》1927 年 7 月 6 日第 3 版。
⑥ 《妥协声浪又应时而起》，《大公报》1927 年 7 月 17 日第 2 版。

（一）蒋部在赣军队，曾失败两次，损失不小，故反蒋之王均军已占赣州，钱大钧等则退回广东，此事本报昨日沪电已有报告，此间外人得报，亦与符合，可知蒋对攻赣，确甚重视，遂尽调津浦得力军队回至江南，以免为上游各军所乘，故转与北方谋和缓。（二）徐州会议时，冯玉祥曾许蒋以五旅之力相助，俾其在津浦活动，乃蒋方急进，而冯部会合之师，迄未见到发作，鲁军反攻一次，蒋方亦不无损失，对冯遂不无若干失望，本报日前沪电，曾有西北代表电冯，请其进一步表示之语，与此印证，似非无因。①

这里认为蒋介石转与北方谋和有两个原因：一是应付上游军事，津浦得力军队南调；二是冯玉祥承诺派兵在津浦方面与蒋合作北进，但实际上未见动作，使蒋遭到重大损失。

当时的媒体不断炒作南北妥协，此时的南京方面却极力否认此事。

7月18日上海各西报刊载消息称，方本仁正式代表蒋（介石）总司令，赴北京与奉方谈判议和，并有方本仁代表蒋总司令向杨宇霆提出条件四项等语。② 对此，蒋介石首先通过南京中央通信社（国民党中央党部宣传部主办）向相关通讯社及报馆声明否认有代表在北京接洽，未委任方本仁任何职务，及与杨宇霆接洽妥协。③ 此后，他还亲自向外界宣称，此系谣言，绝非事实，"政府方面并未委方本仁任何任务，方亦至今未曾去北京，现在革命势力正在进展之中，中途妥协不但为国民革命根本原则所不许，尤为环境与事实所不容。"④

在传言方本仁与奉方谈判议和的同时，也有传言称蒋介石已加派何成浚北来商洽妥协。对此，南京方面仍然予以否认，"谓为离间蒋冯之宣传"。⑤ 蒋介石也"完全否认南北妥协之说，谓完全为中伤之谣言"；何成浚甚至有通

---

① 《长夜漫漫之妥协运动》，《大公报》1927年7月19日第2版。
② 《宁方否认妥协》，《大公报》1927年7月28日第2版。
③ 《宁否认有代表在北》，《大公报》1927年7月22日第2版。
④ 《宁方否认妥协》，《大公报》1927年7月28日第2版。
⑤ 《武汉已对宁宣战》，《大公报》1927年7月27日第2版。

电，称"不北来"。①

其实，南北妥协是存在的。② 早在 6 月 15 日，方本仁就代表蒋介石与张作霖之代表杨宇霆及阎锡山之代表南桂馨在北京晤谈妥协事宜。③ 蒋介石之所以矢口否认，从《大公报》看来还是怕背上"勾结军阀"的罪名。除方本仁之外，南京方面还有代表何澄与俞应麓两人，一直在奉晋之间往来联系，只不过《大公报》认为他们"非以代表蒋介石资格来京"。④

不仅南京方面有代表在北京，北京方面也有代表在南京。7 月 21 日，《大公报》就披露了北方代表葛光廷在南京的活动情形，之后，"当局用专车送葛来沪，将北行，似有所得，颇传徐（州）北将暂入休战状态"。《大公报》认为，北方代表在南京接洽和平，不止一日，蒋介石虽否认有正式代表北来，"然对北方谋和之使，自亦不能谢绝也"。⑤ 且蒋在 20 日的日记中也记载："张学良亦来输诚入党，大局日佳。"⑥

对于奉方之所以愿意与蒋介石实行妥协，《大公报》提供了两种分析：

一是蒋介石目前处境艰难，正专注于应付长江上游之威胁，对北方则处守势。"若津浦奉鲁军复同逼，蒋军力两分，力有不逮"，奉方又"甚恐汉派得势，为患滋大，故决不愿蒋失败，而盼得一谅解"。⑦

二是"蒋势不佳，今与之停战，奉军可对付冯玉祥，此为其最要之著。"⑧ 奉张与冯玉祥本是一对冤家，与蒋妥协后专注对冯，不无道理。

①　《南京再否认妥协》，《大公报》1927 年 7 月 24 日第 2 版。

②　对于南北妥协的具体过程，杨天石的《奉蒋谈判与奉系出关》（杨天石：《蒋氏秘档与蒋介石真相》，北京：社会科学文献出版社，2002 年，第 258—279 页）一文有详细的阐述。

③　郭廷以编著：《中华民国史事日志》（第 2 册），台北："中央研究院"近代史研究所，1984 年，第 218 页。

④　《迷离恍惚中妥协运动之研讨》，《大公报》1927 年 7 月 21 日第 2 版。

⑤　《迷离恍惚中妥协运动之研讨》，《大公报》1927 年 7 月 21 日第 2 版。

⑥　王正华编注：《蒋中正"总统"档案·事略稿本》（第 1 册），台北："国史馆"，2003 年，第 598 页。

⑦　《妥协停战是一是二？》，《大公报》1927 年 7 月 30 日第 2 版。

⑧　《妥协之里面》，《大公报》1927 年 7 月 20 日第 2 版。

（三）何成浚北来

7月下旬，蒋介石代表何成浚自上海取道北京赴山西，与阎锡山接洽。[①]
何成浚于29日抵达北京，并与奉方要员杨宇霆等频繁接触。何成浚在北京的
活动成为当时媒体关注的一个热点新闻，一时宁奉妥协甚嚣尘上。《大公报》
对此也给予了大量报道与评论。

《大公报》指出，蒋介石派何成浚北来商洽妥协，与其自身所处的环境
密切相关：

> 蒋今日地位，固甚难处，从前蒋意依仗川黔刘湘周西成之兵攻湘鄂，而
> 本人所部仅从下游助之，不意唐生智勾结邓锡侯刘文辉等保定学生系（与唐
> 同学），与刘湘赖心辉等开战，合江永川，战事甚烈，川局全部动摇，至求
> 援于黔军，而川黔合攻湘鄂之计不行，蒋乃大觉吃力，在势非和缓北方，不
> 能全力应付上游，妥协真因纯在于此。[②]

蒋介石计划与川黔合攻湘鄂，确有其事。据《蒋中正"总统"档案·事
略稿本》记载，7月16日，在刘湘电称杨森等人已"向宜（昌）前进"后，
蒋介石即电杨森等人"属其向岳州长沙急进"；此外蒋介石令李济深"由粤
电黔周（西成）催其出兵"。[③]刘湘也确准备东下助蒋，不过他计划在东下之
前先解决川局，并致函南京方面以获得谅解。武汉方面截获该函后，将其公
布于众，由此引发川战。[④]邓锡侯、田颂尧、刘文辉等保定学生系先发制人，
向刘湘、刘成勋等开战，刘成勋因此战败下野，川局动摇，并牵动黔局。蒋
介石因得不到川黔方面支持，乃"大觉吃力"。《大公报》认为蒋介石与北方
谋和的真因即在此。

---

① 王正华编注：《蒋中正"总统"档案·事略稿本》（第1册），台北："国史馆"，2003年，
第585页。

② 《妥协停战是一是二？》，《大公报》1927年7月30日第2版。

③ 王正华编注：《蒋中正"总统"档案·事略稿本》（第1册），台北："国史馆"，2003年，
第592页。

④ 《四川党化后之阀争（续）》，《大公报》1927年8月5日第3版。

何成濬在北京时，曾向记者发表谈话，称临行前虽曾向蒋介石报告，经蒋允许，但此行"纯系私人行动"，且"事前宁方亦未曾有电致京，尤足证明为私人行动"。①

《大公报》并不认同何成濬的说辞，认为何成濬此行并非纯粹的私人行动：

> 蒋与北方妥协，颇不为党议所喜，故何之来也，迨系以私人资格，然谓无蒋许可，自不足信，盖何曾代理总部总参议，非寻常幕僚可比。②

何成濬的身份特殊，非寻常幕僚可比，因而不可能纯为私人行动。《大公报》还指出何成濬与此前何澄、俞应麓等在京接洽者之不同，认为"俞何皆私人，何成濬则公人也"。③

除《大公报》外，《晨报》也认为："何之公开谈话，谓彼此来，乃以个人资格，察看京晋实情，其为遁词，盖无可讳。"④

何成濬在其回忆录中，对其北京之行，承认"意在以游说代替战争，期望北方健者翕然就范，兵不血刃而成统一之功也"。⑤可见，当时媒体的分析不无道理。

何成濬在北京还向记者表达了对南北妥协的意见，认为葛光庭持汉卿（张学良）、芳辰（韩麟春）亲笔函到宁后，双方"意见乃愈形接近"；对于南方代表何澄、俞应麓来北京接洽一事，认为"现此事正在进行中，前途总可望有圆满解决"；并表示"对妥协极盼成功，如有需予转达意旨之处，亦极愿以私人名义，从中赞助"。⑥何成濬的表态更加证实南北妥协真有其事，并非

---

① 《北京大捧何成濬》，《大公报》1927年8月1日第2版。
② 《妥协停战是一是二？》，《大公报》1927年7月30日第2版。
③ 《社评：妥协与和平》，《大公报》1927年8月2日第1版。
④ 《酝酿数月之奉宁停战协定》，《晨报》1927年8月2日第2版。
⑤ 何成濬：《八十自述》，沈云龙主编：《近代中国史料丛刊》（0666-0667），台北：文海出版社，1966年，第28页。
⑥ 《北京大捧何成濬》，《大公报》1927年8月1日第2版。

社会传闻，媒体的追踪报道也并非哗众取宠。

何成浚此行，使得南北妥协问题更为社会瞩目，《大公报》也发表社评对此进行分析。不过，《大公报》认为，南北妥协"终恐不易"：

> 具体言之，妥协第一步，为解决停战，此事似简单，而实复杂困难，盖北方之实际问题，第一，须为孙传芳求安顿，孙本人亦须求安顿；第二，奉军局促京畿，北不越正定，西不逾丰台，若干万大军，常在警备勤务中，此种现况，势不欲久；第三，假定停战，保障何在，宁军下武汉后，谁能保其不再悉师北来。此三者，奉方之所虑也。是以自北言，停战必须附条件。条件为何，据道路传闻，首为和蒋击冯。然南方今为三角之势，而冯居宁汉之间，南京联冯，惟恐不力，欲其击冯，岂不大难。且即舍冯之问题不论，以南京地位，正式罢兵，应有题目。设果仅以反共讨赤为已有共同目标，则蒋中正去年早应在广州自杀，用兵东南，尤根本错误，凭何理由，以攻击孙传芳之五省讨赤联帅哉。然题目之说，宁方看似易，奉方看似难，所以有先军事后政治之议，此奉方之诚实处，抑宁晋之着急处，设宁方变计，不谈题目，只说妥协，则蒋中正又何以晓谕其军满足其党哉，此数者宁方之所虑也。
>
> 是以自局外论之，殊不知今之参预妥协运动者，怀何奇策，而能巧为安排。假令妥协矣，更不知其效力能及于若干区域，及延长若干时间。一言蔽之，未可解矣。[1]

《大公报》认为，南北妥协，首应停战，但是双方对于停战的条件、以何名义停战等问题根本无法达成一致。因此，双方不可能达成妥协。

8月1日，何成浚离开北京，前往山西。虽一度有传言何成浚代表蒋介石与奉系签有停战协定，但奉方很快公开予以否认。[2] 何成浚北京之行并未取

---

① 《社评：妥协与和平》，《大公报》1927年8月2日第1版。

② 《官方否认签字说》，《晨报》1927年8月3日第1版。

得任何成果。这也进一步证实了此前《大公报》对于南北妥协问题的预判。

对于何成浚北京之行的失败，《大公报》认为，其中的原因在于南方战局的变化：

> 事实上当何氏北来，而南方战局已变，宁方对赣转取守势，更调其已调回之兵若干，而来津浦，连日徐州附近，正在激战，当此现状之下，不惟奉方不能下停战令，宁方亦无从说停战，故何成浚愈无话可说矣。[1]

7月24日，徐州失守，江北防线面临全线崩溃危险，蒋介石不得不将注意力重新转移到对北军事。另外，武汉清党后，宁汉关系已趋缓和，西征讨汉似无必要。因而在徐州失守第二天，蒋介石即调兵北上，准备夺回徐州。当何成浚到北京时，"南方战局已变"，宁军与奉鲁联军正在徐州激战，在此情况下，何成浚自然"无话可说矣"。

本章小结

从1926年9月北伐军进入江西到1927年8月蒋介石宣布下野前这段时间，《大公报》对"孙蒋"江西之战、"汉赣党潮"、"反共清党"、宁汉之争与南北妥协等问题进行了深入的报道与评论，从一个侧面揭示了大众媒体对当时重要军政人物与事件的认知情况。

对于北伐时期的江西之战，该报是"局外人"，并未站在"北边"的立场。一方面在"孙蒋"的称谓上，给人以更为看重孙而轻视蒋，但另一方面又认为孙是站在"旧的方面"，而蒋是站在"新的方面"。对于江西之战中的蒋介石代表的新势力，该报起初并不十分看好，但随着战局的发展，该报开始改变原先看法，对其大加赞赏。

对于国民党内部的党争，该报很难有透彻的认识，所以起初认为蒋介石

---

[1] 《何成浚北来有因无果》，《大公报》1927年8月3日第2版。

会服从国民党的决议，认为党争不会很严重。至于其中的蒋汪关系，该报也没有很清楚的认识。对于后来的蒋介石"反共清党"，该报虽不表示反对，但对蒋介石采取的屠杀共产党政策，该报却极不赞同，并给予严厉谴责。

对于宁汉之争，该报更多采取冷眼旁观的态度，抓住其中的热点，进行比较客观的报道分析，认为双方有妥协的可能性，即"政治解决，亦非意外"，"汉宁战事将不易起"，反映了该报犀利的媒体目光。当然，对于其中蒋介石的被排挤，该报则观察不够。

对于南北妥协问题，该报清楚地表明了自己的观点，即"南北妥协之可能性极少，质言之，殆不可能也"。因为奉方接受不了青天白日旗，宁方则不愿背上"勾结军阀"的骂名。事实上，南北妥协最后也没有成为事实。

值得注意的是，1926年9月至1927年8月这段时期，相关军政人物也非常注重处理与媒体的关系，或者说是在积极利用媒体，以推动事件朝着自己的预期方向发展。比如，在江西之战开始之初，孙传芳就表示"和平始终不无可商量之处"，而蒋介石也通过媒体表达了不愿开战的"诚意"。

在国民党党争期间，尤其是在国民党二届三中全会后，蒋介石表示服从武汉中央执行委员会，并一再希望汪精卫复职，无疑是有意误导大众媒体。

在1927年4月汪精卫赴武汉后，蒋介石将汪蒋会谈达成的协议对外公布，希望能使否认武汉政府、"反共清党"与对工人纠察队进行武装缴械的做法正当化。

在宁方与奉方传出南北妥协消息后，不仅奉系方面公开否认，南京方面也极力否认此事，认为是"完全为中伤之谣言"，以致"北来"议和的何成浚都不得不向记者发表谈话，称此行"纯系私人行动"。这些表态均是不希望外界对和谈内幕了解过多。

第二章 蒋介石下野、复职与北伐讨奉

从1927年8月蒋介石下野到1928年7月初蒋介石的北京之行，是民国历史上一个比较独特的时期，即宁汉合流及合流后的国民党政府进一步北伐并取得决定性胜利的时期。在这段时间，《大公报》对蒋介石下野与复职、蒋桂关系、北伐讨奉、蒋介石北京之行等系列问题的报道与评论，展现了《大公报》对以蒋介石为代表的国民党军政人物从批评到赞扬的认知过程，也凸显了相关军政人物与媒体之间存在着较为密切的互动关系。

第一节 蒋介石下野与复职

一、"蒋介石下野之因果"

1927年8月13日，蒋介石发表宣言，声明辞职下野，震动政坛。14日，《大公报》即以《蒋介石到沪通电下野》为题，对此事作了报道。[①]此后，又围绕该事件作了大量的报道与评述。《大公报》关注的焦点，集中于"蒋介石下野之因果"问题。

（一）蒋介石下野之"因"

蒋介石下野，事发突然，其本人对下野原因作过一些说明，如在13日的辞职下野宣言中表示："武汉同志不察，异议所加，集于中正，……今既咎

---

① 《蒋介石到沪通电下野》，《大公报》1927年8月14日第2版。

戾集于一身，即应自劾而归去；解除职权，以谢天下。"① 在 16 日的辞职通电中表示："一年以来，北伐不成，主义未行，徒使党务纠纷，部属牺牲，而民生凋敝，国计困穷，尤甚于昔。"② 在 8 月 22 日的通电中表示："中正自愧谫才，无补时艰，徒使党国纠纷，袍泽牺牲，故决心归隐以谢天下。"③ 蒋的说明，大抵上是轻描淡写，失之笼统，不足以释社会大众之疑问。这恰给大众媒体提供了较多的发挥空间。

蒋介石下野，正值宁汉对立，徐州惨败，时人多以军事失利归为他下野的主因。《大公报》则指出，这仅是表面现象，"自军事责任上言，蒋氏已应有引咎自劾之道"，然而，当时"宁沪两地，均无事变，可见蒋之去也，系为国民党内部关系，非军事上有何意外"。④ 它更注重从国民党内争斗的脉络来寻找蒋介石下野的原因。

《大公报》认为，蒋介石下野，首先是迫于武汉方面的压力，主要是唐生智武力相逼："蒋之离宁非为有意外变化，而因唐生智反对，特表示退让，以利汉宁合并之进行。"⑤ 并指出，唐生智一方面赞成统一，另一方面"仍发电詈蒋"，至于武汉其他人物，则"最近犹未有露骨表示"。⑥ 这种说法不无道理。8 月 8 日，唐生智还以第四集团军总司令名义通电讨蒋，谓其纵容共产党，跋扈专横，自立政府，擅开会议，压迫武汉。⑦ 蒋介石面临的形势，正如吴稚晖所言，"北敌炽于北，唐军逼于西，左右实难应付。"⑧

《大公报》认为，冯玉祥的动向是促使蒋下野的另一原因。"洛阳之冯

① 秦孝仪主编：《先"总统"蒋公思想言论总集》第 30 卷（书告），台北：中央文物供应社，1984 年，第 53—58 页。
② 王正华编注：《蒋中正"总统"档案·事略稿本》（第 1 册），台北："国史馆"，2003 年，第 688 页。
③ 《汉口通信：庐山会议之汉闻》，《大公报》1927 年 9 月 2 日第 3 版。
④ 《社评：蒋介石下野之观察》，《大公报》1927 年 8 月 15 日第 1 版。
⑤ 《蒋介石到沪通电下野》，《大公报》1927 年 8 月 14 日第 2 版。
⑥ 《蒋介石下野之因果》，《大公报》1927 年 8 月 21 日第 2 版。
⑦ 郭廷以编著：《中华民国史事日志》（第 2 册），台北："中央研究院"近代史研究所，1984 年，第 244 页。
⑧ 罗家伦、黄季陆主编：《吴稚晖先生全集》卷九（国是与党务），台北：中国国民党中央委员会党史史料编纂委员会，1969 年，第 852 页。

（玉祥），于唐之行动，既未能使之缓和，而处处且复为自己地位利益着想，则蒋之一腔孤愤，自不待言。"① 对于冯玉祥与蒋介石下野之关系，《大公报》做了较深的挖掘：

> 此次事变，人咸知由冯玉祥之斡旋，而不知冯之所主张，盖全出于徐谦之策画。……盖徐自变态后，即日对冯言，谓汉宁有力分子，主张汪蒋并去，早有接洽，至汪氏出处，本人（徐自谓）并可担保。冯氏过信其言，所以两月以来，随时随地，只做一逼蒋（介石）功夫，以为蒋果能去，汪（精卫）当不成问题。当蒋介石之督战于津浦路线也，徐州战事甚为激烈，双方均曾再失而再得，而结果终落于鲁军。冯氏屯兵陇海道上迟迟未进，蒋电求援，只以虚声相应。②

《大公报》认定冯玉祥是受徐谦的蛊惑而采取逼蒋行动的。对于徐谦的作用，暂未发现其他旁证，姑不评论。认为蒋介石下野与冯玉祥不无关系的论点，则可以确定其并非孤论。例如，当时的《晨报》就提出，"蒋未能收冯为己用，为今兹失败重要原因之一"。③《申报》也指出，"今信冯玉祥近故意按兵不动，使蒋不及获救而致倾覆"。④ 冯玉祥本人在蒋介石徐州战役失败后，也曾对人言："我们处境如此，稍有疏忽即有被消灭之虞，事实上是自顾不暇，哪有力量进援徐州呢。"⑤

更进一步，《大公报》认为，蒋介石下野是受到南京政府内部的压力。"南京之新党阀新军阀，实有多人不惬于蒋"。⑥《大公报》指出，"蒋氏部下不能维持，实为一大原因。而部下之离心，实由'军官''黄埔'之分派"：

---

① 《蒋介石下野之因果》，《大公报》1927年8月21日第2版。
② 《整个的善后如何办》，《大公报》1927年8月26日第2版。
③ 《蒋介石何以下野》，《晨报》1927年8月26日第2版。
④ 《蒋下野后之北方局势》，《申报》1927年8月16日第1张第4版。
⑤ 冯玉祥：《我的生活》，北京：世界知识出版社，2006年，第463页。
⑥ 《社评：蒋介石下野之观察》，《大公报》1927年8月15日第1版。

党军将领，不外军官（保定）与黄埔学生，论其人数，黄埔为多，论其职位，军官居上，且黄埔多少年躁进，军官则世故已深。当去年出发，蒋氏对之，初无轩轾，及今经过日久，显有分别。据谈者谓数月以来，因蒋之待遇不公，两派久已水火。蒋对军官或无心疏远，而对黄埔则有意培植，往往非黄埔出身之上级官长，战线归来，多日在宁，不能谋一面，而闲散之黄埔学生，一至宁即能见其校长（黄埔派所称总司令者），且见面即刻给钱给官，与众人迥乎不同，闲散者如此，带兵者更无论矣。是以非黄埔派怨望之情，与日俱积。今番之事，军官派拉腿为蒋氏第一致命伤。[1]

《大公报》认定，"军官"派因不满蒋介石袒护"黄埔"派而"拉腿"是蒋介石下野的"第一致命伤"。国民革命军内部"军官"与"黄埔"的矛盾，在当时确实很突出。蒋介石曾在《告别黄埔军校同学书》一文中，专门予以澄清："这保定与黄埔的口号，明明是野心家提出来的，要使我们黄埔教官不能团结，革命根据地的中心势力，自相分裂，然后野心家可从中操纵，以谋害我革命"。[2]

《大公报》指出，南京内部的蒋桂矛盾激化，也是蒋介石下野的一大原因。该报特地选择了与蒋介石和李宗仁之离合大有关系的两个事例加以披露：第一件事是，5月间李宗仁只身赴九江晤朱培德。李、朱会晤，使得宁汉暂缓冲突，分途北进。蒋介石对此本无疑义，但"其左右某乃以李朱私交甚好，李既能单独前往，所谈究如何，殊未可信等语说蒋，蒋遂疑李"。第二件事是，蒋从广西召黄绍竑来，密令他接统李宗仁军一部。黄为人甚笨，贸然至蚌（埠）晤李宗仁，"谓汝多病，我来汝可藉此回后方休息云。"李知系蒋手段，没好气地回复："归作何事？且无须休息"，将黄顶回去。这两件事，已使蒋、李"更生芥蒂"，而"今番闻李即首倡，如武汉果能反共，则

① 《蒋介石下野之因果》,《大公报》1927年8月21日第2版。
② 周美华编注：《蒋中正"总统"档案·事略稿本》（第2册），台北："国史馆"，2003年，第37页。

余事即可商办之言者。"更可断定"蒋氏之去，与李终不无关系焉。"① 为进一步证明蒋桂矛盾之不可调和，《大公报》还刊载了 8 月 13 日白崇禧等发给武汉方面唐生智等人的电文，其中有"讨蒋事已设法解决，一二日内约可达到目的"等语。②

《大公报》对蒋介石下野的分析，由外而内，洞察到蒋所面临的矛盾，较为全面。在此可以蒋介石下野前一日的日记来印证，他在 8 月 12 日记道：

> 参加执监委员会，与何、白、李预商主张。会中李、何亟欲与武汉遣使议和，似有不可终日之势，词迫甚逼，甚为难堪。余惟有以中央监察委员会之主张为依归，即进退亦如之。李白闻之大不为然，且藉此以为倒蒋之机。会毕，属张群来，责问并劝余自决出处，避免目标，何似同意。……余何人斯，为人逼迫竟至于此。惟辞意既决，否则胜利亦无荣而有辱，故决心引退，再为革命根本之图也。③

可见，武汉压迫、桂系逼宫、何应钦附和等，是蒋介石决定下野的直接原因。

（二）蒋介石下野之"果"

蒋介石下野，时人最关心的是此事对时局的影响。《大公报》在其下野后的第二天即发表社评，提出自己的基本评判。该社评认为，蒋下野后时局的发展，可能有两种前途，即光明的前途和黑暗的前途。

从光明的前途来讲，可以达成"以党治军"、宁汉统一的局面：

---

① 《蒋介石下野之因果》，《大公报》1927 年 8 月 21 日第 2 版。8 月 8 日，李宗仁、胡汉民、吴稚晖等人致电武汉方面，自承鲁莽，赞成合作；当日，李宗仁又与白崇禧等致电冯玉祥，赞同召开中央执行委员会第四次会议，促成国民党第三次全国代表大会。《大公报》的"今番闻李即首倡"即指此。

② 《庐山会议之起点》，《大公报》1927 年 8 月 25 日第 3 版。

③ 《蒋介石日记》，1927 年 8 月 12 日。原件藏斯坦福大学胡佛研究所档案馆。本书引用《蒋介石日记》系导师陈红民教授提供，在此表示感谢。

蒋氏既去，宁汉完全可以统一，或移政府于南京，或以南京设政治分会，均属易于解决。宁汉既一，则政治军事党务，皆可熔合一炉，积极整理。军人之中，既无第二蒋氏，则党权提高，中央有力，凡事易就范围。[①]

从黑暗的前途来讲，则纷繁复杂，矛盾四起，大致有四种情况：第一种是"汪精卫胡汉民各树门户，积不相能，两人是否可以合作，胡果让汪，汪又是否可以统治全党？"第二种是"蒋既引退，有以谭延闿继蒋为总司令之说。谭氏依违党阀有年，油滑取巧，不负责任，其人直南方之徐东海（世昌）耳，使彼继蒋，能否提携得起，若再对北作战，是否可以当重责，蒋部何应钦白崇禧是否可与合作？"第三种是"冯玉祥调停宁汉而结果去蒋，冯氏是否有取蒋而代之之意，果其有之，与汪精卫唐生智是否可以相容？"第四种是"蒋在南京，固令政治腐化，然南京政局，胡汉民实主之，非蒋独负其责，且武汉政绩，初不优于南京，今后汉宁果合，国民党是否真能统一？政治上是否真能改造？虽善谀者，恐亦不能作此乐观。党治实验，是否将从此告终？"[②]可见，《大公报》对汪胡合作、蒋介石的继任者、国民党的前途等诸方面均提出了质疑。

光明的前途有一种，而黑暗的前途则有四种，可见《大公报》在蒋介石下野之初，对南方局势的评判并不乐观。北京的《晨报》也作出了类似的判断，并用"满江风雨，前路茫茫，一叶孤舟，随波上下"来比喻当时的南方局势。[③]

然而，蒋介石下野后，局势发展瞬息变幻。胡汉民、张静江等元老派也很快相继离职而去。《大公报》先前的预测失去意义，便再发社评，对时局的走向作出悲观的判断：

胡、蔡等与蒋态度合一，且舍蒋不能有为，蒋行则胡庸能与汪合作，则

---

① 《社评：蒋介石下野之观察》，《大公报》1927年8月15日第1版。
② 《社评：蒋介石下野之观察》，《大公报》1927年8月15日第1版。
③ 《蒋介石不能不下野矣》，《晨报》1927年8月15日第2版。

自亦惟有随蒋俱□①为妙。现在南京已全处桂系将领之掌握，以此间观察，东南经此变局，而后一切措施恐将益见退步。盖军事方□，未必能较蒋时在为统一，而政治方面，即汉方有人来，亦未必能有所作为，缘财政去绝境不远，果使欲勉强搜罗，则徒令人民先感痛苦而已。②

《大公报》意识到，南方局势，正在时时刻刻变化中，故全局归宿，不应轻断，"且以不详其经过内幕之故，批评推测，皆属过早。"③但是，由"而后一切措施恐将益见退步"的初步判断，可见《大公报》对蒋介石下野后出现的政治真空十分担忧，从反面证明了它看重蒋介石对于稳定南方局势的作用。

二、下野后之蒋介石

（一）蒋介石之行踪

蒋介石下野后，《大公报》对其行踪极为关注，连续刊载了如《蒋介石归里之后》（1927年8月16日第2版）、《蒋终要出洋》（1927年8月26日第2版）、《山中之蒋介石》（1927年9月1日第2版）、《蒋氏游踪》（1927年9月14日第2版）、《蒋介石决出游美洲》（1927年9月18日第2版）、《汪胡蒋近状》（1927年9月19日第2版）、《蒋到杭携卫队三千》（1927年9月20日第2版）、《蒋介石过沪记》（1927年9月30日第6版）等大量消息，充分的报道足见《大公报》并没有将下野的蒋介石视为"过时"的人物，反而十分看好他。在这些报道中，尚有不少是道听途说与猜测之论。例如，《蒋到杭携卫队三千》一文报道夸张不实，不久《大公报》自己做了更正。

有一个细节，说明《大公报》消息来源的及时与准确。9月18日，该报刊出《蒋介石决出游美洲》的消息。终蒋介石一生，未去过美洲，这条消息却不是编辑哗众取宠的"假新闻"，因为蒋确实一度有过周游世界的计划：

---

① □为原文文字缺损，下同。
② 《蒋介石下野之因果》，《大公报》1927年8月21日第2版。
③ 《社评：南方变化之断片的感想》，《大公报》1927年8月17日第1版。

此次出洋，预定以一年为准，其目的以考察军事兵器、社会经济、政治组织与延访人才，观察外交为主，以学习经济、政治、社会、哲学、军事五科为本。在日本学军事与经济，在德国学哲学、经济与军事，在法国学政治与军事，在英国学政治与经济、海军，在美国学哲学与经济，在意国学政治，在土国学革命。①

这个计划出现在他9月16日的日记中，就在《大公报》刊出消息的前两天。

最后，蒋介石去了日本。《大公报》对蒋的日本之行，也作了近乎追踪式的报道，如《蒋介石昨赴日本》（1927年9月29日第2版）、《蒋到长崎后之谈片》（1927年10月1日第3版）、《蒋介石到日后》（1927年10月4日第2版）、《蒋介石在神户之演词》（1927年10月15日第2版）、《蒋介石游箱根》（1927年10月15日第3版）、《蒋介石拟留东一月》（1927年10月16日第2版）、《蒋介石又一谈片》（1927年10月19日第6版）、《蒋介石前日到东京》（1927年10月25日第3版）、《蒋介石访见田中》（1927年10月26日第3版）、《蒋介石在东京之言动》（1927年10月27日第3版）、《蒋介石访涩泽》（1927年10月28日第3版）、《蒋介石行抵东京后》（1927年10月30日第3版）、《蒋中正在东之谈片》（1927年11月3日第2版）、《蒋介石赴大阪》（1927年11月4日第2版）、《蒋涩泽再会晤》（1927年11月7日第3版），等等，对蒋介石在日本的一举一动均给予了密切的关注。

蒋介石为何赴日，也是时人所注意的。蒋本人也曾多次通过媒体说明其赴日动机。例如，9月14日，他对媒体称，有在海外游历五年的长远计划，"于各国政治经济生活，作一彻底考究，并顺道一观各大国之军政。"② 9月27日，他与记者谈话时"承认对宋美龄之婚事，言赴日专为向宋女士母求允

---

① 《蒋介石日记》，1927年9月16日。

② 《蒋介石与大陆报记者谈话》，《申报》1927年9月14日第3张第9版。

许"。① 抵达日本后，他在长崎对中日媒体发表讲话，更开宗明义说："余此次来日，乃欲视察及研究十三年来进步足以惊人之日本，以定将来之计划。且余之友人居日者甚多，欲乘此间暇之机会重温旧好，并愿藉此与日本诸名流相晋接。此外并无何等之目的。"② 访日期间，他也曾对记者宣称："余此次来日，系为暂时静养，并无其他意味，余今后行止如何，现在尚未考虑，中国国民革命运动，颇难成功，故拟环游欧美，藉以研究各国国民革命运动，作为我国革命之参考资料"。③

从蒋介石本人多次对媒体的表态中可见，其赴日动机不外"静养""学习"和"求婚"等，并无"何等政治上之意味"。④ 然而，《大公报》却不认同蒋的说辞，认为其日本之行另有政治动机。10月14日，该报载文指出：

> 闻蒋氏此次赴日，除商量婚事与暂避待时外，与南方外交上亦多少有点关系。谈者谓党军一年以来固高呼"打倒帝国主义"，而蒋介石一到南京，对日空气便较缓和，未几更见戴季陶之行踪泄□于东京市上，此过去之一段因缘已颇耐吾人寻味。是则蒋氏今日之行，与南方将来之对日方针，或不无取舍变易之处。究竟真相如何，且留待以后证明。⑤

等于是说，蒋的日本之行与南京政府的对日外交政策有很大关系。

事实上，蒋介石日本之行，确有寻求支持的目的。据《蒋中正"总统"档案·事略稿本》记载，蒋在11月5日访见日本首相田中义一时，谈及此次赴日的三个"抱负"：一是希望日本对华政策"应以求自由平等之国民党为对象"，由此实现中日间真正的携手合作；二是国民革命军必将继续北伐，并统一全国，希望日本政府"不加干涉且有以助之"；三是要求"日本对中国之

---

① 《蒋日内离沪谓赴日专为求婚》，《大公报》1927年9月27日第2版。
② 周美华编注：《蒋中正"总统"档案·事略稿本》（第2册），台北："国史馆"，2003年，第73—74页。
③ 《蒋介石又一谈片》，《大公报》1927年10月19日第6版。
④ 《蒋介石到日后》，《大公报》1927年10月4日第2版。
⑤ 《南政杂记（七）》，《大公报》1927年10月14日第2版。

政策必须放弃武力，而以经济为合作之张本"。① 当然，蒋介石对与田中见面的结果并不满意，甚至认为是失败的：

> 综核今日与田中谈话之结果，可断言其毫无诚意，中日亦决无合作之可能，且知其必不许我革命成功，而其后必将妨碍我革命军北伐之行动，以阻中国之统一，更灼然可见矣。……余此行之结果，可于此决其为失败。②

仅此一点，就说明《大公报》推论不无道理，蒋介石赴日的目的，不止"静养""学习"和"求婚"这么简单。

（二）蒋宋联姻

蒋宋联姻，是蒋介石从下野到复职过程中的重要事件，也是极易吸引一般民众兴趣与媒体注意的话题。对此，《大公报》自然不会放过。该报对此事的报道与评论集中在蒋之婚姻状况、蒋宋联姻过程、蒋宋联姻之政治动机、蒋宋婚礼等几个方面。

1. 关于蒋之婚姻状况问题

这一问题不仅与蒋宋联姻问题直接关联，社会大众也极感兴趣，其背后的动因在于一般人认为婚姻状况会反映出个人品质与道德。蒋介石知其早年的婚姻生活对其政治生涯是负面资产，而且政敌也利用此点制造事端。蒋婚礼之前有传言说有人邀请姚冶诚到上海，让蒋难堪。蒋介石在日记中判断，此举"必政敌挑拨，使余不安"。③ 他的策略是以攻为守，主动通过媒体澄清。他于1927年9月28日—30日在《申报》《民国日报》等报纸上连续三天刊登《蒋中正启事》，向外界说明其婚姻状况：

---

① 周美华编注：《蒋中正"总统"档案·事略稿本》（第2册），台北："国史馆"，2003年，第109—110页。

② 周美华编注：《蒋中正"总统"档案·事略稿本》（第2册），台北："国史馆"，2003年，第111页。蒋介石在11月5日的日记中，对与田中的见面记载不多："下午往访田中首相，约谈二时。其人体格与精神皆较其他政治家为佳也。"

③ 《蒋介石日记》，1927年11月17日。

各同志对于中正家事，多有来书质疑者。因未及遍复，特奉告如下：民国十年，原配毛氏与中正正式离婚。其他二氏，本无婚约，现已与中正脱离关系。现在除家有二子外，并无妻女。惟传闻失实，易滋淆惑，专此奉复。①

蒋介石还利用与来访记者谈话的机会，进行辩解。例如，9月初，蒋介石对媒体称："早与陈洁如断绝关系。"②此后，蒋介石又对来访的《字林西报》记者称："吾于民国十年十月，与吾第一妻按照习惯正式离异，现伊仍住奉化。"③

蒋介石试图通过媒体来证明其婚姻状况之"清白"，结果反而引起媒体的兴趣，记者们将所有相关的枝节追根寻底地披露出来，进行了一连串"揭家丑式"的报道与评论，置蒋介石于尴尬之地。《大公报》不仅对蒋介石所说"本无婚约"的二位女士陈洁如与姚冶诚，做了专文介绍，甚至还将蒋介石与毛福梅办理离婚之一信件也全文披露。④此外，《大公报》还就蒋介石之启事进行了专文评论：

蒋宋婚事，在宋全无问题，问题在蒋。观蒋之广告，其原配毛氏，已于民国十年离婚，其他二女士，现亦断绝关系。按中国法律，本不禁离婚，即以道德论，果双方同意，则离婚固寻常事，惟与欧美不同者，旧式妇女，教育受习惯之拘束，财产为法律所限制，不能为独立自由之生活。故男子任意离婚，利于男不利于女。中国旧俗，离婚之难，远过欧美，虽有拘束自由之嫌，亦含保护妇女之意，不然，倘男子于中年显达之后，糟糠老妇，任便抛离，则女性之结果惨矣。蒋氏，寒士也，其稍露头角，大抵在九十年间，今年尤显达，名满中外，而弃毛婚宋，遂以此时间。蒋氏何以登报声明，以社

---

① 《蒋中正启事》，《申报》1927年9月28日第2张第5版。
② 《蒋中正之婚姻问题》，《大公报》1927年9月16日第2版。
③ 《蒋介石谈恋爱》，《大公报》1927年10月2日第2版。
④ 《蒋氏广告中之二女士》，《大公报》1927年10月8日第2版；《蒋介石办理离婚之一函》，《大公报》1927年10月9日第6版。

会注目甚也，社会何以注目，以恶显者之弃妇也。然声明虽出，而不明依然。所谓现已断绝关系之二女士，在过去究为何种关系，抑经何种手续而断绝之。且蒋在南昌时，尚有所谓蒋夫人之陈女士出入军中，而今也求婚于宋，则断绝之。抑观蒋氏自称原配之外，尚有其他二女士，其过去生涯之不谨，业已自承。而更抛旧图新，宁非蹂躏女性，革命军人，讵如是哉。况若文过饰非，谓此举为取销多妻陋制，而不知适以加重本身罪恶耳。蒋氏此举，断难逃清议之讥弹也。①

这段评论，不仅对蒋介石中年得志后抛弃"糟糠之妻"行为之合理性提出了质疑，还对蒋介石关于与"其他二女士"关系的说辞，也不表示认同，反而认为蒋介石是在自曝其过去生涯之不谨。认为蒋介石作为革命军人，却"抛旧图新""蹂躏女性"，无疑是对其作出了完全否定的评价。

《大公报》此后的文章中，进一步讽刺蒋介石是"才智高人一等，一方恋爱，一方又革命，弃三娶一，分道并行，铁腕柔情，同时互用"。并对蒋介石标榜"革命领袖"，却离妻再娶、弃妾新婚的行为予以谴责："今彼乃以中心领袖的资格，而觅效市井纨绔之行，厌旧喜新，压迫弱者，使天下之薄幸皆有所藉口，令世间之老妇，俱为之寒心"。②

2. 关于蒋宋联姻之过程

自9月起至12月蒋宋婚礼结束，《大公报》对蒋宋联姻的过程进行了大量的报道。其中比较引人瞩目的如《蒋中正之婚姻问题》（1927年9月16日第2版）、《蒋决计出洋宋子文以妹妻之》（1927年9月21日第2版）、《蒋介石之婚姻问题》（1927年9月23日第2版）、《蒋宋婚事如何》（1927年9月26日第2版）、《蒋日内离沪谓赴日专为求婚》（1927年9月27日第2版）、《宋美龄轶事》（1927年10月7日第2版）、《蒋宋爱情剧一幕》（1927年10月11日第2版）、《良缘佳话：宋美龄与东报记者谈》（1927年10月13日第2版）、《蒋

---

① 《社评：离婚与再嫁》，《大公报》1927年10月3日第1版。
② 《南政杂记（八）》，《大公报》1927年10月15日第2版。

中正情书之一》（1927年10月18日第3版）、《蒋宋婚礼有期》（1927年10月24日第2版）、《蒋宋之媒何香凝由香港赴沪》（1927年10月25日第2版）等，可以说从蒋介石如何认识宋美龄，到蒋如何追求宋，到蒋宋相互倾慕，直至缔婚，都作了精彩的呈现，甚至连蒋介石写给宋美龄的一封"词旨凄婉"的情书也全文发表，以飨读者。

《大公报》披露了在蒋宋联姻过程中的一些轶闻。例如，该报在蒋宋联姻之初就发现，"宋子文不甚赞成"，甚至"怒而软禁之（宋美龄——引者），不使通一字"。①《大公报》认为，宋子文最后转变立场，与谭延闿居间出谋划策分不开：

> 一日组安（谭延闿）得宋宅电话约过谈，因趋焉。叩其阍，则谓部长已外出，组安骇然徘徊者久之。乃询太夫人在宅否，持刺者往，则高声呼请见。入则美龄出焉，询子文何往，何约我而不待。美龄乃言，适间电话乃我所发，非家兄也，愈骇然。询何事，则曰先生近见家兄否，得毋谈及鄙事乎。组安愈不解所谓，美龄乃举以告，求组安为周全。组安乃曰，此为君家事，当请祥熙为之，我外人也，何能为力。美龄谓必先生乃可，家兄阻吾嫁蒋，实为非理，言时几为声泪俱下。组安极为动容，乃曰子文诚非理，但自主之权君固有也，是何必过自悲沮为哉，且君不尚有高堂老人乎，爱女无过于母，君自求之，胜于外人必百倍也。美龄始为恍然，乃曰今日得承较多矣，敢（感）谢先生。②

这段轶事，谭延闿曾向陈公博说起，陈公博的《苦笑录》里记载，宋美龄的"诉苦"一度使得谭延闿"难于答复"。③

由于宋子文"秉性极孝顺"，因此当宋母同意蒋宋婚事后，宋子文当然

---

① 《蒋宋婚事如何》，《大公报》1927年9月26日第2版；《蒋宋爱情剧一幕》，《大公报》1927年10月11日第2版。

② 《蒋宋爱情剧一幕》，《大公报》1927年10月11日第2版。

③ 陈公博：《苦笑录》，北京：东方出版社，2004年，第95—96页。

不会反对。

3. 关于蒋宋联姻之政治动机

蒋宋两人的显赫的地位与家世背景，很容易使人想到这不是一桩普通的婚姻，会猜测背后的政治动机。蒋介石在接受记者访问时特别澄清：

> 希诸君注意此次婚约绝无政治关系。吾等虽同在政治上有声誉，但实系巧遇。吾等未隶于同派，况宋氏家属犹未点首同意。吾虽向宋女士求婚多年，实无政治观念。外间之猜疑，不独有负于我，亦且有负于宋氏家庭。①

宋美龄在受访时，也"颇嘲笑婚姻而有政治观念之不当"，同时强调二人婚姻的单纯性，认为"结婚之要素，仅系于双方之感情作用"，希望人们不必研究她的"私事"。②

对此，《大公报》却提供了另外的思考，即从国民党内派系整合的角度着眼，将蒋宋联姻与蒋汪关系结合起来，称蒋介石"欲挽回（汪）精卫之心，到底不放弃，遂有与宋美龄结婚之一举"。其逻辑是，"（宋）子文兄妹与精卫夫妇，交非寻常。精卫为人局量本阔大，遇事有□断力，但以素性敏滑，且未脱书生习惯，处处想利用人，而不惜牺牲人，□每每为人利用，而不自知，与之接近者素能知之。子文兄妹实可称能利用精卫之第一人也，蒋早识破此窍，遂认结子文为唯一要术，适开罪于子文，遂不得不求转圜于美龄，此其用心至苦。"③《大公报》还指出，蒋宋联姻也是孔祥熙、宋霭龄夫妇有意促成的："大宋夫妇极为心灵手敏之妙，盖彼自闻蒋有意婚三宋之意后，即力赞其成，并引出粤派多数同志出而捧场，并为蒋宋两方出力布置，何香凝李德全之证婚，亦出彼计画，其意在借此婚礼为磁石，而乘机造成蒋冯汪三派合作，以成纵横之局也。"④

---

① 《蒋介石谈恋爱》，《大公报》1927年10月2日第2版。
② 《蒋介石谈恋爱》，《大公报》1927年10月2日第2版。
③ 天流：《南政秘记：蒋介石归沪后之政局酝酿》，《大公报》1927年11月22日第2版。
④ 天流：《南局密幕：粤乱前党政之变化》，《大公报》1927年12月23日第2版。

单从蒋介石本人在婚礼前后的日记看，蒋宋结婚的动机并没有如此多的玄机，《大公报》的追究，有先入为主的附会之嫌。

4. 关于蒋宋婚礼

《大公报》的报道《蒋宋完婚记》（1927年12月2日第2版）、《蒋婚杂话》（1927年12月2日第2版）、《蒋婚余闻》（1927年12月3日第2版）、《政教合一之蒋宋婚姻》（1927年12月9日第6版）等对蒋宋婚礼的筹办情况、举办仪式、奢华场面等方面作了较为详细的报道与评述。

蒋介石在新婚之际，发表了《我们的今日》一文，表达了自己的喜悦之情与心声。对此，《申报》作出了极高的评价，认为该文"诚我国婚姻史上极有价值之文字也"。[1] 与《申报》评价完全不同的是，《大公报》不仅以《同胞相斫声中之肉麻文章》为题全文刊载该文，还以《蒋介石之人生观》为题发表社评，对该文予以全面批驳，对蒋本人也进行了毫不留情的批评。社评指出：

> 离妻再娶，弃妾新婚，皆社会中所偶见，独蒋介石事，诟者最多，以其地位故也。然蒋犹不谨，前日特发表一文，一则谓深信人生若无美满姻缘，一切皆无意味，再则谓确信自今日结婚后革命工作，必有进步，反翘其浅陋无识之言以眩社会。吾人至此，为国民道德计，诚不能不加以相当之批评，俾天下青年知蒋氏人生观之谬误。[2]

针对蒋介石无美满姻缘则人生无意义的观点，该社评指出"人生意义，一言蔽之，曰利他而已"，"行此义者，为人的生活，不然为动物生活。得恋爱与否，与人生意义无关也。"针对蒋介石炫耀其婚姻与"革命事业"的关系，该社评指出，蒋介石"一己之恋爱如何，与'革命'有何关连哉？鸣呼，常忆蒋氏演说有云：出兵以来，死伤者不下五万人。为问蒋氏，此辈所

---

① 《蒋介石宋美龄今日结婚》，《申报》1927年12月1日第4张第14版。
② 《社评：蒋介石之人生观》，《大公报》1927年12月2日第1版。

谓武装同志，皆有美满姻缘乎？抑无之乎？其有之耶，何以拆散其姻缘？其无之耶，岂不虚生了一世？累累河边之骨，凄凄梦里之人！兵士殉生，将帅谈爱，人生不平，至此极矣。"《大公报》认为，蒋介石与宋美龄过着奢华的生活，"云裳其衣，摩托其车，钻石其戒，珍珠其花，居则洋场华屋，行则西湖山水，良辰美景，赏心乐事，斯亦人生之大快"，但蒋介石却"发此种堕落文明之陋论"，以欲淆惑国民正当之人生观，"甚矣不学无术之为害"，"吾人所为蒋氏惜也"。①

蒋介石通过报纸刊登"离婚启事"，披露离婚时写给妻兄言辞恳切的信函，发表《我们的今日》将婚姻与革命紧密相连，把结婚的礼金用于筹建废兵院等举措，着力营造一个曾受旧式包办婚姻之苦，现在寻得真爱的革命者形象，并使社会公众相信"自今日与宋女士结婚后"，"革命工作，必有进步"，并使得这场离婚、休妾的再婚事件，得以演成当时最轰动的"模范婚姻"。② 而《大公报》则发表社评把蒋介石自鸣得意的《我们的今日》批驳得体无完肤，给沉浸在新婚之中的蒋介石泼了一盆冷水，这样的评论在当时的报界是少有的。可以说，《大公报》对蒋的婚姻观及由此反映出来的品德是持否定态度的。

三、蒋介石复职

《大公报》曾多次把南方政局的变化与蒋介石的命运联系起来，借以推测其政治前途。早在蒋介石下野之初，《大公报》就认为蒋"固未尝忘其所谓'炉火针毡'之生活，而处处仍为再起的准备"。③ 此后，又预测"倘宁汉决裂，则势必再起"。④ 在南京特委会准备讨伐唐生智时，《大公报》又指出，"故长江局□无事则已，有事则蒋必出"。⑤ 11月初，针对汪精卫图谋在

---

① 《社评：蒋介石之人生观》，《大公报》1927年12月2日第1版。
② 陈雁：《传说、传媒与日记中的蒋宋联姻》，《史林》2012年第1期。
③ 《南政杂记（七）》，《大公报》1927年10月14日第2版。
④ 《社评：南方政局之趋势》，《大公报》1927年10月19日第1版。
⑤ 《南政杂记（七）》，《大公报》1927年10月14日第2版。

广东另立中央，《大公报》又观察道："宁局因汪精卫在粤活动之刺激，有生动象，传胡（汉民）蒋（介石）复出之期不远"。①

（一）蒋介石回国

11月8日，蒋介石自日本启程回国。《大公报》在次日就以《蒋介石突然归国》为题对其行踪予以报道，指出"以后是否再出当南军军事指挥之任，此时尚难预断"。②但在11日，则对蒋介石复职问题做了明确的判断：

> 先迫蒋下野之李宗仁等，以近来形势困难，彼等自知究无收拾之手腕，故请蒋复职之主张，在国民政府内部，已占有力，加之，该政府既表明讨伐唐生智之态度，则此主张益有实现之可能。蒋之归国既于此等情势之下实行者，故蒋之再起，尚不难预想也。③

《大公报》把蒋介石回国与其复职联系起来，并从南京讨伐唐生智一事中分析蒋介石复职的可能性。这种分析后来证明并不正确，因为在蒋介石归国的第二天，唐生智即通电下野，并乘日轮东渡。④

对于蒋介石回国的原因，《大公报》提出了两点推测：

一是私人方面原因。《大公报》认为，蒋介石在日本征得宋老夫人之同意，与宋美龄订婚后，即商定在上海举行结婚典礼；双方筹备事宜，现已大致就绪，所以须尽快回沪，以便早日举行；"蒋氏又因宋老夫人病体未痊，美龄亦患痢疾，以故急须回沪，慰问一番"。⑤

二是政治方面原因。《大公报》认为，蒋介石除办理结婚事宜外，对于政治方面，"尚有甚大之工作"：

---

① 《蒋胡复出说》，《大公报》1927年11月5日第2版。
② 《蒋介石突然归国》，《大公报》1927年11月9日第2版。
③ 《蒋介石到沪》，《大公报》1927年11月11日第2版。
④ 韩信夫，姜克夫主编：《中华民国大事记》第2册（1923—1929），北京：中国文史出版社，1997年，第704页。
⑤ 《蒋介石抵沪详情》，《大公报》1927年11月17日第6版。

有蒋汪合作之运动，蒋汪前因政见上之不同，稍有误会，而其爱国爱党之心，未尝或异。故蒋汪本人对此，已表示同情。并闻宋子文赴粤时，蒋氏曾有对于党国之意见提出，汪氏已表同情，不久或有回沪会晤之可能。[①]

蒋本人也对外宣称，"汪精卫同志也时常来电，希望我立即回国，并说如果我不回国，他就亲自到东京来，一定要我回到中国，仍照十二年十四年在广东那样的通力合作，否则中国革命失败，我们都要负责任的。"并称"汪蒋合作没有问题"。[②] 可见，蒋介石回国不仅仅是为与宋美龄结婚，蒋汪合作也是一个重要的原因。

（二）蒋汪合作问题

蒋汪合作是蒋介石复出过程中的一个重要插曲，也为当时社会所瞩目。当时《申报》的《蒋汪共同出山说》（1927年11月10日第4版）、《蒋介石昨日回沪》（1927年11月11日第13版），《晨报》的《汪蒋将在沪握手》（1927年11月10日第2版）、《汪蒋和》（1927年11月13日第2版）等报道均对蒋汪合作一事作了报道。《大公报》与其他报纸稍有不同，它更侧重对蒋汪合作内幕的挖掘。

除前述提出蒋宋联姻直接间接与蒋汪合作有关的分析外，该报对于宋子文乃至宋美龄在蒋汪合作中的作用也作了细致的分析，且提供了两种观点。一种观点强调蒋介石积极主张与汪合作，而宋子文、宋美龄兄妹又牵线搭桥、推波助澜：蒋介石"扶桑之游，既见喜于泰水，而子文秉性极孝顺，当然亦与蒋融洽如初，至此蒋遂告以深意，谓必结精卫始能挽党国之危，此亦子文当然所乐从，遂先时回国"，与汪精卫见面；"美龄于精卫夫人陈璧君处，亦颇费口舌之力，精卫夫妇均已同意，蒋至此遂飘然归来。"[③] 另一种观点也肯定了宋子文的作用，但是对蒋介石态度的分析则不同，认为"宋于蒋

---

① 《蒋介石抵沪详情》，《大公报》1927年11月17日第6版。

② 周美华编注：《蒋中正"总统"档案·事略稿本》（第2册），台北："国史馆"，2003年，第131—134页。

③ 天流：《南政秘记：蒋介石归沪后之政局酝酿（续）》，《大公报》1927年11月23日第2版。

为新亲,于汪为同系,宋处此特殊地位,颇欲利用之,俾成汪蒋合作之殊功,亦且为个人前途谋发展。蒋在日时,初无与汪遽合意,经宋婉辞劝说,蒋氏允焉"。^①其他史料旁证:"特委会"成立之初,汪精卫自武汉东下时,曾致电蒋介石求一晤,"为蒋所峻拒"。^②在日本时,宋子文曾劝蒋出山,而蒋"踌躇莫决"。^③由此看来,后一种分析更接近事实。

11月17日,与汪精卫有密切联系的张发奎、黄琪翔等人,发动政变,占领广州,瓦解李济深对粤统治,驱逐桂系在粤势力。粤变发生后,粤桂矛盾激化。《大公报》据此认为蒋汪合作前途趋于黯淡,其理由如下:

一是国民党内老同志反对,如"今日蒋访张静江,述汪蒋合作。张痛斥,谓为妄动,并云总理栽培尔至今,糊涂至此。有谓张并捆蒋者,汪蒋合作议已根本打销。"^④二是以桂系为代表的宁派的反对态度,粤变后桂系"恨汪刺骨",西山派也发反汪之通电,汪、胡又"不能疏通",蒋原打算"拉汪、胡同出"的设想无法落实,"日来亦渐消极"。^⑤三是冯、阎的态度,"蒋介石今虽与汪稍合,但因阎、冯不以粤事为然,如蒋求再出,非仍与胡汉民合作不可。"^⑥总之,《大公报》料定,蒋汪合作之可能性已不大。

12月11日,中共发动广州起义,完全占领广州,形势更是为之一变。"广州'暴动'后,张发奎、黄琪翔固罪不容逭,而汪兆铭尤为众矢之的。"^⑦蒋介石最终打消了蒋汪合作的念头,他特地在13日招待沪报界之演说中提到"汪同志未到上海以前,即有一种汪蒋合作的口号,这是我不愿意听到的。"^⑧

---

① 大为:《国民党四次会难成》,《大公报》1927年11月27日第3版。
② 李宗仁口述,唐德纲撰写:《李宗仁回忆录》(上),桂林:广西师范大学出版社,2005年,第406页。
③ 周美华编注:《蒋中正"总统"档案·事略稿本》(第2册),台北:"国史馆",2003年,第87页。
④ 《粤变果生重大反响》,《大公报》1927年11月21日第2版。
⑤ 《粤变后之南方局势》,《大公报》1927年11月29日第2版。
⑥ 《沪会图穷匕见》,《大公报》1927年12月7日第2版。
⑦ 李宗仁口述,唐德纲撰写:《李宗仁回忆录》(上),桂林:广西师范大学出版社,2005年,第408页。
⑧ 周美华编注:《蒋中正"总统"档案·事略稿本》(第2册),台北:"国史馆",2003年,第192页。

《大公报》的预测得到了证实。

（三）蒋介石复职

蒋汪合作希望渺茫，但这并没有对蒋介石复职问题产生负面影响。12月10日，在国民党第四次中央全体会议第四次预备会上，汪精卫等11名粤委提出请蒋介石继续任国民革命军总司令议案，当即获得会议通过。

复职案通过后，蒋介石对复职问题也变得更加主动，他在15日招待新闻记者时宣称："中外新闻记者时时问我再就总司令职否，何时再起。我的答语极简单，就是在两个时候：一、共产党起来扰乱不止的时候；二、北伐继续实现的时候。如不到这两个时候，我决无出来的必要。"[1] 实际上，蒋提出的这两个复职条件当时均已俱备。此外，他还不断主动地将各方促其复职的文电提供给媒体"源源披露"，显示其对于复职事，"当无谦让"。[2]

蒋介石复职问题之所以能顺利解决，与当时国民党内各派的态度密不可分。《大公报》发表了不少文章，对蒋介石复职案通过前后国民党内各派的态度作了精彩的分析。

其一，以汪精卫为代表的粤方抬蒋以自保。《大公报》认为，他们提出蒋介石复职案的用心，其表面上是晋豫战急，"非蒋速出不可"，而实际上则另有深意，即抬蒋以自保：

> 实际则因蒋现确无灭粤派之心，如蒋复出，则可以牵制桂派使无对粤用兵焉，而桂派第一领袖李济深，固始终主蒋复职者，其他之吴李蔡张等老辈，亦向不以蒋退为然，此时复蒋，当然亦可和缓此辈感情，断定此议者，于粤派实有利益，而桂派及其他反粤派亦必无词可拒，此其用心，实非大纵横家不能见及此也。[3]

---

[1] 周美华编注：《蒋中正"总统"档案·事略稿本》（第2册），台北："国史馆"，2003年，第193页。

[2] 《宁会前之东南政局》，《大公报》1928年1月10日第2版。

[3] 天流：《南局密幕：粤乱前党政之变化（续）》，《大公报》1927年12月25日第3版。

12月11日中共发动广州起义后，粤方备受攻击，更加孤立，"维赖蒋维持"，于是进一步发表宣言称，二届四中全会"完全信任蒋介石为筹备"，并"再促蒋复职"，希望拥蒋以自救。①

其二，冯（玉祥）阎（锡山）催促蒋复职。《大公报》指出，蒋介石复职案所以能急转直下，由预备会顺利通过，"实与北方冯、阎二人态度，大有关联"。② 冯玉祥自11月19日起就数度以个人名义电请蒋介石复职。12月1日，冯更约阎锡山一起拥护蒋介石复职，二人遂于12月9日"先后通电促蒋中正复任总司令"。③《大公报》认为，冯、阎两方之运动催促，实出诚意，其态度较之何应钦更为诚恳。而冯、阎态度的转变，也有其原因：

> 盖冯初本受粤派之运动，而又以前此蒋之去位，同志多以冯之不肯助蒋恢复徐州为有意倒蒋，故亦乐得藉此洗前冤，而结好于蒋，遂电约老西（阎锡山——引者）说话。老西与蒋交情之笃，本异寻常，前此蒋去本极震动，近又环境日恶，故一闻冯主蒋出，即五六电催之。蒋得此根据，愈大兴奋。④

就在蒋介石复职案通过的当日，冯玉祥又与阎锡山联名电蒋，以"军中号令不一"为由请其复职，且冯于12日还单独复蒋一电，敦请复职。⑤ 可见，冯、阎的连电相催的确是蒋介石复职的强大动力。

其三，桂系对蒋介石态度转变。桂系本是逼蒋下野的主力，且不满蒋汪合作，其实并不赞成蒋复职。粤变发生时，白崇禧就以时机未到，"劝（蒋）暂勿出"。⑥ 中共占领广州后，粤桂矛盾进一步激化，桂系为获得蒋介石在对粤问题上的支持，转而公开支持蒋复职。李宗仁在接受记者访问时称，"请

---

① 《广州已复问题尚多》，《大公报》1927年12月15日第2版。
② 《冯阎拥蒋复职电》，《大公报》1927年12月22日第2版。
③ 万仁元，方庆秋主编：《中华民国史史料长编》第25册（1927），南京：南京大学出版社，1993年，第675页。
④ 《蒋介石入宁后之南方政局》，《大公报》1928年1月17日第3版。
⑤ 《冯阎促蒋复职电》，《申报》1927年12月15日第4张第14版。
⑥ 《粤变果生重大反响》，《大公报》1927年11月21日第2版。

蒋复职，当然是我们朝夕希望的。"白崇禧也表示，"本人曾为蒋之参谋长，对蒋复职完全赞同，其他意见，则与李总指挥所发表者相同"。[1] 然而，蒋介石为求得将来政治上之均衡，一度拉住粤派不肯放手。桂系对此极为不满，当各方纷纷发表拥蒋复职通电时，桂系"始终未发促蒋复职电"，且表示"蒋若出山，当取光明之途径，不当根据于粤方提议而通过于预备会议之提案"。[2] 不过，《大公报》分析，桂系此际之不满与怀疑，亦不过对蒋祖粤尚不放心，实际上"亦无绝对反蒋之意也"。当蒋介石在对待广州问题上"将解决张黄部下事，全权交陈铭枢李济深办理"之后，"桂派当然无大问题"。[3] 事实正是如此，广州事变平息后，蒋介石与桂系通过协商，"以两广由李济深，两湖由李宗仁负责处理。"[4] 桂系在要求得到满足后，自然与蒋达成和解。

各方积极表明拥蒋复职的态度，促成了蒋介石1928年初进京复职。

第二节　"北伐讨奉"

1928年1月9日，蒋介石在南京正式宣布复职，继续行使总司令职权。经过一段时间的准备，蒋介石于4月初正式宣布北伐讨奉。至6月中旬，国民革命军进占京津，北伐完成。蒋介石于7月初抵达北京，祭孙中山之灵。在这半年多的时间内，蒋介石再次成为万众瞩目之焦点人物。在蒋介石赴北平之际，《大公报》极力颂扬蒋介石的革命功勋，称之为"革命英雄"。

一、"宁会"前后

（一）粤派委员之出席问题

1927年12月10日，国民党二届四中全会第四次预备会议定正式会于

---

①　《蒋介石复职与各方》，《大公报》1927年12月18日第3版。
②　《宁会前之东南政局》，《大公报》1928年1月10日第2版。
③　《蒋介石入宁后之南方政局》，《大公报》1928年1月17日第3版。
④　周美华编注：《蒋中正"总统"档案·事略稿本》（第2册），台北："国史馆"，2003年，第209页。

1928年1月1日至15日在南京召开，当时称为"宁会"。1月4日，蒋介石由上海到南京，积极筹备四中全会的召开，但由于法定人数不足问题，四中全会迟迟不能召开。

1926年1月的国民党第二次全国代表大会选举中央执行委员共三十六人。[1] 如果除去共产党人及拒绝出席会议的胡汉民一派，四中全会的召开要达到超过半数的法定人数，很不容易。由于1927年11月17日粤变及12月11日共产党广州起义，汪精卫为代表的粤派委员难辞其咎。是否允许粤派委员出席大会问题成为四中全会召开过程中的一个关键问题。因粤派委员共有九人，一旦不能出席，则会议法定人数不足，会议就无法召开。

反对粤派委员出席的阻力主要来自以桂系为代表的一方。12月27日，白崇禧等发表反对粤派委员出席四中全会通电，敬请中央明令开除汪精卫等九人党籍，并通缉拿办，认为"倘若容其腆然无耻，犹复与闻党政，出席中央四次会议，则是与反革命者以谋革命，任叛徒为刀俎，使全党为鱼肉，凡属忠实同志，谁忍服从其议案，致陷党国于危亡。"此外，李宗仁等部分中央监察委员也认为，"当由监察委员提弹劾案，拒绝其出席"，甚至指出中执委员名额36人，除粤委9人外，"十四人为法定人数"。[2]

粤派委员出席与否决定了会议法定人数是否足数的问题，所以粤派委员也不甘示弱，已到京的粤派5个委员就一致表示，"宁方对彼等如有丝毫问题，即不出席。"[3] 不仅如此，粤派委员还明确反对桂系支持的追认特委会有效一案。粤派委员在沪时就表示反对追认特委会，并宣称如追认该会，则彼等不参加大会。对于此点，《大公报》有精彩的分析：

最困难之点，粤委员为否认南京特委会到底者，而南京方面，则主张于四届中执会大会中，通过追认特委会有效之案，此层粤委员竭力反对。然如

---

① 荣孟源主编：《中国国民党历次代表大会及中央全会资料》（上），北京：光明日报出版社，1985年，第172页。

② 《蒋介石返宁以后》，《大公报》1928年1月6日第2版。

③ 《南京今日开正式会》，《大公报》1928年1月14日第2版。

照粤委员办法，不追认特委会，则从前南京政府之讨伐唐生智及讨伐张（发奎）黄（琪翔）令皆失其根据，此层则李烈钧等皆所必争，不止白崇禧等反对已也。①

粤派委员反对追认特委会，反对粤派出席四中全会的就不仅仅是桂系。在1月13日的中执会谈话会上，"宁方多主张应先审查粤委员袒护张黄作乱之事实如何，再定其可出席与否。"②试图以此瓦解粤派。

对于因粤派委员之出席问题而导致国民党四中全会迟迟不能开会，《大公报》认为这种局面似曾相识："观最近国民党少数干部之行为，仿佛北方前此军人政客纵横捭阖之往迹，尤以所谓党部大会，出席与不出席，合法与不合法，喧呶争执，宛然有北京参众两院复活之感。"③并认为，就形势而论，所谓四届大会，或竟开不成会，如此则南京政府，只有依政治会议与中央党部常务委员会，办理紧急政务，维持现状。而党的纠纷，只有待能开全国代表大会之日方能求一解决。而该代表大会何日能开，"则又无从揣测矣"。④

直到1月底，四中全会仍无开会确期，其迟延之原因，仍在粤派委员之出席问题。

（二）"蒋介石苦心成大会"

蒋介石在赴南京之前，即发表江（3日）电，表达了务使四中全会开成的决心：

中正认为非恢复最高党部，则党之生命已失，非速开全体会议，则党之前途无望，非全体同志一致确认中央恢复，与党内团结之必要，则一切皆无办法。补救挽回，责无旁贷。前此受党付托，负责不终，今承同志督促，宁

---

① 《南局纠纷之症结》，《大公报》1928年1月15日第2版。
② 《南京大会又展缓》，《大公报》1928年1月15日第2版。
③ 《社评：又一循环》，《大公报》1928年1月18日第1版。
④ 《南局纠纷之症结》，《大公报》1928年1月15日第2版。

敢自诿。谨当即日驰赴首都，负责筹画一切，务使会议开成，党基重奠。①

蒋介石希望借四中全会重建最高党部，重奠党基，以确立自己的领导核心地位，所以务使会议开成。因此，他呼吁所有国民党员应有彻底之觉悟，勿再追求过去事实，捐弃怨嫌，消除意见，重新团结，听命于党；尤其是各中央委员，对四中全会应该一致出席，踊跃促成。

1月9日，蒋介石发表复职通电，其中再次表示负责筹备第四次中央全体会议，务使早日开会，确立党基。12日，蒋介石更是在中常会上明确主张："此次全体会议，非请粤方委员一致来京出席不可。"②

对于蒋介石促成会议的"苦心"，《大公报》有很好的观察：

到（京）后数日间所为，当系开会与筹备北伐之两事。但对开会，终恐以人数不足至于流产。以轰动世界之四次会，若不得成，此辈领袖之信用，以后必成问题。然此为党国之根本，若一不成，其余一切机关均为无本之枝叶，尚复成何事体。故在其余的人欲以开不成会即勉强下去，独蒋坚持谓必令开成而后已。但对他人之主张，一面先为开不成会之补救的准备，亦不反对。所以蒋必主张对粤派九委之查办命令不能根本取消，亦必缩小范围。近日吴（稚晖）李（石曾）等提议汪（精卫）顾（孟余）陈（公博）甘（乃光）四人交第三次代表大会解决，其余五人则由四次会解决。此其用意，即欲使此五人得以出席，则四次会即不成问题也。而所谓补救的准备者，即一面规复党部之常务委员会，使得成立，而一面又增加特委会所组织之政府常务委员三人。盖论理政府常务委员为特委会推出，其母已废，其子何能存而贵，乃竟不然，此实为蒋对他方之让步的做法，恐四次会不成，有此两者，

---

① 周美华编注：《蒋中正"总统"档案·事略稿本》（第2册），台北："国史馆"，2003年，第226页。

② 周美华编注：《蒋中正"总统"档案·事略稿本》（第2册），台北："国史馆"，2003年，第249页。

则根本亦当可存在耳。①

对于粤派委员之出席问题，将汪、顾、陈、甘四人的出席问题与何（香凝）、潘（云超）、王（乐平）、陈（树人）、王（法勤）五人的出席问题分开，可以促使何、潘、王、陈、王五人出席会议。增加特委会所组织之政府常务委员三人，就在事实上追认了特委会，可以说是对桂系作出了让步。《大公报》因此认为，这些措施使得"蒋之目的总算大体无碍了"。

为了促成四中全会的召开，蒋介石奔走于各派之间，终于决定在举行正式会议之前先开执监联席会议，以解决粤派委员之出席问题。

1月31日，执监联席会议顺利召开，经过蒋介石的"斡旋之力"，大会决议何香凝等五粤委准行使职权。② 至此，粤派委员之出席问题得以顺利解决。在斡旋过程中，蒋介石不免两头受气。对此，他在31日的日记中表露了他的艰难处境："今日双方对余，皆形不满，视余如同罪犯，一若人人可得而侮辱者也。处境至此，可谓穷矣。"③

在筹备四中全会期间，蒋介石还托其夫人宋美龄，奔走于何香凝等人之间，敦促粤委出席大会。据此，《大公报》认为，粤派委员出席问题之解决，"周旋其间之蒋夫人宋美龄女士亦称功劳不小"。④ 对于蒋介石的努力，《大公报》的评价是"蒋介石苦心成大会"。⑤

（三）会议结果

2月2—7日，国民党二届四中全会在南京召开。会议历时六天，通过决议25项。值得注意的是，全会背叛了孙中山的三大政策，推翻了国民党"一大""二大"和二届三中全会确定的各项政策，开除并撤销了一大批共产党

---

① 《蒋介石入宁后之南方政局》，《大公报》1928年1月17日第3版。
② 周美华编注：《蒋中正"总统"档案·事略稿本》（第2册），台北："国史馆"，2003年，第305页。
③ 周美华编注：《蒋中正"总统"档案·事略稿本》（第2册），台北："国史馆"，2003年，第306页。
④ 《执监联会纪要》，《申报》1928年2月1日第1张第4版。
⑤ 《形势突转之南京中央会议》，《大公报》1928年2月7日第3版。

员及所谓同情共产党的二届中央委员的职务与党籍。① 此外，会议重新改组了国民党的中央机构，改组了国民政府。

《大公报》将此次会议与此前一年的国民党二届三中全会进行了比较，认为有"隔世之感"。其中最大的区别就在于，由联共转为"反共"，由反蒋变为拥蒋。对于由反蒋变为拥蒋，《大公报》有详细的分析：

> 盖去年汉会，……重在反蒋，故于"提高党权"之口号以下，力斥军事政治党务集中个人之非，用"统一党的指导机关案""军事委员会组织案"等，将蒋氏权利剥夺制限，无所不至，谓系"基于民主集中制之两点，对封建势力奋斗"，因是促成宁汉反目之实现。自后寒暑一更，迭经离合，至今年之会，乃由蒋筹备，由蒋主持，议决案中，凡所以为蒋之权力地位谋便利者，亦无所不至，如总司令而兼军委会主席，是其例也。②

四中全会在蒋介石的操控下，改组了国民党党政军中央领导机构。通过改组，蒋介石成为唯一的赢家。在军事方面，蒋介石作为国民革命军总司令，可以合法地"节制指挥"陆海空各军，除总司令之外，他又是军委常委和军事委员会主席；在党务方面，蒋介石当选为中央执行委员会常务委员，随后又兼任组织部长。对此，《大公报》认为蒋介石"集中军党大权"于一身。③

二、蒋桂关系

蒋桂关系一直是蒋介石复职前后引人注意的一个问题。蒋介石复职后，《大公报》对蒋桂关系的观察，除了前述对粤派委员出席四中全会问题的纠葛之外，还包括对唐生智军队问题与蒋白关系问题等方面。

---

① 张宪文，方庆秋主编：《蒋介石全传》，郑州：河南人民出版社，1996年，第142页。
② 《社评：再评宁会宣言》，《大公报》1928年2月13日第1版。
③ 《宁会推定新委后闭幕》，《大公报》1928年2月8日第2版。

（一）对唐生智军队问题

1927年10月20日，南京国民政府下令讨伐唐生智。11月11日，唐生智通电下野，并逃亡日本。唐部李品仙、何键、刘兴各军退往湖南，决定"暂时保境休养，听第四次执监会议解决"。① 同时，仍然保持第四集团军的名义。桂系曾经考虑用和平方式将唐部改编，但湖南唐军将领在蒋介石的拉拢下，继续反对南京特委会，整军经武，不愿就范，桂系遂考虑用武力解决湖南的唐军问题。②

在蒋介石复职前，《大公报》即已认识到，"桂派白崇禧因蒋介石再起之新形势，有速解决湘事之必要，计划用武力自湖南扫荡唐生智系之第四集团军，作成连亘两湖广西一大地盘，以备蒋之再起。"③ 事实也正是如此，1928年1月15日，程潜、白崇禧就自武汉督师进攻湖南，希望彻底解决湖南的唐生智军队。

关于对唐生智军队问题，《大公报》注意到蒋介石的立场是主和。《大公报》观察，蒋介石希望唐生智部调出两军，一军上京汉线，一军上津浦线，以分割利用。因纯用唐部，蒋尚且不放心，又令陈铭枢、钱大钧两部速收张（发奎）、黄（琪翔）部下，由湖南会同唐部北开，则"唐部不至于发生问题也"。另外，唐部实力尚有六万人，程（潜）、白（崇禧）两人未必"吞得下肚"，且唐部"倾意于蒋"，竭力与程、白抵抗，因此唐部"将来或有归蒋之望也"。④

《大公报》认为，对于程、白挟旧宁府之讨唐令武力解决唐生智军队的做法，蒋介石"欲藉四届中执大会之党权，用命令处理"。但是，由于蒋介石此次复职，"其职权本限于局部"，四届大会未开，则旧政府命令有效，且军委会之李烈钧等人，又同意程、白两人之举动，因此"蒋固难堪，而亦无

---

① 张宪文主编：《中华民国史纲》，郑州：河南人民出版社，1985年，第327页。
② 莫济杰，（美）陈福霖主编：《新桂系史》（第1卷），南宁：广西人民出版社，1991年，第119页。
③ 《武汉各军陆续入湘》，《大公报》1928年1月6日第3版。
④ 《蒋介石入宁后之南方政局（续）》，《大公报》1928年1月18日第3版。

如程白何"。①

1月25日，武汉军队占领长沙，唐生智军队基本上被解决。在对唐生智军队问题上桂系获得了胜利。对此，蒋介石在日记中记载："湘粤问题，不易解决，而内部又多跋扈之将，余之心焉得不惶惶以忧。"② 称桂系将领为"跋扈之将"，对桂系解决唐生智军队"惶惶以忧"，足见蒋桂之间矛盾之深。

（二）蒋白关系

蒋介石复职前后，李宗仁一直在南京，白崇禧则常驻武汉直接指挥军事。由于对唐生智军队问题，白崇禧一时成为媒体关注的焦点人物。《大公报》则抓住了蒋介石与白崇禧的关系，深入剖析。

《大公报》专门对白崇禧的抱负作了分析：

此人在桂派，要算是一个纵横家。近见长江下游的局面如此，遂变计画而注意于根本之地，即所谓西南是也。彼意以为中国战事收束尚早，不若蒋意之乐观，要从根本做起，决意乘时统一西南，以固根本之地。其做法即系先肃清两湖，而次及江西，再入滇黔，最后必及于四川，必使此八省成为一个统系，军事政治均入轨道，而后再谈全国问题。③

《大公报》认为，白崇禧"腐心于对南"，蒋介石则"腐心于对北"，"两势愈大，则其决裂之祸亦愈大"。由于蒋介石此时地位未稳，且"腐心于对北"，因此对白"尚是纯用诚意的感化手段"，但此种手段能维持至何时，则不得而知。④

由于在唐生智军队问题上一个主和，一个主战，蒋白二人之矛盾一度为世人所悉知。而在唐生智军队问题解决之后，双方关系有所缓和。例如，蒋

---

① 《社评：六日间之中外大事》，《大公报》1928年1月28日第1版。
② 周美华编注：《蒋中正"总统"档案·事略稿本》（第2册），台北："国史馆"，2003年，第297页。
③ 《蒋介石入宁后之南方政局（续）》，《大公报》1928年1月18日第3版。
④ 《蒋介石入宁后之南方政局（续）》，《大公报》1928年1月18日第3版。

介石为缓和与桂系之紧张对立关系，"由其机关报痛骂湘军"，且"封闭第四十四军叶开鑫部驻宁办公处"。① 2月21日，白崇禧代表对新闻界表示，"白总指挥与蒋总司令之关系，为生死患难交，非泛泛者可比。蒋前返国，白在沪与晤谈多次，极为融洽。溯自白氏来汉以迄入湘，一日或间日必有电呈蒋。……白蒋亲切，异于寻常。"对于当时日本报纸于蒋冯2月16日开封会议后，散布蒋已决将程白二人免职等谣言，指出，"在彼等深恐我内部团结，故不惜出此挑拨离间手段。"② 蒋介石在接受《字林西报》记者访问时也指出，在对北军事问题上，"湖南事解决后，武汉方面，亦将参加吾等"。③ 据此，《大公报》认为："此次攻湘，蒋白之不一致，乃公然秘密，然亦不至破裂，李宗仁近月在宁，尤多调护，观彼等行动，颇能运用政腕，而不仅恃武力焉。"④

从《大公报》的报道与评论来看，蒋桂关系问题一直是蒋介石面临的一个棘手的问题。桂系功高震主，桀骜不驯，这为后来的蒋桂战争埋下了伏笔。

三、再次北伐

（一）北伐前夕之"宁蒋行踪"

在1月9日的复职通电中，蒋介石就以完成北伐为其复职的基本目标："中正委身党国，责无旁贷，誓当率励将士，服从党之指挥，尊重党之威信，秉承中央，齐一军令，集中力量，努力前驱，务于最短期内，会合豫晋各军，歼除奉鲁军阀，实现总理之遗教，早出斯民于水火。"⑤ 2月6日的二届四中全会也通过了"集中革命势力限期完成北伐案"。四中全会之后，南京国民政府的北伐成为南北社会极为关切之事，而作为全盘负责北伐事宜的国民

---

① 《蒋介石忽欲牢笼桂系各将领》，《晨报》1928年2月4日第2版。
② 《白崇禧代表目中之蒋白关系》，《大公报》1928年3月2日第2版。
③ 《蒋返宁前之谈片》，《大公报》1928年3月6日第2版。
④ 《社评：新桂系》，《大公报》1928年3月26日第1版。
⑤ 周美华编注：《蒋中正"总统"档案·事略稿本》（第2册），台北："国史馆"，2003年，第240—241页。

革命军总司令蒋介石更是成为万众瞩目的焦点人物。

2月10日，蒋介石赴徐州视察战线。此后，蒋介石之行踪成为各大媒体追踪的热点新闻。《大公报》曾连续数天予以报道，如《蒋中正赴徐州》（1928年2月11日第2版）、《蒋与贺耀组等到徐》（1928年2月12日第2版）、《战幕垂开将星齐动》（1928年2月13日第2版）、《蒋冯由郑而汴》（1928年2月15日第2版）、《蒋介石行踪之传疑》（1928年2月17日第2版）等。

对于蒋介石何日由徐州赴河南，各报消息莫衷一是。上海各报于2月13日刊载消息称，蒋介石11日已由徐州到郑州。《大公报》也于此日刊载该报社12日上海专电，称"蒋中正于真（十一日）午到郑州"。① 14日，上海《新闻报》载徐州电，称蒋于12日下午3时赴柳泉前线阅兵，"即晚7时返徐州"；又据一南京电，全军会议定在开封举行，"蒋定13日离徐前往"。② 《新闻报》的消息说明蒋11日并未赴河南。同日，《申报》则根据其南京电讯，称蒋11日赴郑州，12日转赴开封，与冯开军事会议。③ 15日，《大公报》刊载了与《申报》一致的消息，称"蒋介石十一日抵郑州，十二日归开封"。④ 17日，《大公报》刊载16日的汉口专电，有"蒋寒（十四日）自徐州致电在汴之王正廷"语。⑤ 18日，《大公报》又载17日上海专电，称"蒋专车系删（十五日）晚七时启行，铣（十六日）晨七时余抵开封。"⑥

18日，《大公报》发表社评《宁蒋行踪》，对蒋介石赴河南一事进行分析。文章称，对于蒋介石到河南一事，本报曾披露12日沪电，称蒋介石11日到郑州，后又据16日汉口专电，称蒋14日尚在徐州，直到后来所得17日沪电证实，蒋介石自徐州赴开封，实在15日夜。因而，此前12日沪电错误而16日汉电正确。对于此前报道失实的原因，《大公报》认为，"此皆报界努力不足使然，吾侪亦分其责任之一部者也。"另一个原因是，"因政局关系，

---

① 《战幕垂开将星齐动》，《大公报》1928年2月13日第2版。
② 《社评：宁蒋行踪》，《大公报》1928年2月18日第1版。
③ 《蒋冯会商北伐军事》，《申报》1928年2月14日第1张第4版。
④ 《蒋冯由郑而汴》，《大公报》1928年2月15日第2版。
⑤ 《蒋介石行踪之传疑》，《大公报》1928年2月17日第2版。
⑥ 《蒋于十六日晨抵汴》，《大公报》1928年2月18日第2版。

报界不能保持通信之自由，故事实真相，愈难宣达。"①

根据台湾出版的蒋介石档案资料，蒋介石于2月15日"晚别徐州，等火车，星夜向汴（开封）进发"。②《大公报》社评对蒋介石赴河南之行程的分析是正确的。

其实，由于军事关系，蒋介石本人也有意对外界隐瞒其行踪。例如，在10日蒋介石抵达徐州时，即"由林参谋长密函通知地方报馆，不得宣布。"③ 3月16日，蒋介石在总部招待报界时宣称："关于北伐者，何日动员，何日总攻击，总司令官何日出发，此关军事秘密，事前不必发表。下令攻击与总司令官出发，无绝对的关系。"④认为其行踪事关军事机密，不宣布、不发表，媒体要获得准确的信息当然不是一件容易的事。

尽管如此，《大公报》依然热衷于追踪蒋介石之行踪。在北伐开始之前，《大公报》对蒋介石行踪的报道还有如《蒋于十六日抵汴》（1928年2月18日第2版）、《蒋介石抵徐记》（1928年2月18日第2版）、《蒋抵开封之后》（1928年2月19日第2版）、《蒋介石已由徐返宁》（1928年2月21日第2版）、《蒋在徐之行动》（1928年2月21日第2版）、《蒋介石回宁之后》（1928年2月23日第2版）、《蒋介石到汴情形》（1928年2月25日第2版）、《蒋介石由汴回宁记》（1928年2月26日第2版）、《蒋介石昨赴杭州》（1928年3月3日第2版）、《蒋定本日赴徐》（1928年3月16日第2版）、《蒋介石已赴前线》（1928年4月2日第2版）、《蒋介石赴徐记》（1928年4月9日第3版）等。之所以如此热衷于追踪蒋介石之行踪，《大公报》的解释是："夫蒋之行动，所以惹人注目者，徒以在军事时代已耳，不然，蒋赴豫与否，及何时赴豫，皆不值一论也。"⑤通过这些消息，我们不仅对北伐前夕蒋介石的行踪基本上有一个大概的了解，还对当时媒体的关注热点及认知度也有一定的认识。

----

① 《社评：宁蒋行踪》，《大公报》1928年2月18日第1版。
② 周美华编注：《蒋中正"总统"档案·事略稿本》（第2册），台北："国史馆"，2003年，第428页。
③ 《蒋介石抵徐记》，《大公报》1928年2月18日第2版。
④ 《蒋介石谈话》，《大公报》1928年3月23日第2版。
⑤ 《社评：宁蒋行踪》，《大公报》1928年2月18日第1版。

（二）济南事件 ①

1928年4月5日，蒋介石在徐州誓师北伐后，军事进展较为顺利。5月1日，国民革命军克复济南。次日，蒋介石进入济南城。

就在蒋介石抵达济南的当日，日军第六师团长福田彦助也率主力部队抵达。3日，日军制造了骇人听闻的济南惨案，不仅肆意屠杀中国军民，还残杀国民政府驻山东外交特派员蔡公时等17人，并烧毁外交部长黄郛办公处。当日，日本陆军参谋本部还决定向山东增兵。

天津、济南间，自5月1日起电报不通，消息不灵，《大公报》无法第一时间获得准确消息。但根据日文报纸记载，《大公报》仍于4日对济南事件有所披露。其中日文报纸记载，因中国军队在济南"掠夺"，日方出兵制止，导致开枪交战。对此，《大公报》深为诧异：

> 蒋介石之第一纵队部队，自一日晨入城，尔来两日间，所有日方报告，莫不称其军纪严肃，且谓中外均已安心，日侨决不至蒙害，其赞美之辞量至多而意至重。乃已相安两日，且蒋氏本人到济一日之后，而谓此"军纪严肃"之部队，忽而"掠夺"。此凡稍有常识者所极难信也。②

从分析中可见，《大公报》并不相信中日冲突是因中国军队的"掠夺"而起。

同时，《大公报》指出，自日本出兵后，南京方面除一面抗议外，一面则通知所辖省区，力持慎重。入济部队，特由第一纵队之主力部队担任。蒋介石本人则于次日到济南，外交部长黄郛也追随而来。种种方面，"俱证明宁方对于济南日本出兵事之如何重大视之，而竭尽最善之努力以避事实上之

---

① 《大公报》在表述中一直使用"事件"，而未用"惨案"一词。其他报纸则使用"惨案"一词，如《申报》有《上海各界对五三惨案之意见》（1928年5月7日第4张第13版），《民国日报》有《济南惨案中之福田》（1928年5月8日第1张第4版）等。当时《大公报》馆地处天津日租界，不用"惨案"一词，应该是为了避免刺激日本。

② 《社评：咄咄怪事》，《大公报》1928年5月4日第1版。

冲突者也。"因此,《大公报》否定了济南事件由中国方面挑起的传言:"是以就常识判断,当知冲突之起,在华方必为极意外之事。且纵衅自人开,苟稍在情理所许之范围以内,蒋氏当能严令部下力忍息事。"①

当时上海的《申报》更是直接认为,济南事件为日本蓄谋已久之事:"中日兵而不冲突则日本无以解决此次之出兵。故中日兵之必至冲突,于日本出兵时早已知之矣。冲突之程度必使之激烈而十分严重,盖非此又不足激中国人之怒而酿事端。"②

《大公报》关于"蒋介石当能严令部下力忍息事"的判断也与事实情况基本一致。5月3日上午,蒋介石在得知日军挑起事件后,即命令各师长"约束队伍,不许出外,敬俟命令,力避与日军冲突"。同时通知福田彦助,称"我军已下令约束,不许出外,希贵司令亦下令贵军,不令兵士外出,免生冲突。至目前冲突情形,我正调查,俟调查结果,再决定办法。现在第一要务即为双方各自撤回军队,不使冲突扩大"。当天中午,蒋介石又严令各师长:"所有军队,除在城内者外,凡城外军队,一律于今日下午五时以前,离开济南近郊,尽力让避日军,不许与之无谓冲突。"并再派人通知福田,称"吾已严令我军,限于下午五时以前,城外军队,一律离开济南近郊,同时望君亦约束队伍,不可放枪开炮,伤我军民"。③

5月6日,《大公报》发表社评《应竭力避免中日第二次冲突》,认为中国始终无敌视日本之意,也无与日本冲突之心:"旬日以来,中日国民,无不人人悬念,希望其避免冲突。一旦不能避免矣,尤无不人人悬念,希望其速加谅解,有事化无事,大事化小事。"对于日本继续派兵来华,《大公报》呼吁日本"应速停止继续派兵赴济,已派之兵,陆续撤退,一切善后,听诸外交之解决"。同时希望蒋介石"将军队撤出济南,另行部署",以期避免冲

①《社评:咄咄怪事》,《大公报》1928年5月4日第1版。
②《时评:济南中日兵冲突》,《申报》1928年5月4日第2张第7版。
③ 周美华编注:《蒋中正"总统"档案·事略稿本》(第3册),台北:"国史馆",2003年,第259—260页。

突。^① 当时的《申报》也表达了类似看法："对于挑衅之应付，惟有镇定而预备不为愤激之举，使其所挑无效。"^②

事实上在此前一天，蒋介石就已再次下令，命各所属部队全部移驻济南城外，仅以一团兵力在济南城内维持秩序。当日，蒋本人亦离开济南，绕道前往党家庄车站，并再次派人持函往见福田，通报北伐各军"已先后离济，继续北伐"。^③ 5 月 10 日，蒋介石与从南京赶到的谭延闿、吴稚晖、张静江等人在兖州召开党政联席会议，决定"对军事暂取不抵抗方针，先礼后兵，以观其后"。同时迅令各军全部渡河，继续北进，以集中全力完成北伐为目前唯一方针。对于日本，"凡可忍辱，且暂忍之，必至最后忍无可忍之时，乃求最后历史之光荣，与之决一死战"。^④ 兖州会议确定的忍辱负重、继续北伐的方针，事后证明是比较正确的。^⑤

总的来说，《大公报》关于避免冲突、外交解决的立场，与蒋介石在处理中日冲突过程中的立场基本上是一致的。《大公报》的言论也为蒋介石继续采取不抵抗政策提供了一定的社会舆论基础。正因如此，蒋介石采取避免军事冲突，而求之于外交途径解决争端的做法基本上得到了社会舆论的谅解。

（三）蒋介石辞职

1928 年 6 月 9 日，蒋介石以北京克复、北伐完成，向国民政府辞国民革命军总司令及军事委员会主席职。对于辞职的原因，蒋介石在辞职电文中有所声明。一是依据总司令条例："国民政府为图战时军令之统一，特任国民革命军总司令一人，是作战目的完成之时，即总司令职权当然解除之日"；二是根据其复职通电的承诺："一俟北伐完成，即当正式辞职，以谢去年弃职

---

① 《社评：应竭力避免中日第二次冲突》，《大公报》1928 年 5 月 6 日第 1 版。

② 《时评：挑衅与北伐》，《申报》1928 年 5 月 5 日第 3 张第 9 版。

③ 周美华注：《蒋中正"总统"档案·事略稿本》（第 3 册），台北："国史馆"，2003 年，第 275—276 页。

④ 周美华编注：《蒋中正"总统"档案·事略稿本》（第 3 册），台北："国史馆"，2003 年，第 305 页。

⑤ 张宪文等著：《中华民国史》（第 2 卷），南京：南京大学出版社，2006 年，第 25 页。

引退之罪"。①

在北伐完成,"全国统一"的形势下,蒋介石突然提出辞职,自然引起了社会的广泛关注。对于蒋介石此时辞职,《大公报》"亦嫌稍早"。原因在于军事尚未收束,而收束军事有待于中枢机关,故蒋卸责,"似尚非时"。尽管如此,《大公报》对蒋介石辞职之举仍然予以高度评价:

> 蒋氏此举,足以将革命军人之面目,重新昭示天下,俾天下人重新相信国民革命军总司令,非皇帝,非大元帅,非巡阅使督军,非为盘踞地方拥兵自卫,或垄断大政维持私党之大官,而徒为扫除军阀障碍之革命的武力之领袖,一旦战终,立时解除责任,一切军权奉还政府。夫当此北政未定之时,而全军领袖,首有此种表示,则不惟足唤起国民之同情,且可使一般服务于革命军者有所警觉,由此而论,则蒋氏此呈,可谓实获我心者矣。②

不久,《大公报》又载文指出,蒋介石力辞国民革命军总司令,不居其功,"痛除从前军阀战争时代权利思想之恶习,而一表现国民革命之真精神,斯诚民国之大幸也。"同时呼吁国民革命军各领袖,本此精神到底,将所有军阀时代某地必须归某派,某派之下又必须归某派之人的割据式封建式权利思想,根本铲除,彻底表现公天下之革命精神;将军阀时代之暗云密雾,消灭于青天白日之下,使此次战争真正成为国民战争,并为中国之最后战争。③

对于蒋介石辞军职一事,《大公报》也提供了一种观察,认为蒋介石辞职为"见机","与蒋前途有益,此后致力政治,以不兼握军权为正当。"④ 这种认为蒋介石辞军职可能是为了致力于政治的观点很快被否定。11日,蒋介

---

① 秦孝仪主编:《先"总统"蒋公思想言论总集》第36卷(别录),台北:"中央"文物供应社,1984年,第434页。
② 《社评:论蒋介石辞军职事》,《大公报》1928年6月11日第1版。
③ 《社评:国民战争成功后之精神》,《大公报》1928年6月12日第1版。
④ 《国民政府挽蒋介石缓辞》,《大公报》1928年6月11日第2版。

石致函中央政治会议，请辞中央政治主席职，该函称，"中正服习军旅，不谙治术，未便长此滥竽，延误至计。特此函请辞去本会议主席职务，务恳公决照准，另以推选。俾中正退居委员，追随献替，藉纾负荷，而重党政，实纫公谊。"①

蒋介石呈请辞职后，国民政府与中政会即行挽留，中政会还将蒋介石辞职原函送还。②以此为开端，各方立即刮起了一股挽留之风。冯玉祥、阎锡山、李宗仁、白崇禧等党政要员均纷纷致电蒋介石表示挽留。例如，冯玉祥电称"总司令如不打消辞意，而玉祥敢独留，是负总司令也"；阎锡山电称"此时遽萌退志，摇动人心，所关至钜"。③李宗仁电称"请以天下安危为重，勿以一身远引为高"。④白崇禧称辞职"消息传出，军心震动，敌焰复张，瞻念前途，不寒而慄，务恳总座以党国为重，打销辞意。"⑤此外，各机构、团体乃至海外侨胞也纷纷致电挽蒋。

此时期，媒体关于挽留蒋介石的相关报道非常多。《大公报》有一则消息尤其引人注目，该消息题为《一片留蒋声》（1928年6月19日第2版）。这则消息不能不让人回想起该报在1927年7月的一则消息：《一片倒蒋声》（1927年7月13日第2版）。当时宁汉对峙，北伐受阻，蒋介石处境艰难，一时倒蒋声浪高涨，并最终将蒋介石推下了台。不到一年时间，已经事过境迁，今非昔比。

17日，在一片挽留声中，蒋介石"辞意全打销，对军事决负责，至完全结束为止"。⑥

① 秦孝仪主编：《先"总统"蒋公思想言论总集》第36卷（别录），台北："中央"文物供应社，1984年，第436页。

② 《国民政府中政会不许蒋辞》，《大公报》1928年6月16日第2版。

③ 《蒋照常负军事责》，《大公报》1928年6月20日第2版。

④ 《各方纷电留蒋》，《大公报》1928年6月17日第3版。

⑤ 中华民国史事纪要编辑委员会：《中华民国史事纪要》[民国17年（1928）1-6月]，台北：正中书局，1978年，第1070页。

⑥ 《蒋辞意打销》，《大公报》1928年6月18日第2版。

四、蒋介石北京之行

6月14日，国民党中央常务委员会议决派蒋介石"北上省祭总理灵兼视察一切"。[①]蒋介石表示打消辞意并接受委派后，于26日自南京经汉口转车北上，开始其北京之行。从《大公报》的相关记述看，蒋介石北京之行的任务主要聚焦于祭灵与裁兵两事。

（一）北上祭灵

1."革命英雄"

7月1日，蒋介石所乘的专列抵达郑州。《大公报》总编辑张季鸾经冯玉祥介绍在此地与蒋介石第一次见面，随后搭乘蒋介石的专列一同赴北平。[②]3日，《大公报》发表社论《欢迎与期望》，对蒋介石推崇备至：

> 诚以蒋君自清季献身革命事业，出死入生，到底不懈。孙中山先生广州蒙难之役，蒋君伏处中山舰与先生共患难者数十日，大义大勇，不愧为革命英雄。其后由闽返粤，驱逐陈部，手练新军，平定两粤。两年以来，旌旗北指，而湘，而赣，而苏，而鲁，东西南北，不遑宁处，卒成北伐之业，上慰中山之灵，下令北方民众，得机会以沐浴三民主义之化泽。其坚定果敢之处，实近代军人所仅见，其受人之崇拜也固宜。至其维护国民党，以一身与共产分子相搏，卒令恐怖时代，不见于中国，为功之大，更足钦仰。[③]

认为蒋介石是"大义大勇"的"革命英雄"，并用"受人之崇拜也固宜""为功之大，更足钦仰"等词语极力吹捧蒋介石。从《大公报》对当时民国人物的评价来看，这种用词是相当少见的。

2."弟子蒋中正"

---

① 罗家伦主编：《革命文献》（第21辑），台北："中央"文物供应社，1959年，第1639页。
② 方汉奇：《〈大公报〉百年史》，北京：中国人民大学出版社，2004年，第192页。另见周雨：《大公报史（1902—1949）》，南京：江苏古籍出版社，1993年，第78—79页。
③ 《社评：欢迎与期望》，《大公报》1928年7月3日第1版。

蒋介石抵达北平后，也极力营造自己作为孙中山忠实信徒的形象。抵平当日，蒋介石即赴香山碧云寺，"礼谒总理之灵"。之后，蒋介石以"不忍远离吾师之灵体"，一直留居碧云寺含青舍，并在祭灵结束前谢绝一切应酬。① 对此，《大公报》有所记载："闻蒋仍决在到平一星期内，不交际酬应，一切欢迎讲演会，均当于满期后出席。"②

除了在行止上表现得极为虔诚之外，蒋介石在告孙中山祭文中，更是以"弟子"自称，将自己塑造成孙中山的继承人：

维中华民国十七年七月六日，国民革命军既奠北平，弟子蒋中正，谨诣香山碧云寺，致祭于我总理孙先生之灵曰：溯自我总理之溘逝，于今已三年余矣，中正昔侍总理，亲承提命之殷，寄以非常之任，教诲拳拳，所以期望于中正者，原在造成革命之武力，铲除革命之障碍，以早脱人民于水火。③

蒋介石在祭灵时"抚棺恸哭，热泪如丝"。李宗仁视之为"矫情"。④ 不过，蒋介石此举也的确突出了自己与孙中山的不一般关系。

《大公报》也有意将蒋介石与孙中山对比，借以肯定蒋介石的地位：

中山先生之所以异乎常人者，却在天下为公，恢宏阔大之一点，故其成就，迈越等伦。蒋君于此，亦有过人之处，兼容并包，罗致最富。今当疮痍满目之日，非集中海内人才，不足以披荆斩棘，共图建设，此种资格，惟蒋君有之。⑤

---

① 周美华编注：《蒋中正"总统"档案·事略稿本》（第3册），台北："国史馆"，2003年，第578—590页。
② 《昨日之蒋宋》，《大公报》1928年7月5日第2版。
③ 秦孝仪：《"总统"蒋公大事长编初稿》（卷一），台北：中国国民党中央委员会党史委员会，1978年，第234页。
④ 李宗仁口述，唐德纲撰写：《李宗仁回忆录》（上），桂林：广西师范大学出版社，2005年，第434页。
⑤ 《社评：欢迎与期望》，《大公报》1928年7月3日第1版。

3. 祭告大典

7月6日，国民党于北平香山碧云寺孙中山灵前举行祭告大典，蒋介石主祭，冯玉祥、阎锡山、李宗仁襄祭。对于祭告大典，《大公报》极为重视，以较大篇幅予以全程记载，并进行专文评述，此外还全文刊载了蒋介石的《祭孙总理文》。

在祭告大典当日，《大公报》发表专文以表达对孙中山的敬仰之情。其中认为孙中山先生致力革命四十年，以求得中国国民的自由平等为职志，与军阀战，与官僚战，与各方面政客战，与帝国主义战，乃至与世界一切腐败恶劣之任何势力战，不妥协，不消极，百折不回，老当益壮，"其心之苦，其志之坚，求之中外古今历史，殆罕其例"。借此，《大公报》更是对蒋介石等人提出了期望：

吾人切望蒋冯阎李白诸公，勿以军事小成为满足，更当以先生之人格为模范，勉自修养，一面则协力同心，整顿军队，改良政治，裁减冗兵，统一财政，促成强固有力之中央政府而躬自拥护之，造就可以平等之国际资格而努力改进之，必令中山先生四十年未了之心愿一一为之完成，夫然后真可以告无罪于先生。①

《大公报》希望蒋介石等人继承孙中山的遗志，完成孙中山的遗愿。这也正是当时中国社会所普遍希望的。

（二）裁兵问题

蒋介石北京之行除祭灵之外，另一个重要的任务就是与各军事领袖协商裁兵问题。《大公报》甚至认为"军事整理方案之协商，尤为此行命脉"。②对于蒋介石倡导的裁兵，《大公报》不仅积极配合鼓吹，还适时提出意见与建议，以推动当局实施裁兵。

---

① 《社评：今日碧云寺之祭告大典》，《大公报》1928年7月6日第1版。
② 《将星聚合时局顿展》，《大公报》1928年7月7日第2版。

1. 裁兵之先声

早在1928年3月10日,《大公报》即发表社评《多兵亡国论》,专门论述多兵的危害及裁兵的必要:

> 国家今日腹心大患,在于多兵,苟不集全国之精神的与物质的势力,从事于裁兵,则混战固亡,不战亦亡,四百兆人民之精髓脂膏,皆将吸吮净尽,化为枯骨,其祸之大与毒之深,今已见其端矣。[①]

文章认为,民穷在于兵多,要"使民苏息",必须"痛裁冗兵",此虽老生常谈,确是"救亡急务"。

5月底,蒋介石认为北伐行将告成,全国统一于短时期内即可实现,因此他在筹划军事的同时,也开始从事裁兵建设方案之规划。《大公报》就记载:5月下旬,宋子文偕宋美龄赴徐与蒋相晤。蒋宋除协商当时北伐军事应需费用等要事外,关于裁兵建设计划,亦由蒋提出与宋子文详细讨论,蒋令宋预先妥筹裁兵应需之费用,以免临时慌乱。具体计划,大体是定于当年7月起,由后方各省实行分期裁兵,先电请后方各省政府,至少每省须准备组织容纳裁兵五万人之机关,给予相当工作,使所裁之兵,不致无所依归。[②]

北伐胜利后,蒋介石于6月24日呈请国民政府设立裁兵善后委员会,办理裁兵,并另设生产机关,收纳被裁之兵,从事修路、治河、开矿、造林、垦荒等事业;统计各省警备队及护路警察总数,挑选精壮士卒加以训练;对被裁长官设研究班,授以高级学问;发行军需善后公债充裁兵费。[③]

与此同时,各军事首领也纷纷发表意见,支持裁兵。例如,阎锡山即表示,"能裁兵则能建设,能讲民生,不能裁兵,则建设民生转是空文。且能裁兵则今日北伐完成,武装同志都是有功国家,不能裁兵,则今日拥兵之

---

① 《社评:多兵亡国论》,《大公报》1928年3月10日第1版。
② 《蒋介石准备裁兵》,《大公报》1928年6月3日第2版。
③ 周美华编注:《蒋中正"总统"档案·事略稿本》(第3册),台北:"国史馆",2003年,第546—547页。

多，难免不变为后日民众之罪魁。"① 李宗仁则倡导实施兵工政策以达到裁兵目的；冯玉祥甚至表示愿意担任裁兵总监，协助裁兵。②

蒋介石呈请国民政府设立裁兵善后委员会后，《大公报》连续5天发表关于裁兵问题的社评，积极评价蒋介石等人的裁兵主张，为实施裁兵极力鼓吹、大造舆论。例如，6月26日，《大公报》的社评指出：

今日之事，唯有建设，建设之业，何由始乎，曰首在裁兵。苟不裁兵，无力施政，凡百建设之业，均无从说起，此亦人人得而知者。……自国民革命军占领北京后，蒋中正主席之军事委员会，即表示尽全力于裁兵计画，凡国民革命之武力领袖，如阎锡山，如冯玉祥，如李宗仁，如白崇禧，均先后提倡，有所表示，此实革命式之将帅，与军阀式之将帅，绝对不同之点。③

除对各军事领袖的裁兵主张予以积极肯定之外，《大公报》还认为，为了真正实现裁兵，社会民众应负积极责任，抱大志愿，作大组织，萃集全国之人力财力，以督促并扶助政府之实行。

2. "汤山会议"

为了能在北平顺利召开裁兵会议，蒋介石在抵达北平后之第二天即发出关于裁兵之两份电文。一为复上海全国经济会议电（按：6月28日，上海全国经济会议通过《建议政府即日裁兵从事建设案》，并于次日将此案通电蒋介石），一为据经济会议之电文，通电各总司令总指挥等请与国人合作裁兵。在致各总司令总指挥通电中蒋介石表示，"今日非裁兵无以救国，非厉行军政财政之统一无以裁兵。凡我同志，必当以真正觉悟，与全国人士切实合作，以完成此重大之职责。中正尤当竭其绵薄，与同志共勉之。"④ 蒋介石希

---

① 《阎锡山力陈裁兵必要》，《大公报》1928年6月25日第2版。
② 《社评：裁兵运动》，《大公报》1928年6月25日第1版。
③ 《社评：全国商民速发起裁兵协会》，《大公报》1928年6月26日第1版。
④ 周美华编注：《蒋中正"总统"档案·事略稿本》（第3册），台北："国史馆"，2003年，第589页。

望以此推动各位军事领袖在裁兵问题上给予支持。两份电文发出后，全国各大媒体纷纷刊载。《大公报》认为，两份电文"语均切实诚恳"。[①]

此后，各军事首领积极配合，一致表示服从中央，支持裁兵。例如，冯玉祥5日发表通电，对统一军权、裁兵等问题提出个人意见，支持蒋介石主张。[②] 阎锡山也致电蒋介石，愿意将其在京津地区放手收编之杂牌军队悉数归还中央，电文表示"收编之命奉自中央，所收军队，允应还之中央"。[③]

祭灵结束后，蒋介石即与各位军事领袖一再晤谈，商讨裁兵问题。对此，《大公报》有详细的报道：

> 蒋冯阎李诸氏自举行告祭孙灵典礼之后，已一再晤谈，……谈话中心，悉在军事善后问题，蒋此来携有军事善后方案颇长，昨晚已交冯阅看。……蒋主裁汰各军，留五十师，师各一万五千人，计为八十万人，分全国为十二军区，其裁兵手续，则各集团各各办理。[④]

在前期工作充分准备之后，蒋介石于7月12日与冯玉祥、阎锡山、李宗仁等人在北平汤山召开军事会议，讨论军事整理方案。

汤山会议内容尚未发表，《大公报》就发表社评认为，"要之裁减兵额，厘定军制，为全案之两要点也。"对于裁兵问题，《大公报》提出了三点建议，希望当局注意：其一，革命军士，受国民党指导，牺牲生命，转战万里，今日北伐成功，但不能漫言裁汰，挥之即去，"盖死者必恤，生者必赏，留者必为之定给养，遣者亦必为之筹善后"。其二，对于裁减标准，既要考虑到赏罚公平，又要考虑到国防之效能。作战出力者应多留，不出力与毫未出力者，应多裁，本来之革命主力军，应多留，战事既定始归顺者，应多裁，训练佳纪律佳者，应多留，其劣者应多裁。其三，至退伍兵士之善后，

---

① 《蒋介石号召努力裁兵》，《大公报》1928年7月6日第2版。
② 《冯玉祥对时局重要表示》，《大公报》1928年7月7日第3版。
③ 《阎收各军悉数交还中央》，《大公报》1928年7月8日第2版。
④ 《军事善后煞费商量》，《大公报》1928年7月8日第2版。

或主兵工，或倡屯垦，此皆可行，要之因地制宜。[1] 7月13日，《大公报》开辟"裁兵特刊"专栏，"把许多裁兵的意见汇齐发表"，以督促当局实施裁兵计划，并为之提供建议。[2] "裁兵特刊"发表了大量文章，为裁兵实施出谋划策，大造舆论。

除《大公报》外，其他报纸也积极为裁兵鼓吹。《申报》就倡导"化兵"，即化兵为工或农。该报认为，"大规模之裁兵决非短时间所能办到，而化兵则各军可随地所宜而行之，随时所要而试验之，谓为裁兵之预备也可，谓为裁兵之辅助也亦无不可。"[3]《民国日报》也指出，"政府应于赞同裁兵以外，明白宣示裁兵之计划；民众则应于高唱裁兵以外，切实表明愿意分担之责任。"[4]

值得注意的一件事是，在汤山会议之初，一些媒体在报道时使用了"巨头""派别""会议"等字眼。对此，蒋介石专门通过总司令行营办公处，分函北平新闻界，希望对于军事及称谓等"慎重登载"：

近日各报登载，关于裁兵及收束军事等问题，常有述及会议，或用巨头等字样。查军事大计，自有中央主持，所有方案，亦由中央裁夺。本人与各同志，唯秉承中央之方针，就实际问题，交换意见，贡献中央，并无所谓会议。至于巨头、派别等字样，系外人挑拨个人主义之名词，含义至为恶劣。在此革命时期，此等不祥名词，应随军阀制度而悉予屏绝，本国新闻界，万不宜再予袭用。[5]

"巨头""派别"，当然是蒋介石比较忌讳的词汇。就"会议"一词而言，根据台湾公布档案记载，12日，"公（蒋介石——引者）在北汤山早起，登

---

① 《社评：军事善后问题之注意点》，《大公报》1928年7月13日第1版。
② 《裁兵特刊》，《大公报》1928年7月13日第9版。
③ 《时评：化兵》，《申报》1928年7月8日第2张第8版。
④ 《社评：裁兵不徒空言》，《民国日报》1928年7月8日第1张第4版。
⑤ 《蒋总司令所望于本国新闻界者》，《大公报》1928年7月13日第2版。

钓鱼台，眺望山水。上午，坐台上计□。下午二时，即在台上会议，冯玉祥、阎锡山、李宗仁皆到，吴敬恒亦列席，讨论裁兵问题。会散，公回含青舍。"① 李宗仁在其回忆录中对汤山会议也有描述，并认为蒋介石通过此次会议造就他的中央党政军领袖地位，确实相当成功。② 可见，用"会议"一词应该没有问题，而蒋介石却不愿媒体使用此词汇。其中原因，虽然无法尽知，但通过此函，至少可见蒋介石在当时极为注意社会舆论的反应，希望以此引导社会舆论，为实施裁兵创造有利的舆论环境。

3. "蒋总司令发表军事整理案"

汤山会议结束后，蒋介石于7月13日在西山碧云寺招待新闻记者，公布关于裁兵问题之方案，主要包括《军事整理案》《编遣部队之裁遣方法》《军事善后意见书》等。综合各案，大体内容包括组织国民革命军编遣委员会，直隶国民政府，各军均听委员会编遣；编遣委员会成立之后，国民革命军总司令暨各集团军与海军总司令一律取消；在军政训政递嬗时期，尤须促进国家之统一，"军政为全国一致之性质，而应划归中央"；全国总兵额，"应暂定为五十万"，实行军区制，"以四万人至五万人为限"，"暂分全国为十二军区"；军区长官，不得兼任省政府主席，"以杜把持政治之弊"；各总司令与各总指挥之不任军区长官者，"宜会集于中央，实行主持军事委员会事务"。③

《大公报》对军事整理方案作出了积极评价：

据前日蒋总司令向报界宣布军事整理案之要点，凡未编遣与已编遣之军队，均有具体办法，而于编余将校与遣散兵士之安置，尤有切实规划，视历来高唱裁兵而漫无善后计划者迥然不同，诚足以大慰国人之望。……果然照

---

① 周美华编注：《蒋中正"总统"档案·事略稿本》（第3册），台北："国史馆"，2003年，第624—625页。

② 李宗仁口述，唐德纲撰写：《李宗仁回忆录》（上），桂林：广西师范大学出版社，2005年，第434页。

③ 《蒋总司令发表军事整理案》，《大公报》1928年7月14日第2版。另见罗家伦主编：《革命文献》（第21辑），台北："中央"文物供应社，1959年，第1665—1669页。

此实行，岂特永绝内战，且国防大计亦须如此乃可实现。①

此外，《大公报》还发表专文，探讨如何确保裁兵能够顺利实施。《大公报》认为，在关注裁兵问题的同时，尤其应注意军权统一一事。军权不统一，则裁兵实施即使中途不发生变化，也很难期望持久。军权统一，实为目前"唯一之急务"。对于其中的原因，《大公报》作了具体分析：

盖军权苟不统一，则裁兵之举纵不致中变，亦难期永久。何以言之，军权之分属本易流为事实上割据之张本，非统一国家所应有。各军领袖，纵一时水乳交融，一致服从中央，无碍统一，然一经岁月，彼此间，万一意见有参差，情感有变化，随时皆可予人以离间之隙。倘不幸一方有所策动，他方自必响应，甲添一卒，乙丙必增一兵，此实当然之结果。故军权一日不能统一，领袖即一日不能安心，军额即一日不能确定也。②

为了实现军权统一，《大公报》认为，一、二、三、四集团军最高领袖应该"悉赴首都，服务中央"，随时协商执行编遣事宜，不分珍域，化除界限，"共趋于除旧布新充实国防之大计划"。各军最高领袖"悉赴首都"，可以"时时晤叙，亲身商洽"，做到"彼此情愫常通，心理互相了解"，即使有所误解，也可相与切磋，力求减免，相比原来文电往复相商，或代表辗转传述，既省时间，且无流弊。更重要的是，可以避免"领袖间重大之误解"而导致的"时局上危险之纠葛"。③

本章小结

本章分析了从1927年8月蒋介石下野到1928年7月初蒋介石的北平之行

---

① 《社评：军事整理案实行之必要条件》，《大公报》1928年7月16日第1版。
② 《社评：统一军权》，《大公报》1928年7月15日第1版。
③ 《社评：军事整理案实行之必要条件》，《大公报》1928年7月16日第1版。

这段时间，《大公报》对重大历史事件及相关军政人物的报道与评论。这些报道与评论深入细致，有的言辞犀利，对相关重大事件与军政人物产生了重要影响。

在蒋介石下野问题上，该报不仅由外而内深入分析了蒋介石下野的原因，还对蒋介石下野后南方出现的政治真空十分担忧，表明它看重蒋介石对于稳定南方局势的作用。

在蒋介石婚姻问题上，该报不仅对蒋介石中年得志后抛弃"糟糠之妻"行为进行了毫不留情的批评，还认为蒋介石作为革命军人，却"抛旧图新""蹂躏女性"。该报还发表社评把蒋介石自鸣得意的《我们的今日》一文批驳得体无完肤，甚至对蒋的人品作出了完全否定的评价。

在济南惨案问题上，该报关于避免冲突、外交解决的立场，与当时南京方面的立场基本一致。该报言论也一定程度上反映了当时社会舆论的态度，这为后来南京方面求之于外交途径解决争端提供了一些舆论基础。

在蒋介石北上祭灵期间，该报视蒋介石为"革命英雄"，并将蒋介石与孙中山对比，借以肯定蒋介石的地位，借此希望蒋介石等人继承孙中山的遗志，完成孙中山的遗愿。

从1927年8月至1928年7月这段时期，相关军政人物与媒体的关系也比较令人瞩目。例如，蒋介石赴日后，其本人多次对媒体表态，说明其赴日动机是"静养""学习"和"求婚"等，并无"何等政治上之意味"，以掩盖其日本之行背后的政治动机。

蒋介石还主动通过媒体对其婚姻问题进行说明，包括在报纸上刊登启事和向来访记者澄清，以证明其婚姻状况之"清白"；他还发表《我们的今日》将其婚姻与革命紧密相连，许诺把结婚的礼金用于筹建废兵院等，着力营造一个寻得真爱的革命者形象。

在复职问题上，蒋介石主动将各方促其复职的文电向媒体"源源披露"，显示其对于复职事，"当无谦让"。

对于蒋介石复职时期媒体瞩目的蒋（介石）白（崇禧）之"不一致"，白崇禧方面对新闻界表示"白蒋亲切，异于寻常"，蒋介石也对来访记者表示在对北军事问题上，白"亦将参加吾等"。蒋白双方均否认不和，无疑是为了展现北伐讨奉前南方的和睦。

在裁兵问题上，蒋介石非常注意社会舆论的反应，专门通过总司令行营办公处，分函北平新闻界，希望对于军事及称谓等"慎重登载"，希望以此引导社会舆论，为实施裁兵创造有利的舆论环境。

第三章　新军阀混战

从1929年3月至1930年10月，先后爆发了蒋桂战争、蒋冯战争和中原大战等大规模战争。《大公报》对于这些国民党新军阀混战，有很好的报道与分析论评。这些记述不仅详细地记录了蒋介石在蒋桂战争、蒋冯战争、中原大战中是如何应对挑战并最终战胜对手、渡过危机的，还反映了《大公报》对于期间的相关军政人物与事件所持的基本态度与立场，一定程度上反映了大众媒体与社会舆论的基本倾向。在此期间，相关军政人物与媒体之间存在着较为明显的互动关系。

第一节　蒋桂战争

一、湘事

1929年2月19日，由桂系控制的武汉政治分会以把持财政、"清共"不力、厉行苛征等名义，决议罢免湖南省政府主席鲁涤平职务，改组湘省政府，以何键为主席；同时派第四集团军第五十二师叶琪、第十五师夏威部自岳州前进，合第十九师何键部进攻长沙。21日，鲁涤平退出长沙。对于这一事件，当时媒体大多称为"湘事"，此外也有其他如"湖南事件""湘案"等称谓。

事件发生后，《大公报》第一时间予以报道，并进行追踪。例如，《鲁涤平免职》（1929年2月23日第4版）记载了19日武汉政分会呈请免鲁职的情况；《湘事别报》（1929年2月24日第3版）详细记载了武汉军队进攻长沙时的情况;《逐鲁以后汉分会两路平湘》(1929年2月24日第3版)记载了武汉军队占领长沙后继续追击鲁(涤平)、谭(道源)所属部队的情况。对于逐鲁后,武汉方面致南京中央的电文,也予以全文披露。其中包括21日武汉政分会致蒋(介石)主席、南京中央执行委员会、中央政治会议、国民政府各委员电文,武汉政分会呈中央政治会议专电,以及21日李宗仁致国民政府主席国民革命军总司令、国军编遣委员会、行政院院长、军政部长电文。这些电文内容主要为指责鲁涤平"剿共"不力、滥用威权、把持税收、紊乱行政、拥兵恣肆等,并呈请免鲁之职。对于当时的要人行踪,《大公报》也有所记载。例如,24日报道了李宗仁的行踪:"李宗仁患右目甚重,马(二十一)夜赴沪疗治。"[①] 25日报道了蒋介石行踪:"蒋主席漾(二十三日)晚乘新宁绍离宁波。……谭延闿晨十时至西摩路宋宅访蒋(25日——引者),谈湘事甚久,午后王乃昌访蒋,蒋定有(二十五)晚回宁。……蒋晚八时已晤李宗仁。"[②] 这些报道,使人感到湘事之严重。

除对湘事予以追踪报道外,《大公报》还对此作了专文分析。认为武汉政分会对于湘事之处置方法,"自政治法律任何方面言,皆为遗憾,盖非免鲁不当,其方法不当也。"并进一步从政治法律两个方面来分析:就政治影响之得失论,武汉此举甚为失策。因全国已统一于国民政府之下,武汉政分会改组湘省政府,只能呈请中央遵令而行。例如,中央既颁明令,而鲁涤平抗不交卸,然后以武力驱逐不晚,"奈何不遵循正轨,而遽演夜袭长沙一幕哉。"况且今日湖南并无紧急乱事,鲁涤平、谭道源等也无抗拒中央之叛迹,武汉政分会有何必要,而扫国民之"兴会",使"武力易督之民国败政"再现,由此言之,"殊不能为武汉政分会谅也"。就党国法律论,武汉政分会之举动,也"显然不合,更无容讳"。武汉政分会自认为根据政治会议分会暂行条例第二条之规定:政治分会遇非常事变,得依委员出席人数三分之二以上之决议,为紧急处分。但《大公报》认为,本项之前提,在"遇非常事

<hr>

① 《逐鲁以后汉分会两路平湘》,《大公报》1929年2月24日第1张第3版。
② 《蒋主席已过沪回京》,《大公报》1929年2月25日第1张第3版。

变"，今湖南并无非常事变，所以此项不能适用。且二届五中全会关于政治分会存废案之决议案第二条，有"不得以分会名义，对外发布命令，并不得以分会名义任免该特定地域内之人员"规定。国军编遣程序大纲第十四条也明文规定，"现在各部队，不论原属何部，自归编遣委员会管辖后，应留驻现在防地，非奉编遣委员会之命令，不得移动"。因此，"该分会之举动要为不合也"。《大公报》还指出，纵使中央追认一切，该分会政治上的责任"亦不能解除"。①

当时的《民国日报》也发表社论，表示不赞同武汉政分会的做法："我们固不能彻底明了此种事实之真相，但在编遣会议闭幕未久而发生此种事件，实不能不有'此种恶例一开，后患何堪设想'之虑。"②

可见，湘事爆发后，武汉政分会的做法并不为当时的社会舆论所谅解。蒋介石在致冯玉祥的电中即指出，"武汉对鲁虽以剿共不力，把持财政为辞，但是非自在人心，舆论均致责难。"③

二、湘事之"善后"

2月27日，中央政治会议开会讨论湘事。会议认为，武汉方面驱逐鲁涤平与二届五中全会修改之政分会暂行条例及编遣会议之决议案相违背。此外，会议决议派蔡元培、李宗仁、李济深、何应钦查明湘事，听候编遣委员会核办；双方军队应驻原防，不得自由行动；暂派何键为代理湘省主席。

对于中政会之决议，《大公报》认为是"既以徇武汉方面之请求，亦以免地方政府之虚悬，种种处置，具见苦心。"④

不过，湘事发生后，蒋介石陆续接到报告，称叶琪部追逼谭道源部已入宝庆，并未停止；上游扣留船只甚多；湘鄂重兵集中武穴黄梅；夏威所部

---

① 《社评：湖南事件》，《大公报》1929 年 2 月 27 日第 1 张第 2 版。
② 《社论：武汉政治分会改组湘省府事件》，《民国日报》1929 年 2 月 28 日第 1 张第 4 版。
③ 吴淑凤编注：《蒋中正"总统"档案·事略稿本》（第 5 册），台北："国史馆"，2003 年，第 141 页。
④ 《社评：湘案善后》，《大公报》1929 年 3 月 6 日第 1 张第 2 版。

之李明瑞杨腾辉两旅之侵入铜鼓修水等。① 因此，蒋介石在26日即已"准备出师"，并电令刘峙（驻徐州）、顾祝同（驻蚌埠）、缪培南（驻兖州）、朱绍良（驻庐州）、蒋鼎文（驻新浦）、方鼎英（驻扬州）、曹万顺（驻芜湖）、夏斗寅（驻寿州）等师于3月3日前完成出师准备。② 3月2日，又颁定战斗序列，以刘峙、朱绍良、朱培德分任讨逆军第一、二、三军长，兵力增至十四师。

3月初，《大公报》开始对蒋介石之调兵遣将有所报道。例如，5日《洞庭潮掀起大江潮》（第1张第3版）载："缪培南方鼎英两师已运皖赣边界增防，至在湘军队，闻有一部开进赣边境修水铜鼓。"6日《时局外讯》（第1张第3版）载："有三轮自镇江载毛炳文之第三师过沪向赣输送。沪杭间货车，昨日来全被征发"；《李宗仁电蒋奸人流言盼持镇静》（第1张第3版）载："歌（五日）下午有十一师炮兵团由京开芜湖，陆军测量局赶制赣地图万张。歌（五日）上午浦口到有十一师若干，即开上游。"7日《湘案与大局》（第1张第3版）载："宁交通队今午移芜湖"。8日《维持中央威信之道》（第1张第3版）载："驻徐之第一师徐庭瑶旅今日开到浦口"。9日《刘峙携眷到南京》（第1张第3版）载："庚（八日）有四舰溯江游弋，第一师到浦。刘峙携眷到宁。第五师一部由沪运宁。"等。

对于蒋介石筹集军费问题，《大公报》也有披露：

因军事预备而发生之筹款问题，自三月一二日以来，财部已竭力在沪进行，拟以淮岸盐商近月内期票、麦粉一年内特税、淮商验票费、精盐捐、卷烟税余款，为第一担保，编造公债票票面二千万元为第二担保，向沪上各银行号暂借一千万，分月归还。闻向银钱号接洽数目，为中国银行三百五十万，交通一百五十万，中央一百万，钱业工会一百五十万，四明兴业中南中国实业等有发行权银行各三十万，其余各商业银行上海金城浙江实

---

① 《湘事纠纷记》，《大公报》1929年3月11日第1张第3版。
② 吴淑凤编注：《蒋中正"总统"档案·事略稿本》（第5册），台北："国史馆"，2003年，第148—149页。

業盐业大陆通商中孚江苏等分担一百三十万。因抵押尚属确实，不无成功希望。截止本日，各种准备，似渐告段落。①

《大公报》不仅将蒋介石筹集军费的数目披露出来，甚至还将各银行分担的具体情况都作了说明。军费的筹集显示出蒋介石对武汉用兵不但具有决心，而且是精心筹划的。

对于蒋介石积极准备用兵情况，《大公报》不以为然，认为政府处置湘事，应自有权衡，升黜赏罚，应依常轨，如因对地方官吏为合法处分，而须调兵遣将，假实力为后盾，则与武汉政分会以武力驱逐鲁涤平并无不同，如因处分湘案责任者，而对其所部军队，进行讨伐，认为军队为军人所私有，则更为错误。因此，《大公报》表示，不愿"崭新之国民政府"，重蹈军阀政治之覆辙，希望政府慎重处理湘事，避免发生"不详之战祸"。对于湘事之处理，《大公报》也表达了自身的观点：

> 吾人为政府计，始终宜以公正严肃态度，责成蔡李诸公查办此案，果有可恕，不妨从宽，果有不合，毋庸姑息。凡事有法律作根据，举措依舆论为从违，其精神的权威，已远在调兵遣将之上。毋取乎准备实力，示人不勇。且政治解决，乃所谓不战而屈人之兵，政府今日所宜注意者也。②

其他媒体也有同样的呼声。例如，《民国日报》就发表社论，不赞同因湘事而动武：

> 我们所担心的，是因着星星之火而酿成不幸的事件。我们应该知道：现在这蓬勃有生气的中国，不是容易成功的，是牺牲了多少革命军将士的生命，牺牲了无数革命民众底血肉才造成就的。从辛苦艰难中得来的成绩，要

---

① 《维持中央威信之道》，《大公报》1929年3月8日第1张第3版。
② 《社评：湘案善后》，《大公报》1929年3月6日第1张第2版。

是断送在无意义的斗争里，那当然是最痛心的了。①

湘事发生后，李宗仁等人自觉理亏，不断表明服从国民政府的态度。早在2月25日，李宗仁即由上海致电南京中央，在指责鲁涤平，认为鲁"自应撤惩"的同时，指出武汉此次紧急处分，不及候中央核准，"遽令各师入长（沙），未免操切"，本人虽不在汉，但"咎无可辞"，请中央予以处分。②3月4日，李宗仁在上海发表谈话，表示"拥护蒋主席，促进统一"。③5日，李宗仁又致电蒋介石，"盼始终亮察，持以镇静。"④此外，白崇禧也在3月4—6日多次致电胡汉民等人，"请设法稳定大局"，称"两湖必能听命中央"。⑤

蒋介石对于李宗仁等人的表示，并不谓然。他在3月7日致李宗仁函中称，"中央为防范计，且为威信计，不能不调度军队作正当之护卫。"⑥因而，蒋介石仍积极调兵遣将，做好战争准备。

8日，李宗仁致电南京中央，请辞国民政府委员职务。电中既对自己有所辩护，也对蒋介石表达了强烈的不满："各集团军整饬所部，不少先例。奉令查办，尚未执行，下游竟有军事行动。革命军队本为救国救民，岂可因局部细故，劳师动众。日来传闻裁兵公债，业移作战费。如果属实，良用痛心。"⑦

李宗仁辞职后，《大公报》发表社评，认为武汉政分会之处分湘事，虽为不当，但李宗仁等人一再表示服从中央，以致引咎辞职，因而今日亟务，只在中央迅速发表解决湘事之办法，"此外不应有其他纷纠在也"。并再次表示反对蒋介石用兵讨伐：

① 《社论：怎样才能遏止谣言的发生》，《民国日报》1929年3月7日第1张第4版。
② 《湘事待决于中央》，《大公报》1929年2月27日第1张第2版。
③ 郭廷以编著：《中华民国史事日志》（第2册），台北："中央研究院"近代史研究所，1984年，第437页。
④ 《李宗仁电蒋奸人流言盼持镇静》，《大公报》1929年3月6日第1张第3版。
⑤ 黄嘉谟：《白崇禧将军北伐史料》，台北："中央研究院"近代史研究所，1994年，第475—477页。
⑥ 《蒋声明只求维持威信》，《大公报》1929年3月10日第1张第3版。
⑦ 《湘事解决待李济深》，《大公报》1929年3月9日第1张第3版。

对内用兵，在任何政体任何时代，皆为可耻，盖足证明政轨之未立，及法律之失灵，且一日有用兵必要，即一日未真正统一。故除非有割据地方叛国抗命之人，国家兵力，断不对内使用。……武汉政分会既错误，则应速依法纠正其错误，使其不服纠正，为国家法纪计，任何手段，固宜不辞，若既发表服从，则当然无用兵之理。①

13日，《大公报》甚至对蒋介石调兵遣将，准备讨伐武汉方面的合法性提出了质疑：

总司令虽总师干，有权征调，然而大刑用甲兵，与前此拜命专征勠力杀贼者究有区别，其须询谋佥同，决诸公议。……以蒋氏平日敬老守法，其所以自处者，向有轨度，则最后手段之执行，自须在中央一种会议之后。②

三、"中政会解决"

3月13日，南京中政会开会，由蔡元培、何应钦、李济深三人提出查办湘事结果。会议议决将武汉政治分会委员张知本、胡宗铎、张华辅免职，交中央监察委员会议处；李宗仁准免查办。会议同时议决各地政治分会应于3月15日前裁撤。第二天，胡宗铎三人致电国民党中央，表示服从中政会决议。③

对于湘事由中政会解决，《大公报》极为称赞："查办员昨晨甫到南京，而震动全国之湘事责任问题，已于数小时内，宣布解决，一天风云，登时消散，可谓大局之幸事矣。"并认为，此项办法，为一般预料中之最轻处分，就实质言，等于未加处分。因为认定湘事负责任者，只限于张知本、张华辅、胡宗铎三人，范围可谓极小，而对负责者之处分，只限于政分会委员

---

① 《社评：中央宜速发表解决湘事办法》，《大公报》1929年3月10日第1张第2版。
② 《社评：濡者事之贼》，《大公报》1929年3月13日第1张第2版。
③ 魏宏运：《民国史纪事本末》三（上），沈阳：辽宁人民出版社，1999年，第243页。

之职，性质可谓极轻；议决各地政分会，限3月15日以前一律撤销，因而中政会对张知本等三人之处分，实质上是无所谓处分。《大公报》据此作出了极为乐观的判断："若大问题，如此解决，中央之宽大和平，可谓充分表示，凡忧虑或将引起局部兵事者，睹昨日中政会之决议案，必可完全放怀"，因此中政会之决议，"优有定政局安人心之效矣"；此外，《大公报》还据此对蒋介石一直准备采取军事行动的做法提出批评："旬日以来，军队运输之费用，及刺激人心停顿事业之代价，已不知数十百万，而结果轻松简便如此，是则证明近日之紧张，并非必要，而主持中央者，反不免负轻率之咎矣。"①

其实，13日之中政会并没有真正解决湘事。14日蒋介石仍电令朱培德整饬所部"积极进行"，并要求务必于20日前准备完毕，以"努力杀敌"。② 而武汉方面，胡宗铎等虽表示服从中央，但仍积极进行军事，叶琪部也继续进攻谭道源部。③ 3月15日，国民党第三次全国代表大会开幕，蒋介石发表告党员书，前所未有地对武汉方面进行公开指责：

这一次的湖南事件，完全表现出地方反抗的态度。五中会议明白的规定政治分会不能任免他们辖区内的人员，而武汉政治分会竟擅自任免湖南省政府主席和全部委员。编遣会议决各地部队不得编遣会命令不能擅自调动，而离编遣会议不到半月，武汉竟调动军队，扰乱湖南江西。湖南事件发生之后，政府即明令制止军事行动，并且命令各驻防区听候查办。而武汉竟置中央命令于不顾，仍旧进击湘西，至今有进无退。如此真是服从其名，而反抗其实。④

---

① 《社评：湘事已由中政会解决》，《大公报》1929年3月14日第1张第2版。
② 吴淑凤编注：《蒋中正"总统"档案·事略稿本》（第5册），台北："国史馆"，2003年，第172—173页。
③ 《中政会解决湘事之后》，《大公报》1929年3月18日第1张第3版。
④ 吴淑凤编注：《蒋中正"总统"档案·事略稿本》（第5册），台北："国史馆"，2003年，第184页。

据此，《大公报》认为，"讨伐之役，势将不免"。①

蒋介石在准备军事讨伐的同时，还实施了"扶唐倒白"的计划。他派与唐生智关系密切的刘文岛去上海，请唐出山，让其秘密潜往平津地区接收旧部。② 蒋介石此举使白崇禧在军中无法立足，不得不"潜踪走沪"。就在白走唐来的同时，北平天津等地开始出现欢迎唐生智东山再起的标语。对此，《大公报》表示极为不解："此种迎唐呼声，是否为国民政府所允许。使未许也，何以公然发生，使已许也，再起负何任务。此皆不可知也。"对于昔日军阀时代"今日联乙倒甲明日联甲倒乙之阴秘与不测的现象"，又发生于革命的统一政府之下，深表担忧。《大公报》认为，有局部用兵必要时，应当遵循党国现制与正当之轨道，绝对地以光明正大之方法进行，如此则虽局部一时痛苦，全局不致牵动。③

3月21日，蒋介石将进京调停的李济深扣押。之后，李宗仁秘密离开上海前往广州。湘事善后完全失败，战争已不可避免。

四、"李济深有被扣之道"

扣押李济深是蒋介石发动蒋桂战争的一个重要步骤。李济深被扣后，《大公报》于23日报道了此事，认为蒋介石扣李的原因是"李济深与汉方有无线电往来"。④

24日，《大公报》记者专程前往汤山，试图访问被扣于此的李济深。由于"非得蒋许可，不得见李"，记者改访吴稚晖与张静江，但入门时刚好碰到李济深。当时李"由客室出，着黄色长袍，态度安闲"，见记者点头招呼，"但未能谈话"。据值班副官称，"李氏居此甚适，日与张吴下棋看书。"在访问吴稚晖时，吴表达了对蒋介石的不满："自李济深事发生后，欲集中人才

---

① 《讨伐声与和平声》，《大公报》1929年3月21日第1张第3版。
② 张同新：《国民党新军阀混战史略》，哈尔滨：黑龙江人民出版社，1982年，第254页。
③ 《社评：时局杂感》，《大公报》1929年3月20日第1张第3版。
④ 《处分武汉之第一步》，《大公报》1929年3月23日第1张第3版。

于中央，将不可能，因无形中已见分歧。"①

27日，《大公报》发表社评，对"李济深事件"提出质疑：

李于党为中执委员，于政为国府委员，兼参谋总长。依党国轨道论，倘对如此之人加以任何处分，要须具有党国两方依法决议后之命令，而今未之闻。说者或曰此军事时代，不可以常轨论，然据吾人记忆所及，国军之战时机关，甫于三月十五日一律取销。是则若因非常处置，必须由党国另授大权于某机关而后可，否则未见其为适也。②

《大公报》认为处置像李济深这样的重要人物，应"依党国轨道"，至少必须由党国"另授大权于某机关"，否则为不适当，从而对蒋介石私自扣押李济深的行为提出了质疑。

蒋介石扣押李济深不久，冯、阎、广东等方面均积极表示拥护中央，并痛诋武汉政治分会的做法，基本上形成了全国一致讨桂的局面。例如，冯玉祥24日电复蒋介石："已准备出兵五师，三师集中信阳，听候中央调遣。"当日，粤方陈铭枢在香港表示："为促进和平计，只宜冷静斡旋，万无自为戎首而迫天下于不得不战之理"。③张学良在26日前后复冯玉祥、阎锡山的通电中也公开表示"东北军永久服从中央命令"，"东北军若行出动，以定国乱，必须奉有蒋主席之命令。"④29日，阎锡山电中央党部及国民政府，称政府讨伐桂系，实具苦衷，"锡山素以拥护中央、维持和平为职志，遭兹事变，义当整饬所部静候命令。"⑤

在举国一致讨桂的局面下，《大公报》的言论也开始发生较大变化，其

① 《汤山访问记》，《大公报》1929年3月26日第1张第3版。
② 《社评：政局之根本救济》，《大公报》1929年3月27日第1张第2版。
③ 韩信夫，姜克夫主编：《中华民国大事记》第2册（1923–1929），北京：中国文史出版社，1997年，第969页；《讨伐令下后昨尚无战讯传来》，《大公报》1929年3月28日第3版。
④ 《张学良电覆冯阎》，《民国日报》1929年3月28日第2张第3版。
⑤ 韩信夫，姜克夫主编：《中华民国大事记》第2册（1923–1929），北京：中国文史出版社，1997年，第973页。

立场逐渐与南京中央保持一致。4月1日,《大公报》以"李济深有被扣之道"为标题载文,向读者披露了李济深被扣的原因:

李实亦有被扣之由。桂系加入革命,李济深最早,与蒋关系不能算浅。在出师北伐之前,蒋倚畀甚重。但自北伐完成以后,李态度渐骄,对蒋不若前之恭顺。今年一月,编遣会议后,各军首领如冯如阎及两李,均在京。冯阎之出京,事前皆商得蒋同意,独李济深飘然行,及到沪,方有电致蒋,报告已行。当时编会决定,各地军财政,均须交还中央。以理言,李自当遵行,但李回粤后,对粤财政机关,并不交出。蒋数电李促其来京,李未一复。后中央委李民炘任管理粤财政,李亦不接事。故粤省财政,中央迄不得过问。济深来京后,中央又促李接事,并电令粤财政厅解款。粤财厅电李请示,李济深复电,谓军饷不敷,不能解京。此电曾为蒋方查出,此一事也。济深到京后,首都卫戍部公安局即奉令防李出走。李居参谋本部时,蒋派四副官六卫兵,监视其行动,凡入见李之客,必由副官经过。一日李民炘入谒李,不经副官手,与济深密谈良久,而出。传李曾亲书交民炘携沪交李宗仁,令粤出兵,此又一事也。蒋方近查出李等向某国购买军火五百万,秘密运粤。蒋认李等图谋不轨,昭然若揭,讨伐不能再缓。二十一日之晨,蒋召李至总司令部谈话。李既到,蒋出所获电信示李,诘其何故出此,谓既然如此,只有请暂屈留此间。①

综合来看,《大公报》认为李济深态度傲慢、把持财政,购买军火、图谋不轨、令粤出兵、背叛中央,无疑对蒋介石的扣李做法予以默认乃至肯定。

3月27日前后,上海一度谣传李济深在京被枪决。《字林西报》甚至刊载了李济深被杀的情形,并加以评论。其中称李为国民政府委员、中央委员、出席三全大会代表、参谋总长,一般立宪国家,对开会期间之议员,不得逮

---

① 《李济深有被扣之道》,《大公报》1929年4月1日第1张第3版。

捕。李出席三全会，居然被捕杀，保障何在？①

3月30日，对于李济深的"被杀"，南京方面由何应钦出面辟谣，称"李与吴稚晖现仍住汤山俱乐部"，报载消息纯为小人造谣。②

《大公报》对此消息也极热衷追根究底。31日，《大公报》记者再访汤山。由于非经蒋介石特许，外客不得见李，《大公报》记者仍然采取了前次访问时的方法，即名义上访问吴稚晖。此次记者再次见到李济深。李"精神尚好，态度亦甚安闲，身衣黄色棉袄，足着双量鞋"，甚至与记者握手。记者并求得李济深之墨宝，以证明外界传闻之"绝对不确"：

> 昔人云，有子万事足，无官一身轻，余今日竟得尝此中好滋味矣。
> 李济深　三月三十一日③

《大公报》极力追踪李济深"被杀"的线索，自然是出于对新闻的敏感，借以满足读者的好奇心，但也从另一方面淡化了蒋介石扣押李济深这一事件本身的严重性。

五、讨桂战争

3月26日，蒋介石签署国民政府令，以李宗仁、李济深、白崇禧等人反抗政令、背叛主义、破坏统一为由，将李、李、白等三人免职查办。27日，蒋介石为讨伐桂系发表告将士书。其中罗列桂系投机取巧以扩张一系势力、阴谋毒计以消灭革命武力、挑拨离间以分裂革命袍泽、贪残掠夺以剥削民众利益、违背中央以破坏中国统一五项罪名，要求痛加讨伐，上以肃国家之纲纪，下以除民众之祸害。④29日，蒋介石自南京赴九江督师，战争正式爆发。

《大公报》对蒋桂关系破裂的原因进行了分析：从近因上讲，自然"为

---

① 《汤山访李详记》，《大公报》1929年4月5日第1张第3版。
② 《沿江大战在数日间》，《大公报》1929年3月31日第1张第3版。
③ 《汤山访李详记》，《大公报》1929年4月5日第1张第3版。
④ 《蒋告将士书全文》，《大公报》1929年4月3日第1张第8版。

湖南事件"，从远因上讲，则是三年来党务上之纠纷，与北伐战后关于军事问题之无彻底办法。"反共清党"以来，党务支离破碎，党的精神力量也未能充分表现于中央，而以军属党之严格的精神，也随"反共清党"而丧失，军权重心仅集中于数个最高军事长官，出现巨头化少数化现象。《大公报》认为，一切病根，均在于此。[1]

对于战争的进展，《大公报》也作了比较准确的观察，认为形势对桂系极为不利：

> 湖北方面，终难自守，讨逆军事，可以乐观。缘桂系军队之在湘鄂间者，为数固甚多，但鄂与两粤之联络上，极为恶劣。鄂粤之间，中梗湖南。何键非但不能听从桂系，且有危及后方之虞。冯部既声言加入讨逆，鄂北不能不防。以湖北一地当三面之师，且与桂系根本地之两粤隔绝，在军事上极为不利。[2]

事实也正是如此。蒋介石出师不到一个星期时间，中央军即已击溃桂军，收复武汉。

对于桂系失败的原因，《大公报》从军事与政治两个方面作了深入的分析。从军事上看，主要有五个原因：其一，武汉桂军，"不足八万"，而战线则"自湘鄂境起以至武胜鄂北"，处三面受敌之中，"纵令能战，亦难持久"；其二，因李（宗仁）白（崇禧）不在汉，一切均由胡（宗铎）陶（钧）主持，"胡陶为人粗暴无谋，部下不甚信服，鲜肯效死"，李明瑞部"且以衔胡陶故，在黄陂反正"，可见其内部不团结；其三，胡、陶最初希望两粤出兵，声援湖北，而两粤之兵尚未集中，粤局已先变，"桂鄂部队，隔绝不能联"，导致在鄂桂军，无法支持；其四，桂军军事计划，原在进入赣湘，与鄂联合作战，而"蒋氏军事布置神速"，不等桂军布置完成，即已"予以重大之压

---

① 《社评：政局之根本救济》，《大公报》1929 年 3 月 27 日第 1 张第 2 版。
② 《蒋主席出征之一瞥》，《大公报》1929 年 4 月 5 日第 1 张第 3 版。

迫"；其五，海军力量，在国内作战，"向著威力"，尤以在长江方面为最，此次陈绍宽率领各舰，先陆军而西进，陆军得其掩护，"收功甚巨"，"桂军无此助力，沿江作战，处处吃亏，且无险可守"。从政治方面来看，《大公报》认为"桂系尤有失败之道"：桂系一向反汪（精卫），但是为了联冯（玉祥）抗蒋，却不惜向冯表示愿意拥护汪并欢迎其回国。《大公报》认为，桂系与汪"无合之可能"，而桂系于事急之际，放弃历史上之关系不顾，"徒欲以此饵冯与桂合作"，这种非出本心之行为，可以视为纯粹之投机，毫无政治运用可言。因此，桂系之失败不可避免。①

值得注意的是，前述《大公报》立场的变化在蒋桂战争中也有所表现。尤其是蒋介石下达讨桂令后，《大公报》在新闻用语上出现了比较明显的变化。在北伐胜利之初，《大公报》曾呼吁将封建割据式的权利思想，根本铲除，"所有蒋军冯军晋军桂军与夫黄埔系保定系士官系种种派系之名，自今以后，均应立予消灭，不得见之官文章，不准登诸各报纸"。②此后《大公报》也一直秉承此种思想，在报刊用语中坚持不用"派"与"系"等字样。但是在蒋介石对桂系下讨伐令后，《大公报》在新闻用语中开始使用"桂系"一词，后来甚至还使用了"桂阀"一词，其他如"讨逆"、某某"反正"等词语也经常用到，明显地带有一定的倾向性。

4月初武汉收复后，《大公报》的评论更能体现这一倾向性。例如，"桂系军人，志大才疏，政治军事，两皆失著，今受此创，决非意外。"③再如，"此次讨桂军事，成功之速，牺牲之少，逆部反正之勇，阀魁统制之弱，在中国内战史上，皆足打破纪录，创辟新例。此殆党国之威灵，尤征主帅之谋略。"④

---

① 《桂系之败因：从军事论到政治》，《大公报》1929年4月12日第1张第3版。
② 《社评：国民战争成功后之精神》，《大公报》1928年6月12日第1张第1版。
③ 《社评：武汉收复与永久和平》，《大公报》1929年4月6日第1张第2版。
④ 《社评：桂系失败之教训》，《大公报》1929年4月14日第1张第2版

第二节　蒋冯战争

1929年3月22日，《大公报》为蒋桂之间的冲突作过如下评论："在一党训政之下，既有发生大规模战事之可能，有一即可再，有再即可三，谁能保证此为最后一幕耶。诚恐第一幕尚未揭开，而第二幕已准备开演矣。国民所深恶痛绝之连台全武行剧，大有在一党训政下复活之可能。"[①] 对于时局的发展，《大公报》的确具有敏锐的洞察力。蒋桂战争刚刚结束，蒋（介石）冯（玉祥）之间关系即现紧张。

一、谣言与辟谣

在蒋桂战争中，蒋介石为了争取冯玉祥的支持，曾许诺将来由冯玉祥出任行政院长，两湖地盘划归西北军，并答应尽快交涉山东问题，将来山东也完全由西北军控制，满足冯玉祥长期以来想有一个出海口的愿望。[②] 桂系失败后，蒋介石却拒绝兑现自己的诺言。由此，蒋冯关系出现紧张。

蒋冯关系呈现紧张的同时，京沪间即有谣言称蒋冯之间即将动武。《大公报》即指出"日来京沪间谣诼，复继讨桂之役而起，其对象为何，吾人不愿明述。"虽不愿明述，但却提供了一种观察：

武汉克多日矣，讨逆军总指挥及军长，尚见增加。今桂军残部所余只胡陶及叶琪一部，夏威部全师反正，夏部只剩一特务团，近虽有由鄂西入川，与杨森联合之报，然此只派遣偏师，追剿而已足，固不必需乎全力。[③]

这无疑说明蒋介石即将对冯玉祥采取军事行动。

对于蒋冯关系的谣言，冯玉祥于4月13日首先通电辟谣："切望邦人君

---

① 《社评：沪商界之和平声》，《大公报》1929年3月22日第1张第2版。
② 张宪文等著：《中华民国史》（第2卷），南京：南京大学出版社，2006年，第65页。
③ 《讨桂以后时局若何？》，《大公报》1929年4月14日第1张第3版。

子万勿迳听谣言，任其挑拨，诚国家之戚于无穷也。"并表示要"同心同德，拥护中央，拥护蒋主席，促成早日实行裁兵，以谋国家之利益，人民之幸福。"①

就在冯玉祥通电辟谣的同时，又有人捏造苏俄东方政治分会2月10日致驻外各临时分会及军事分会训令。其中"对华部分"称，苏俄将与冯玉祥合作，支持冯玉祥向天津浦口两方面发展；冯玉祥集合大部于山西边境，进取山西；鲍罗廷将帮助冯玉祥实施军事计划；冯玉祥将以全部兵力解决山东问题；等等。② 这无疑是在宣称冯玉祥是苏俄的代理人。对此，冯玉祥曾专门致电蒋介石，要求派员彻查此事。③

蒋介石也复电冯玉祥，对冯的请求不予处理："我辈患难与共，相知尤深，此等伪造文字，故意挑拨，显系别有作用，同人均甚明了，我兄幸勿置怀也。"④

对于蒋冯关系的谣言以及由此带来的时局危机，《大公报》作了一个比较隐晦的分析：

桂系既消，国中所余足为问题者，关东公子虽为慕容伟结姻娅于符坚，非地域较远，且定都南中，影响亦少，翩翩平原，仅知好客，故必无问题。蒲城重耳，阅世既久，晚年得国，实已满望，时至则伐狄侵燕，不然则退保三晋，亦足称霸，故与人无争也。独华山大树，盘根秦陇，婆娑齐鲁，十寻古干，上凌霄汉，牧童樵子，过而仰之，辄疑枝祟叶怪，白昼吃人。况体大则阴天广，根深则入土厚，有人以为利而便于我者，亦必有人以为不利而不便于我者。此人情所不能免，而当事者乃于不知不觉中间成为社会心目中认为时局之中心问题焉。⑤

① 中国第二历史档案馆编：《中华民国史档案资料汇编》第5辑第1编军事（2），南京：江苏古籍出版社，1994年，第2页。
② 《骇人听闻之捏造文件》，《大公报》1929年4月20日第1张第3版。
③ 《冯在潼关将回郑晤蒋》，《大公报》1929年4月20日第1张第3版。
④ 《冯仍在潼关》，《大公报》1929年4月26日第1张第3版。
⑤ 《时局纵横谈》，《大公报》1929年4月25日第1张第4版。

符坚和慕容伟分别是五代十国时期前秦与前燕的皇帝。符坚灭掉前燕时，慕容伟将其妹妹清河公主送给符坚，以保住自己的性命。重耳是春秋五霸之一的晋文公，蒲城是其早年的封地。这里《大公报》将关东公子张学良比作慕容伟，将阎锡山比作蒲城重耳，将冯玉祥比作"华山大树"，认为张学良与阎锡山都不是问题，只有"华山大树"体大根深，不免为人所疑惧，成为时局之中心问题。

《大公报》认为，蒋冯关系"如草纸之包火种"，外面虽"不见焰上之迹"，而"星星内酝，积之既久必至燎原"。并指出，"今日之蒋居国家领袖之地位，诚有转危为安转祸为福之职责。□者之为国，固不以能赫赫以上人能威武，以灭异己为至道，以能潜孚默运举生民于水火而措之袵席为足称也。"① 可见，《大公报》希望蒋介石能容纳异己，避免内战，救民于水火。

二、胶济接防问题

北伐期间，攻占山东功勋最著者为西北军孙良诚部，孙也因此获授山东省政府主席一职。因为当时济案尚未解决，日军占据济南及胶济线，孙良诚不得不开府于泰安。1929年3月26日，中日双方经过谈判，终于达成协议，决定从4月10日起由中方分段接收胶济线：第一步先接收济南至博山一段，第二步再接收博山至青岛一段。② 蒋介石在3月争取冯玉祥讨桂时曾致电山东省政府主席孙良诚，要求其对山东军政善后全权负责。济案结束后，对于胶济路的接防，孙良诚也比较积极。4月5日，接防济南之孙良诚部即已进至济南外围之党家庄，准备于16日实施接收。

12日，正当孙良诚即将接收济南时，蒋介石却改变原议，反对山东分段接收办法，主张由中央统筹办理，作整个的接收，命军政部转知孙良诚缓入济南，并令外交部长王正廷与日使芳泽接洽，以中方接防胶济准备不足，要

---

① 《时局纵横谈（续）》，《大公报》1929年4月26日第1张第4版。
② 张宪文等著：《中华民国史》（第2卷），南京：南京大学出版社，2006年，第65—66页。

求日军缓撤。

蒋介石变分段接收为整个接收，《大公报》认为此举"对内对外，俱受若干影响"，因而对此相当不满：

国府既有统治大权，中政会立法院等制定法律条例，又极便利，诚所谓要如何便如何者，以如此大权在握之当局，办如此事关国际，与一省治安之紧急事件，而何以凌杂与暧昧如此哉。天下本无事，庸人自扰之，或不啻为今日之衰衰诸公咏矣。[1]

由于改变接收计划，导致驻济日军未按照原定计划撤离。《大公报》更是指出，日军缓撤导致中国损失有三："曰外交上之难堪，曰暴露政治的弱点，曰增加山东人民之苦痛与恐惧。"并指出，因准备不足而临时变更原议，"最少亦暴露行政上之矛盾与缓慢"。[2]

在对蒋介石整个接收办法表示不认可的同时，《大公报》又详细分析了分段接收办法的可行性：

夫接收胶济沿线之方法，惟有从济南以火车运兵，节节东下，为最便利而安全。否则须从南北两方陆路运输，且须击破一切杂牌军匪，如此则需兵甚多，费时极久。是以为便利计，委员团之办法，大致可行，即先接收济南博山，一面火车运兵，节节东进。胶济长八百里，则接防势必发生先后。不然，陆路运兵，预在此八百里间，节节屯驻，同时接收，则谈何容易哉。[3]

事实也正如《大公报》所言，整个的接收比较分段接收难度大，事实上也不可能。24日，蒋介石又以国民政府名义，对胶济沿线实施分段接收。要求所有济南以东至潍县以西地区，由孙良诚部程心明师及杨虎城师接防，潍

---

[1] 《社评：胶济接防问题如何》，《大公报》1929年4月16日第1张第2版。
[2] 《社评：日本撤兵竟展期》，《大公报》1929年4月18日第1张第2版。
[3] 《社评：山东接防问题之真相》，《大公报》1929年4月21日第1张第2版。

县及潍县以东一带另派刘珍年师与方振武师分别接防，并由政府派遣宪兵驻扎青岛及胶济铁路沿线车站。

重新实施分段接收，只让孙良诚接收济南以东至潍县以西地区，这就剥夺了孙良诚接收胶济全线的权力。蒋介石这样做，就是不愿让冯玉祥的西北军完全控制山东。

4月25日，孙良诚电京请辞山东省政府主席一职，随即率部回豫。孙良诚辞职后，蒋介石立即派陈调元负责接收济南，并在5月3日以国民政府名义委派陈调元为接收青（岛）济（南）特派员，兼代山东省政府主席，山东所有军队，归其节制。

对于在接收胶济沿线政策上的变化及由此导致山东政局的急剧变动，《大公报》并没有作深入的分析，只是从山东形势的实际出发，认为孙良诚在实际上并不具有负责处理山东军政善后之全权，因而"其辞职动机如何姑不论，要其不堪负责，则事实诚然。"[①] 陈调元则显然与孙良诚不同，陈不仅具有接收胶济线之全权，还能节制全省军队，负责处理山东军政善后。因此，《大公报》认为陈调元受命，"为外交内政之计，此乃事实所必须，国民政府此令，可谓得当。"[②]

三、蒋冯决裂

孙良诚辞山东省主席后，前第二集团之驻京各级人员于27日全部离京，其中军政部次长鹿钟麟、航空署署长熊斌等人自南京赴上海。一时局势趋于紧张。

出人意料的是，在蒋冯双方正式决裂之前，出现了一个短暂的缓和时期。《大公报》对此作了详细的记载。

5月4日记载：孙良诚辞职后，蒋介石即致电冯玉祥，劝孙回任；冯玉祥在复电中表示鲁省接防，责任重大，孙良诚有病不敢负责，且鲁省杂色军队

---

① 《社评：今后之山东》，《大公报》1929年4月30日第1张第2版。
② 《社评：国军实现接收济南》，《大公报》1929年5月6日第1张第2版。

太多，孙辞职表示退让。① 此外，蒋介石命薛笃弼再赴华山，请冯劝孙回鲁主持鲁事，并盼冯早日赴南京，"濒行复命贺耀组赴豫谒冯"。②

5月5日记载：蒋介石召冯系刘治洲谈话，表示与冯玉祥始终合作，并说明派陈调元代鲁主席，系权宜之计，中央仍望孙良诚回鲁，并望二集团离京人员回京供职，同时"嘱冯即来京"，担任军政部长。③

5月7日记载：蒋介石派刘骥赴上海，劝鹿钟麟回南京。冯玉祥认为孙良诚未得中央命令轻率离鲁，颇为失当，望国民政府议处，以维威信。④

5月8日记载：蒋介石表示对孙良诚力主宽大，"不主议处，惟盼孙短时期内来京，面加开导。"⑤

5月12日记载：冯玉祥10日电蒋称，已令孙良诚赴京请罪，鹿钟麟等人在沪休息并无他意，并请蒋继续派员来潼关；蒋则"请冯觅代军部人选，于刘骥刘郁芬二人中，择其一。"⑥

除《大公报》外，其他报纸对此缓和局面也多有记载，如《申报》的《贺薛刘昨日同抵京》（1929年5月6日第4版）、《薛笃弼之时局谈》（1929年5月6日第4版）、《蒋冯间毫无隔膜》（1929年5月13日第4版）等，均传达出蒋冯之间并无多大问题。

基于对蒋冯双方你来我往，《大公报》对时局表示了谨慎的乐观：

孙良诚弃职离鲁一幕，引起不少谣言，连日因各方面要人之周旋，蒋已表示宽大为怀，冯亦表示服从到底，似中原大局，又可望化险为夷。⑦

可惜的是，中原大局并未化险为夷。在看似缓和的局面之下，蒋冯双方

① 《蒋已于昨晨返京》，《大公报》1929年5月2日第1张第3版。
② 《蒋电冯问病促入京》，《大公报》1929年5月4日第1张第3版。
③ 《蒋盼冯入京甚切》，《大公报》1929年5月5日第1张第3版。
④ 《首都传时局已稳定》，《大公报》1929年5月7日第1张第3版。
⑤ 《时局视线移向广东》，《大公报》1929年5月8日第1张第3版。
⑥ 《冯请蒋多派员到潼》，《大公报》1929年5月12日第1张第3版。
⑦ 《社评：粤桂形势紧张》，《大公报》1929年5月8日第1张第2版。

均在积极部署，以做好军事对抗的准备。冯玉祥采纳石敬亭、刘骥的建议，准备将部队完全撤回陕西，认为只有"缩回拳头"，打出去才有力量。①因此，原在山东、河南等地的西北军开始向西集结于潼关、华阴一带。此外，冯玉祥还令部队从信阳、襄樊撤退时炸毁武胜关隧道，截断铁路，以阻碍蒋介石方面进军。对于冯玉祥破坏路轨桥梁，《大公报》曾有消息称："此次豫军破坏路轨桥梁，程度殊甚，漳河马牧集等处桥梁各两三座，枕轨各百数十，武胜关隧道一处，损失即达二百万，统计路的损失约一千万。"②蒋介石则在5月10日令第五路军唐生智部自平津向冀南开动，又令武汉军队向平汉路开动，驻鄂各军均归刘峙指挥。11日，蒋介石决定对冯战斗序列，"战时以何（应钦）参谋总长兼代总司令，行使职权，右翼军总指挥刘峙，前敌总指挥顾祝同，……左翼总指挥朱绍良，前敌总指挥张发奎。"③短暂的缓和局面迅速终结。

5月15日，西北军刘郁芬、宋哲元、孙良诚、韩复榘等通电拥护冯玉祥为护党救国西北军总司令，指责中央外交、三次代表大会及用人不当，要求蒋介石去职。同日，冯玉祥致电蒋介石，针对蒋介石邀其入京，消除误会的说法，反唇相讥："李任潮为蒋公前参谋总长，以息事宁人入京，旋即遭禁；李德邻、白建生，均与蒋公久共患难，军事甫定，生忌生变。李、白诸公如此，其余可知。"④

17日，何应钦在汉口演说，称"豫陕甘三省，因长官未受相当教育，民众知识有限，现在几乎完全被苏俄利用，此非但政府亟应注意的问题，实四万万同胞存亡问题，我们为同胞计为人类计，对三省应极力拯救。"⑤

20日，蒋介石在国民政府纪念周上更是表示，"中央自信有力量可平定

---

① 陈森甫：《细说西北军》，台北：德华出版社，1973年，第473页。

② 《盘马弯弓之新时局》，《大公报》1929年5月19日第1张第3版。

③ 吴淑凤编注：《蒋中正"总统"档案·事略稿本》（第5册），台北："国史馆"，2003年，第508页。

④ 中国第二历史档案馆编：《中华民国史档案资料汇编》第5辑第1编政治（2），南京：江苏古籍出版社，1994年，第701—702页。

⑤ 《时局新幕殆将揭开》，《大公报》1929年5月18日第1张第3版。

一切之叛逆，决不使党国基础动摇。"① 蒋冯决裂已无可挽回。

23日，国民党中央常务会议议决永远开除冯玉祥党籍，革除其中央执行委员、政治会议委员、国民政府委员等职。次日，国民政府以背叛党国名义令褫去冯玉祥本兼各职，"协缉拿办"。当日蒋介石发布告西北将士书，历数冯玉祥罪状；并表示通缉只限于冯氏一人，诸将士"概不与焉"，希望"诸将士凛然于公私之界，顺逆之辨，反正效顺，保持既往之功绩，发揭革命之正义，中央必依诸将士为干城，共图完成革命之大业。"②

对于讨伐冯玉祥，《大公报》表现得比较平静，认为"今日之事，社会虽认识其重大，而并不震惊。盖两月以来，裂痕日显，人人料其必有今日。"希望"解决从速，勿令全国陷于大乱"。③

四、决裂之原因

蒋冯决裂后，《大公报》尤为注重分析蒋冯决裂的原因。《大公报》认为，蒋冯决裂的直接原因主要有三个：其一，财政原因。因为处于"贫瘠灾乱之豫陕甘三省之地"，二集团待遇不如一集团，冯玉祥希望中央予以接济，并要求与一集团军同等待遇。"此项呼声，不自今日始，似当攻克北平之前，即有表示，不过迄于今日，此事乃成为绝大之问题，并为破裂之重要原因。"其二，讨桂军事。在蒋桂战争中，冯玉祥与桂系关系，始终未断。"冯意俟蒋桂军力疲敝，再乘机取新手段。"不料桂系迅速失败，冯之原定计划，受到顿挫，良机已失，个人地位也因此受到威胁。冯唯恐继桂系而被打，因而一直在寻求如何自存及应付之方。其三，山东问题。当讨桂军兴时，蒋为争取冯玉祥出兵，"许以山东与冯"。事后蒋则拒绝兑现承诺，在山东接防问题上"以孙良诚分段接防办法不妥，重定办法，而以方振武刘珍年接防胶青"，

① 《对豫一幕尚未揭开》，《大公报》1929年5月21日第1张第3版。
② 吴淑凤编注：《蒋中正"总统"档案·事略稿本》（第5册），台北："国史馆"，2003年，第576页。
③ 《社评：讨冯令下》，《大公报》1929年5月25日第1张第2版。

冯不能不大失望。"孙良诚之突然率部离泰安，事前实得有冯电令"。①

除以上直接原因外，《大公报》还指出，蒋冯决裂有其深层的原因，即国民党丧失了以党治军的传统：

> 盖自北伐完毕，统一告成，本为中国剥极而复生之最上机会。政府既标党治，以党统一国权，而党则应以民主集中制，表现有机体的集团意志，为改造国家，刷新政治之原动力。举凡统兵将帅，无论在中央抑在地方，至是概应解除兵柄，奉还大政，待命于党。党权既超越于军权一切之上，则其整理军制，规划善后，自能以至公至正之精神，发挥至大至强之权威。军制既改，凡百政制，悉可迎刃而解，事至盛也。不幸此种理想尚待完成，始也，军权党权，犹相依倚，浸假则党权存于少数领袖之手，而军权亦集中于历史不同性格各异之三数要人。应整而散，宜合而分，党与军，军与军，浸相仳离，而问题渐起。一部分重要人物之溺于环境者，乃在不知不觉中渐又蹈袭军阀旧辙，时局之不安，战乱之酝酿，亦卒与军阀时代相仿佛。②

党权与军权分离，尤其是党权集中于少数领袖之手，而军权则集中于"历史不同性格各异之三数要人"之手，是一部分人重蹈军阀旧辙的重要原因。

此外，《大公报》还通过蒋冯二人对比，分析二人决裂的原因，认为蒋冯二人"个性不同党的地位尤大异"，并有具体的分析：

> 二人之个性才力与其政治上之运用方法则迥不相侔。大抵蒋氏为人勇决任事，魄力伟大，政治手腕，颇能以灵活见称，在党内以联合左右，居中策运，极称中肯，在三全会前，此种地位，尤见明显。冯氏为人，个性甚强，耐劳艰苦，举世无侪，但因个性太强之故，每有不能与人融合无间之处，政

---

① 《揭开时局之幕：蒋冯决裂之因果（续）》，《大公报》1929年5月26日第2张第7版。
② 《社评：彻底打倒军阀之道》，《大公报》1929年5月20日第1张第2版。

治手腕殊非所长，在党内以近左闻于世。……在党的方面言之，蒋氏与今日党中重要方面大抵契合无间，各中委间能一德一心与蒋合作者颇不为少，蒋在党中有极高之地位。反之冯氏则殊难比拟，冯在各中委间殊有落落寡合之势，当去年夏冯来京以后，与一部中委殊欠融合，于各老间尤不相得，盖冯之言动时不免有矫枉过正之处，均不为一部分人所喜。①

蒋冯二人在个性、地位及政治手腕等方面的不同之处，导致了二人"不能合作到底"。

五、"军阀崩溃"

蒋冯决裂后，韩复榘、石友三、马鸿逵等人于22日在洛阳通电，表示"维持和平，拥护中央"，公开叛冯投蒋。《大公报》提供了一种观察，认为韩复榘等人的"效顺"，完全归功于蒋介石在政治上布置得周密灵活：

韩（复榘）之反正，闻其运动，肇始于蒋在武汉之日，而成功于何应钦抵汉之后。方蒋在汉时，韩曾往谒，其时即有意拉拢，其后曾有人从中撮合，闻此役与前西北军某要人有关。何应钦之赴汉，此事亦为重要之一，惟其详细经过则谈者犹不肯尽辞。传闻蒋氏对政治上布置，备极周密灵活，对于冯方人物，如马（鸿逵）如鹿（钟麟），均曾作何种拟议也。②

在韩、石等人投蒋后，冯玉祥一时失去了与蒋对阵的信心，从而采取免战自守的策略。③5月27日，为了避免战争，保存实力，冯玉祥不得不通电下野。

对于冯玉祥的下野，《大公报》发表社评《军阀崩溃以后》，认为冯玉祥之失败具有必然性：

---

① 《揭开时局之幕：蒋冯决裂之因果》，《大公报》1929年5月25日第1张第3版。
② 《韩复榘电到京之日！》，《大公报》1929年5月31日第1张第3版。
③ 郭绪印主编：《国民党派系斗争史》，上海：上海人民出版社，1992年，257页。

军阀之崩溃，乃其本身所具之必然性。盖其平日视部卒为私有，以防区为采邑，实力唯恐不大，争霸唯恐不力，强则凌弱，大则并小，所赖以战胜攻克者，惟其以功名权利歆动部下，为之出死力耳。洎夫团体愈大，应付难周，恩怨愈多，动辄失望，纵的方面，虽若膨胀发展，而竖的方面则如剥笋抽箨，愈分愈小。桂系盛时，势贯南北，而不能免于李明瑞杨腾辉两部之反正；冯在西北，久有历史关系，而不能免于韩复榘石友三等之归命中央。凡此因果联系，皆自有其一贯之道在。①

这里《大公报》将冯玉祥视为军阀，认为军阀的失败是必然的。

《大公报》将冯玉祥视为军阀，并不是在冯玉祥下野之后。早在5月20日，《大公报》就指出"一部分重要人物之溺于环境者，乃在不知不觉中渐又蹈袭军阀旧辙。"②这无疑将冯玉祥等人视为军阀。此后，更是指出，"地盘思想为革命最唾弃者，但实际胥未能免，桂系军阀，既表现于前，冯似亦未能独异。"③从当时的舆论界基本情况看，拥护以蒋介石为代表的南京中央，是普遍坚持的立场。当时的《民国日报》甚至直接称冯玉祥为"冯逆"。

对于如何杜绝军阀死灰复燃，防止下一个"冯玉祥"的出现，《大公报》认为，首先在于建设新军制。通过建设新军制，"各军直隶中央，饷糈概出国库，长官时为更调，军队常予易防，军需独立，兵民分治，使军事长官于财权政权，无可歆恋，则军阀攘夺心理，根本不致发生"。④

除了建设新军制之外，《大公报》还认为，"治乱之机在财政"。《大公报》指出，共产党之潜伏，不足忧，军阀之叛变，也不足忧，国民政府若仍日日以加税募债，维持军政费用，"实足引为国家之深忧"。一旦民力不堪，铤而走险，则"平一共产党，有十百之共产党将兴，平一军阀，有十百之军

---

① 《社评：军阀崩溃以后》，《大公报》1929年6月2日第1张第2版。
② 《社评：彻底打倒军阀之道》，《大公报》1929年5月20日第1张第2版。
③ 《揭开时局之幕：蒋冯决裂之因果（续）》，《大公报》1929年5月26日第2张第7版。
④ 《社评：军阀崩溃以后》，《大公报》1929年6月2日第1张第2版。

阀继起"。"国家恃军力以杜其流，固不如抒财力以清其源也。"因此，今日治乱之机，当取决于当局者"对于财政上之忍耐力若何耳"。①

第三节　中原大战

一、"阎电蒋劝同下野"与"时局揭幕"

（一）"阎电蒋劝同下野"

1930年2月10日，为反对蒋介石的武力统一政策，阎锡山发表"蒸电"，要求蒋介石下野。通电发出后，举国震动，同时也开始了蒋阎之间长达二十余天的电报战。

14日，《大公报》以《阎电蒋劝同下野》为题全文刊载了阎锡山的"蒸电"。此后，又对双方的电报战作了详细的记录，如《蒋阎间往来之两电》（1930年2月18日第1张第3版）、《阎电蒋"无须劳师动众"》（1930年2月19日第3版）、《蒋昨电覆阎劝勿下野》（1930年2月20日第3版）、《阎冯李何等四十五人联名通电昨夜发出》（1930年2月25日第3版）、《阎领衔通电全文》（1930年2月26日第3版）、《阎覆三院长电补志》（1930年2月26日第3版）、《阎再电蒋答复两点》（1930年2月27日第3版）等。其中不仅展示了蒋阎之间的电报交锋，还有阎锡山与胡汉民（时任立法院长）、谭延闿（时任行政院长）、王宠惠（时任司法院长）三院长的往来电文。

双方的交锋主要围绕以下内容展开：

其一，武力统一问题。阎锡山反对蒋介石武力统一，认为"武力统一，不特不易成功，且不宜用之于民主党治之下"。②蒋介石则认为，"中央决非有轻用武力之意，惟对于凭藉武力谋危党国者，舍以武力制裁之外，更有何术以实现和平统一之目的？"③

---

① 《治乱之机在财政》，《大公报》1929年6月13日第1张第2版。
② 《阎电蒋劝同下野》，《大公报》1930年2月14日第1张第3版。
③ 《蒋阎间往来之两电》，《大公报》1930年2月18日第1张第3版。

其二，下野问题。阎锡山要求蒋介石下野，"礼让为国""共息仔肩"；认为"在野负责，为今日救国唯一之途径。钧座以仁让风全国，岂特树党国亿万年之基，导全国亿万人礼让之路。从此钧座之苦心既可大白于天下，锡山以驽骀得附骥尾，亦与有荣焉。"① 蒋介石则高倡"革命救国"，本为义务，非为权利，认为"权利自当牺牲，义务不容诿卸。此时国难正亟，非我辈自鸣高蹈之时。"② 因此，现在下野，"无异为反动者解除本党武装，阻止本党革命。"③ 蒋介石还强调"出处进退，不能不以党国之命令为依归，决不能以一二人之私见，变更决议，违反法令"。④

其三，党统问题。阎锡山认为，"指定过半数以上之三全大会，非国民党之三全大会，乃钧座之三全大会。"⑤ 他进一步主张党的主权，在全体党员，应以总投票的方式实现"整个的党"，进而实现"统一的国"。这无疑是在否认国民党三届中央的正统地位。蒋介石则援引国民党一、二大指派圈定代表的成例，以维护三届党统。

除详细刊载双方往来电文之外，《大公报》还就其中争论的内容作了评述：

其一，要求蒋介石下野问题。《大公报》认为，大局破坏至此，收拾不易，"一二人之进退，似未足语于旋乾转坤，挽回浩劫，盖其间固有超越乎人的问题者在。"超越乎人的问题者，就是制度的问题。当下党政军权，集中一人，责任太重，无回旋余地。应从制度上着眼，妥为支配，使能者不至多劳，贤者不致尸位，以政治军，以党御政，军政党权，各有专属，中央地方，循名核实，分工合作。这样在国家足以弥乱源，在个人足以全功名。否则"十易中枢，亦正为扬汤止沸"。⑥《大公报》认为问题不在于人，而在制

---

① 《阎电蒋劝同下野》，《大公报》1930年2月14日第1张第3版。
② 《蒋阎间往来之两电》，《大公报》1930年2月18日第1张第3版。
③ 中国第二历史档案馆：《中华民国史档案资料汇编》第5辑第1编政治（2），南京：江苏古籍出版社，1994年，第711页。
④ 《蒋与中央社记者谈话》，《大公报》1930年2月16日第1张第3版。
⑤ 《阎再电蒋答复两点》，《大公报》1930年2月27日第1张第3版。
⑥ 《社评：民众观点上之时局》，《大公报》1930年2月15日第1张第2版。

度的观点，不无道理，但另一方面则抹杀了蒋介石个人的责任。

其二，武力统一问题。《大公报》作了具体分析：

> 对内用武，不必即为武力统一政策，所问者，用武力者是否合法的好政府耳。……仅就政府用武力一点，不得即认为武力统一政策，须就其政府本身之立脚点，及其时反对政府者之人格，参合讨论，而后能决定者也。……仅用兵不得即目为武力统一，至政府本身如何，则在此无民意代表机关之时，仍有赖于党之判断。抽象论之，如是而已。[①]

《大公报》把武力统一与对内用武区别开来，认为武力统一固然不好，但是对内用武则要看情况。如果是"好政府"用武，则不能视为武力统一。而所谓"好政府"，则有赖于党之判断。不过，《大公报》承认其分析仅是"抽象论之"。

其三，"整个的党"的问题。《大公报》对此表示认同，认为国民党乃取法苏俄组织之革命的政党，以一党取国家政权而统治之，因而原则上当然应为整个的。且既称一党专政，原则上当然先为一党，今日既行党的专政，则当然先有整个的党。但是就实际言之，国民党现状之非整个的党，"已不必为讳"，因而如何"完成整个的党"，在今日确为一实际问题，换言之，乃国民党之存亡问题。[②]《大公报》在这里表达了对国民党现状的不满。

针对蒋介石圈定代表召开三全大会而引起的党统之争，阎锡山、冯玉祥、李宗仁等45人于2月23日联名通电，要求全体党员总投票，取决多数，以解决二、三届党统之争的问题，完成整个的党。

用总投票来解决国民党的党统问题，《大公报》认为此举，"自精神言，此为尊重各个党员之发言权，与国民党民主的精神不背，较之动用武力解决者，应胜一筹。"但又指出，总投票在实行上有两个难点，其一为总投票之

① 《社评："和平统一"与"武力统一"》，《大公报》1930年2月16日第1张第2版。
② 《社评：论整个的党》，《大公报》1930年2月18日第1张第2版。

说国民党总章未载，因而无法理上之依据；其二为投票党员的党籍是依据二届中央还是依据三届中央？且投票由何机关或何人组织？①

国民党标榜以党治国，但实际上党自身尚且未治，且纠纷不断。《大公报》在评论总投票问题时对此表达了相当的不满："如果法多窒碍，事不可能，则以奉还大政之形式，使民众有术焉行使其最后之裁决权，一扫党务国务之纠葛，亦不失为打破僵局，解除困难之一法。"②此外，又指出，"中国经重大牺牲之革命，而结果至今并水平线之廉洁的行政，尚未获达，官僚恶风，军阀行径，不独留存，或且加甚，在朝者固负其咎，反对者亦分其责，是以党治本身，虽不能即断言其失败，而人物之失望，则无可讳言矣。"③

从以上言论来看，《大公报》在蒋阎电报战中，既没有明显地拥护蒋介石主张，也没对以阎锡山为代表的反蒋派予以批评指责，这与《大公报》所处的地理位置是有关系的。《大公报》地处天津，属于阎锡山的管辖范围，在蒋阎龃龉过程中，自然不能有反阎而拥蒋的表示。但这并不代表《大公报》就没有了言论。其对蒋阎双方观点的评述，并不是应付之词，尤其是对国民党本身的批评，切中问题的核心。

（二）"时局揭幕"

2月26日，蒋介石致阎锡山电作"最后之忠告"，望阎"结束无益之辩论，停止不祥之举动，临崖勒马，维持和平"。④此时，阎锡山已经与冯玉祥达成谅解，并于28日与冯及反蒋各派代表30余人在太原召开军事会议，正式决定结成军事联盟，共同反蒋。3月14日，原二、三、四集团军事将领鹿钟麟、商震、黄绍竑、刘郁芬、白崇禧、徐永昌、张发奎等50余人联名向全国发出"责蒋通电"，揭露蒋介石指派圈定三全大会出席代表、腐化政治、篡夺党政大权、擅用武力等十条罪状，请其"翻然悔悟，敝履尊容，以党政

---

① 《社评：论总投票》，《大公报》1930年2月25日第1张第2版。
② 《社评：党众民众之最后裁决权》，《大公报》1930年2月26日第1张第2版。
③ 《社评：党治杂感》，《大公报》1930年3月1日第1张第2版。
④ 中国第二历史档案馆编：《中华民国史档案资料汇编》第5辑第1编政治（2），南京：江苏古籍出版社，1994年，第713页。

还之国人，化干戈为玉帛"。① 次日，鹿钟麟等人再次联名通电，拥戴阎锡山为中华民国陆海空军总司令，冯玉祥、张学良、李宗仁为副总司令；指责蒋介石"自绝于党国，结怨于人民，罪无可逭，人人可得而诛之。……此贼不除，国亡无日。"② 至此，时局急转直下。

对于此时的形势，《大公报》认为，"时局紧张，大规模之军事，殆已不免。"并由此发出减轻战祸的呼吁，要求在可能范围内，务维持商运，设法救济西北灾民，珍惜民力等。减轻战祸之最要方法，"为军事之速决"，军事相持越久，耗费越大，百业越停顿，地方越痛苦。所以，如必须经军事之解决，则速胜于迟，"人民无法阻止战事之必起，但不能不盼战事之速终"。③在战争不可避免的情况下，希望速战速决，是一种极为无奈的表示。

《大公报》虽表示希望双方速战速决，但是形势发展并非如此。反蒋一派虽公开与蒋介石决裂，但大规模军事接触却未发生，且蒋介石本人竟于3月22日偕宋美龄返奉化扫墓，直到4月3日才回抵南京。《大公报》对双方的"镇静"表示惊讶，认为此种状况，"譬如舞台演战争剧"，锣鼓喧闹，双方摩拳擦掌，但战鼓数通之后，尚不见"元戎"之登台，甚至杂以短幕之文剧，"观者至此，必惊为异事"。《大公报》认为，这种状况反不如"明快之决战"，因为"使人民牺牲最重大者，莫过于战时状态之延长"，不论实际交战与否，战时状态一成，一切事业，归于停顿，有形无形，损失无限，而"沉郁的空气之压迫，足使民志惶惑，精神苦痛"。④ 事实上，双方之所以表现出这种"镇静"，完全在于尚未准备充分。

4月1日，阎锡山在太原就中华民国陆海空军总司令职，并电责蒋介石专制独裁、为所欲为，表示要"统帅各军，陈师中原，以救党国"，并希望"国人共起图之"。⑤ 当日，冯玉祥、李宗仁分别在潼关、桂平通电就任中华

① 《蒋赴徐州冯在潼关》，《大公报》1930年3月16日第1张第3版。
② 《军事形改组派人物势渐紧张》，《大公报》1930年3月18日第1张第3版。
③ 《社评：减轻战祸之呼吁》，《大公报》1930年3月21日第1张第2版。
④ 《社评：民国来之新奇现象》，《大公报》1930年3月23日第1张第2版。
⑤ 彭明主编：《中国现代史资料选辑》第3册（1927–1931）北京：中国人民大学出版社，1988年，第215页。

民国海陆空军副总司令职。

对于阎、冯、李分别就任总、副司令职,《大公报》发表社评《时局揭幕后之不明点》,认为"就军事的意义言,甚为明了,而政治方面,尚欠显著"。政治方面尚欠显著,最突出的就是在反蒋问题上的自相矛盾:

按蒋迄今为止,其职权名义,为国民政府主席及总司令,故实际上虽个人专权,而名分上则为国府主席与总司令之机关的行动。国府主席,为中执会所推举,总司令则国务会议所任命,其所由来,皆有国府组织法上之根据。而以名义论,中执会及国务会议,皆为合议制,由团体负责,非个人之行动而也。观阎通电,只言讨蒋,而于现在南京之中执会及国府,无否认之明文,揣其意,自在讨蒋个人。然蒋之一切举动,则固以中执会授权及国府决议为护符,且事实上南京各院长部长与中执会多数委员,固自愿与蒋共同负责。则反蒋个人之说,与事态不符。①

认为仅仅讨蒋,而对中执会及国民政府无明确否认,即与事态不符,是自相矛盾,这就对反蒋派的基本主张提出了质疑。此外,社评无疑隐晦地肯定了蒋介石的正统地位。

《大公报》的质疑也正是反蒋派一直苦于解决的问题,而这一问题的核心就是党务问题。

二、党务问题与扩大会议

(一)党务问题

中原大战不仅是军阀集团间军事斗争的继续,还是国民党内部各派系之间政治斗争的继续。② 反蒋派从党务与政治上与蒋介石抗衡,是中原大战的一个突出特点,《大公报》对此作了全面的记载与评析。

---

① 《社评:时局揭幕后之不明点》,《大公报》1930 年 4 月 4 日第 1 张第 2 版。
② 李静之:《试论蒋冯阎中原大战》,《近代史研究》1984 年第 1 期。

阎锡山等人在积极部署实施反蒋军事的同时，积极与改组派及西山会议派联络。至3月下旬，阎、冯与改组派、西山会议派一致决定，在北平召开中央干部扩大会议，由扩大会议产生新的中央政府，与南京"蒋记"国民政府分庭抗礼。

但是在由谁来召集扩大会议问题上，改组派与西山会议派发生了激烈的党统之争。改组派坚持党统说，认为西山会议派的沪二届中央是非法的，现在既然反对蒋介石三届中央的正统地位，当然应以粤二届中央为正统，召集扩大会议，组织新的中央党部。陈公博就指出，"沪二届不根本否认，党的问题，不但目前不能解决，就是永远也得不到解决。"[1] 西山会议派持非党统说，不坚持自己为唯一正统，但极端反对改组派的主张，认为既然联合反蒋，扩大会议应由沪二届中央与粤二届中央联合召集。邹鲁就表示："惟有打破党统，就事实上为整个党之团结。"[2] 由于改组派与西山会议派就党统问题不能达成一致意见，扩大会议迟迟不能召集。

对于改组派与西山会议派的党统之争，《大公报》发表了《党务问题解决之难点》，专门予以分析。《大公报》认为，改组派"立脚点，最简单明瞭，故不言法统则已，苟言法统，即应为恢复二届中央，无疑义也。"但指出此派主张事实上有困难："因二届中央，中执委员须十九人，中监须七人，方可能开全体会议，现在断无此数。而若不能开法定人数之全体会议，则无从执行党之最高权，因常务委员会不存在，职权无所寄托。而若以若干中央委员之名义行之，则只可称为有力的个人之表示，而不能为合法的代表党之最高权。此一点为法统论之缺憾。"党统之说有极大实际困难，西山会议派的非党统之说又如何？《大公报》指出，"不言党统，则中央机关何由产生，产生后何以号召天下以服从，皆为不易解决之点"。[3] 可见，反蒋派在党务问题上遇到了极大的困难。

中原大战爆发后，党务问题不仅未能解决，反而争论还更加激烈。6月

---

① 存萃学社编：《1927-1934年的反蒋战争》，香港：大东图书公司，1978年，第157页。
② 沈云龙主编：《近代中国史料丛刊三编》（023），台北：文海出版社，1992年，第106页。
③ 《社评：党务问题解决之难点》，《大公报》1930年4月14日第1张第2版。

1日，汪精卫发表"东电"，支持改组派主张，认为"若否认（粤）二中，则不但十二年以来党的枢机为之一断，而十三年以来之国民革命精神，亦几于摧灭，同人所以力倡党统之说者，实不仅为形式着想，此亦愿西山同志予以谅解者也。"① 汪精卫的"东电"引起了西山派的强烈反感。谢持、邹鲁于5日发表"歌电"，痛斥汪精卫之非，指责汪以粤二届为唯一党统，"以强人之就我，欲藉以取得支配一切之大权"。②

对此，《大公报》再发表评论，认为"偌大战争，而政治的方面模糊暧昧之久如此，民国以来未之有也。"对于双方的争论，更是提出了质疑：

> 近反蒋大战，已历月余，而所得诸反蒋之国民党要人者，只有此两个新名词之争执，别未闻其他理论政策之讨论。依现状观之，亦幸而扩大会议尚未开会耳，不然，现在为名词争执之人，一旦开会，讨论党政大事，谁能保其无更激烈之争执。……近月之状，本身且唱双包案，搅扰不清，将何以肩负领导人民统治全国之大任乎。③

"两个新名词"，指粤二届与沪二届。《大公报》的质疑反映了反蒋派内部因党统问题而不能团结一致的尴尬情况。

6月25日，晋军攻占济南，军事上获得了重大胜利，成立党政机构的需要更为迫切。此外，由于阎锡山坚持主张"政府固应从速组织，但须由党部产生"，因此党务问题之解决刻不容缓。经过阎锡山等人的多方努力，汪精卫与改组派最终放弃成见，与西山会议派取得一致意见：由粤二届发表提议召集扩大会议宣言，沪二届发表赞同宣言，但省去"粤""沪"二字，均用中国国民党"二届中央执行委员会"名义。④ 至此，党务问题基本解决。

---

① 《汪精卫之党务通电主张速开扩大会议》，《大公报》1930年6月5日第1张第4版。
② 存萃学社编：《1927–1934年的反蒋战争》，香港：大东图书公司，1978年，第173页。
③ 《社评：不可解之党务问题》，《大公报》1930年6月16日第1张第2版。
④ 郭绪印主编：《国民党派系斗争史》，上海：上海人民出版社，1992年，第85页。

（二）扩大会议

7月13日，反蒋各派在北平召开中国国民党中央党部扩大会议。会议除发表粤二届的提议宣言与沪二届的赞同宣言外，还发表了汪精卫等30人的联名宣言。联名宣言认为蒋介石"背叛党义，篡窃政权"，要"誓为本党去此败类，为国民去一蟊贼"。此外，联名宣言还表达了反蒋派的政治诉求：

> 务以整个的党，还之同志，统一的国，还之国民。在最短时间，必期依法召集本党全国第三次代表大会，解除过去之纠纷，扫荡现在之障碍，使本党主义及政策，得以实现。同时并须根据总理十三年十一月北上宣言，召集国民会议，使人民迫切要求，得以充分表现，而本党为人民谋解放之主义及政策得以在会议中与人民意思合为一体。①

扩大会议召开次日，《大公报》即发表《扩大会议之发轫》一文，予以评论。对于扩大会议的召开，《大公报》认为中原大战数月以来，反蒋派方面对于国政党务，一直毫无组织，现扩大会议之召开，乃"应此时势而产生者"。对于联名宣言声明将根据孙中山1924年北上宣言召开国民会议，使人民迫切要求得以充分表现，《大公报》作出了肯定性的评价："此殆为人民必然要求之出路"，"汪阎及与会诸君，倘诚意努力于此焉，其于挽回国民党之信望，当不少也"。不过《大公报》也同时指出，扩大会议的主张未尝不利于最大多数之民众，但能否实现，则须"刮目以观之"。②

此外，《大公报》还强调，国民党三年来实际的表现，完全令人民失望，"人民心理殆如惊弓之鸟，昔时闻革命则认为救世福音，今日谈党权，则以为压迫又至，三年前社会上欢欣鼓舞之情况，今已毫末不存，所余者惟愁苦嗟怨而已。"因此，此次扩大会议召开之后，最大问题"即在如何能重新唤起人民同情与信仰"，此事非理论空言所能收效，尤非仅赖形式的组织所能

---

① 《国民党历史之又一页》，《大公报》1930年7月14日第1张第3版。
② 《社评：扩大会议之发轫》，《大公报》1930年7月14日第1张第2版。

济事。①

8月7日，扩大会议在汪精卫的主持下，在北平召开了第一次正式会议。会议通过发表扩大会议宣言，提出解决党政问题的七项主张，集中体现了反蒋派的基本思想。这七项主张包括筹备召开国民会议；制定训政时期约法；训练民众以实施地方自治；划分党部与政府权限；成立民意机关；集中人才量才使用；划分中央与地方权限。②

扩会宣言的七项主张均切中了蒋介石的要害，不失为反蒋的有力政治武器，具有较强的煽动性。③《大公报》将这七项主张与南京国民政府的政治主张进行对比，并重点分析了前三项主张：对于召开国民会议，指出南京国民政府认为无开国民会议之必要，所以此点与南京国民政府"绝端不同"；对于制定训政时期约法，指出二届五中全会曾经将此作为决议案公布，但此后又无端放弃，"中央全会决议案之无效，此为最著者"，现在扩大会议的主张等于恢复二届五中全会决议；对于训练民众以实施地方自治，指出南京国民政府至今没有丝毫实行，扩大会议应以此为殷鉴。④ 这种分析无疑肯定了扩大会议的主张。

9月1日，北平扩大会议通过国民政府组织大纲，国民政府设内政、外交、财政、司法、陆军、海军、教育、交通、农矿、工商、国营实业十一部，监察院、最高法院，以及军事、法制、官吏惩戒、考试、蒙藏、侨务等委员会；推阎锡山、唐绍仪、汪精卫、冯玉祥、李宗仁、张学良、谢持七人为国民政府委员；推阎锡山为国民政府主席。

《大公报》认为，军事与政治，本如车轮鸟翼，相辅而行，不容偏废，扩大会议通过国民政府组织大纲及推定国民政府委员与主席，就常理言，"为时局演进中必然之结果"；南京政府在政治上广受诟病之处在于"机关滥设，度支浮滥"，扩大会议公布之国民政府组织，一反其所为，"实较合于中

---

① 《社评：扩大会议之前途》，《大公报》1930年7月16日第1张第2版。
② 《扩会第一次正式会》，《大公报》1930年8月8日第1张第3版。
③ 郭绪印主编：《国民党派系斗争史》，上海：上海人民出版社，1992年，第89页。
④ 《社评：政治主张之比较观》，《大公报》1930年8月8日第1张第2版。

山先生创制之原意";从双方国民政府委员对比来看,"双方人物,殆有势均力敌之概"。①

三、新闻干涉及其影响

在蒋桂战争与蒋冯决裂过程中,《大公报》以蒋介石为中央的倾向较为明显,一度称桂系和冯玉祥为军阀。中原大战爆发后,由于《大公报》地处反蒋派控制区域,《大公报》原来以蒋介石为中央的言论自然会受到干涉。

(一)《大公报》受到警告

1930年4月6日,天津戒严司令部致函《大公报》馆,要求其注意新闻用词:

> 本月一日陆海空军阎总司令暨冯李副司令均已通电就职。查近日本埠各报,登载南京消息,仍有称国府或中央字样者,殊属不妥,嗣后应改称南京政府或蒋政府。关于该方军事,亦改称蒋家军或南京军,以清界限,而正名义。又本日各报登南京专电,有蒋电各将士宣传偏激之语,及认张维玺部为敌军,并孙殿英部窜某处各等语,甚有将免阎职全文披露者,尤为失当。除分函外,相应函达查照。嗣后关于此类新闻,务希慎重登载。②

阎锡山与冯玉祥、李宗仁通电就任中华民国陆海空军总、副司令后,正式形成了与南京政府对立的局面。反蒋派区域内的媒体如再称南京为中央,自然是不合适。对此,《大公报》当然无任何异议。其实《大公报》在此前就已经注意到这一问题。例如,3月29日,该报刊载国民党北平各区分部联合办事处致阎锡山、冯玉祥请保护民众运动电,其中就有"蒋逆"一词,这在以往一般是用"□□"代替的。③

接到天津戒严司令部致函后,《大公报》不得不更加注意其新闻用

---

① 《社评:扩会公布国民政府组织大纲》,《大公报》1930年9月3日第1张第2版。
② 《南京不得称中央》,《大公报》1930年4月7日第1张第3版。
③ 《北平党联处电阎冯请保护民运》,《大公报》1930年3月29日第1张第3版。

词。不仅"蒋逆""讨蒋"等词不避讳使用，对南京中央的称呼也改为"宁府""宁方"，对于南京中央军队则多称"蒋军""宁军"，对蒋介石本人的称呼以往一般是"蒋主席"，之后则直接称"蒋"。

4月23日，《大公报》再次受到当局警告。当日，《大公报》驻北平记者被邀至北平警备司令部谈话。该司令部称，因接到报告，《大公报》自某时起，"接受蒋之贿赂"，自某时期以来，"言论记载均偏袒蒋介石"，对于南京新闻大登特登，而于北方重大事情，则简略登载，又有攻击阎锡山总司令之言论纪事，对蒋介石则绝不攻击，讨蒋消息，记载更少，将来有必要时，将实行干涉。对于当局"袒蒋"的指责，《大公报》即于24日刊登特别启事，予以反驳：

查本报自有其历史，同人自有其人格，独立经营，海内共知，贿赂津贴，向所不受，故北平当局所得报告，纯非事实。乃遽以谣传之词，诘问本报，同人甚认为遗憾。至本报纪载排列，向来纯就新闻大小为分，议论主旨，惟取就事论事之义，袒蒋不知何指，攻阎更所未闻。本报近在南方全被扣留，又于北平将遭干涉，国乱政纷，自由扫地，言之可叹。兹愿向全国读者声明，本报绝不变其独立公正之立场，决无受任何方面贿赂津贴之情事。地方政令，虽愿遵守，至于官厅谅解与否，只有听其自然。①

25日，《大公报》专门发表社评，进一步维护其"独立公正之立场"：

因系营业之故，新闻信用，关系最重，故纪载务求确，叙事务期允。若尽撷拾宣传之言，杂以主观之论，则公众何所求而必以有用之金钱，送给具有作用之烂报。而信用一失，事业随亡，为己为人，利益何在。此同人取材纪事，所以独主慎重，盖区区责任之心，不敢以浮夸虚伪之言，任便刊登，

---

① 《本报特别启事》，《大公报》1930年4月24日第1张第3版。

以误公众之判断而冒诈欺取材之罪耳。虽然环境所迫，岂易言哉。[①]

26日，《大公报》又发表社评，专门阐述言论自由问题，其中认为，"既称民国，又言革命，则言论界当然有其独立之地位"，希望当权者对言论自由有初步的认识，承认中国有独立的言论界。[②]

（二）受到警告后之《大公报》

《大公报》尽管一再辩解，但是在实际的新闻报道与评论中，还是照顾到了当局的意见。例如，在新闻报道方面，对反蒋派方面的新闻报道相对增多；在评论方面，《大公报》的评论风格也有所变化。从评论来看，《大公报》在北伐后一直没有直接批评蒋介石本人的情况，但是在4月23日受到北方当局警告后，《大公报》在24日评论军权与党权政权关系时，对蒋介石以军权驾驭党权政权的做法提出了批评：

> 蒋之军权，本受党之命令而来，而积久渐化为个人中心之军权。党之组织，形式依然，精神则渐堕落。党国大权，日集中于蒋之一人，而彼所赖以实际上维持其权力者，则为武力。军队之党代表制，本未完全有效的实行，然此制存在时，亦非全为具文，师旅长之行动，要不能不顾忌党代表。迨此制一废，遂完全恢复中国军队之本来面目。其对中央也，并不知党与政府，不知党纪法律，惟知受辖于总司令。而为总司令者，亦遂只知军权之可尊，而党权政权，悉成附属品焉。此非近年来之事实乎。夫军权万能之还原，蒋居最高地位，应负重咎，其他亦同负责任。[③]

《大公报》虽然指出"其他亦同负责任"，但是该文的重点毫无疑问为批蒋。这种言论在此前是很难见到的。

中原大战爆发后，《大公报》曾发表《领袖人才与国家命运》一文，在

---

① 《社评：诉之公众》，《大公报》1930年4月25日第1张第2版。
② 《社评：对言论自由之初步认识》，《大公报》1930年4月26日第1张第2版。
③ 《社评：何日实现文治政府》，《大公报》1930年4月24日第1张第2版。

把民国以来之建设失败原因归结为领袖人物"不足负责"的同时，又一次对蒋介石提出了严厉的批评：

> 夫蒋之出现于政治舞台也，正如彗星之突现于天空，盖以全国不知名之人，不数年间，而掌握政府大权，求之历史，盖所罕闻。一般国民，以厌战求治之故，对于此领袖新人，最初大抵俱加以若干之期待。而其人富于机智胆略，行动果决，以人才论，固有杰出之点，向使其能公忠廉洁，为天下倡，则国家今日应渐入小康时代矣。乃不幸其人亦不学无术，以偏私之道治军事，且行贪婪之政，遂使国家再乱。自珠江到黄河，几无一片净土，将士喋血，人民涂炭，纪纲解纽，不可收拾。以人民地位言之，诚国家最大之不幸。①

此处对蒋介石虽有肯定的一面，但批判得更为厉害，尤其是认为蒋"不学无术"，似乎有点过头。这与1928年7月蒋介石来北平时，《大公报》称其为"大义大勇"的"革命英雄"，形成了鲜明的对比。

7月4日，蒋介石邀请外国记者团赴徐州附近之柳河参观阵地。对此，《大公报》尤为不满：

> 两个月来，跨苏皖豫鲁鄂五省之地，平原数千百里，集兵五六十万，演为空前未有之大战。天灾不之顾，民瘼不之恤，匪患不之问，外交不之虑，惟日孜孜，以努力于杀人争胜之工作，甚且招待外国记者，使观同胞相屠之丑态，反津津以最后胜利自誓焉。呜呼哀莫大于心死，耻莫重于自残，今日此种情形，夫岂民国十五年出师之日所能料及，而整整四年在战争状态中，又何怪全国国民不疲敝垂毙乎。②

---

① 《社评：领袖人才与国家命运》，《大公报》1930年6月21日第1张第2版。
② 《社评：今日何日》，《大公报》1930年7月9日第1张第2版。

从以上的言论来看，北方当局对《大公报》的警告起到了一定的作用，《大公报》也确有迎合反蒋派的嫌疑，如骂蒋介石"不学无术"；但是，《大公报》的评论也并非空穴来风，凭空捏造，而是针对现实而发，从一定意义上反映了当时社会对蒋介石执政成绩的不满。

当然，《大公报》也有南北双方一起责备的情况。例如，《以党驭军论》一文就指出，"今日领袖人物之无诚不一，实为党治法治两俱不成之大病根，其结果，政治中心，无所寄托，遂不能不始终随武力为转移。"① 在《勿悲观》一文中指出，"今日之事，甲革命，乙亦革命，甲三民，乙亦三民，主持战事者，要之曰为民众而战，为党国而战，然就过去以衡未来，则成绩具在，今虽多标榜，事实上谁能信之。"② 甚至对北方当局，《大公报》也有不少责备之词。例如，反蒋派在党务政治问题上曾一直"不显著"，《大公报》就屡次提出质问与不满。

（三）军事消息获取不易

除了在新闻用词与袒蒋立场上受到干涉之外，《大公报》在获取军事消息方面，也倍感不易。中原大战期间，冯玉祥即有通令，指出凡军队调动及最高军事长官行踪，一概不准各机关泄漏，违者以军法从事。③ 因而此类消息，一般局外者很难获悉。不仅北方当局严格控制军事消息，南京方面也是如此。中原大战爆发后，南京方面就开始对于未经接战军队之行动、接战胜利军队之番号、蒋之行踪、前后方意外事故、未公表前之人事及编制五项内容实行严格的新闻检查。④《大公报》就曾对此种状况进行过评论：

一旦发生内战，本国报纸，就失去作用，因为报纸所在地总有所属，"不属于杨，则归于墨"，只能载利于一方的消息。通全国而论，断无能公平

---

① 《社评：以党驭军论》，《大公报》1930年4月13日第1张第2版。
② 《社评："勿悲观"》，《大公报》1930年7月12日第1张第2版。
③ 《主力军接触期渐进》，《大公报》1930年5月22日第1张第3版。
④ 《宁方严重检查报纸》，《大公报》1930年5月25日第1张第3版。

尽量披露各方真相的报纸。①

　　当局者不仅严格控制军事消息的发布，有时甚至刻意发布假消息。例如，《大公报》在5月30日刊登北平警备司令部消息，称"蒋中正左臂受流弹伤，已证实"。②6月1日，又刊登开封官电（冯玉祥的副总司令指挥部驻节于开封），称"敬（二十四）日归德附近之役，蒋确伤左腕"。③后来更是比较详细地登载了蒋介石的治疗情况："蒋介石自归德臂上中弹后，医生坚令须在一星期内，将臂割去，免得毒入身体内部。宋美龄坚不允可，蒋亦意割去，手臂成残疾，殊不雅观。闻蒋已由前线回宁，在中山陵医院医治。"④事实上蒋介石在归德指挥作战时并未受伤。

　　除蒋介石"受伤"外，蒋军其他将领也多有"伤亡"。例如，6月24日归德附近之战，"顾祝同、徐庭瑶阵亡，冯轶裴重伤，陈继承战败被蒋枪决。"⑤其实，顾祝同、徐庭瑶既未阵亡，冯轶裴也未重伤，陈继承更没有被蒋枪决。

　　再如，8月15日，晋军丢失济南。《大公报》刊载的军方消息却是"改行新战略"，以便"诱敌深入"，"攻其弱点而早日解决之"。⑥

　　对于当局在披露军事信息方面的做法，《大公报》有很好的认识：

　　就战事论之，前进则曰直捣敌巢，退却则为诱敌深入，相持不前，则曰志不在得地，攻击遇挫，则曰战略有变更。凡攻守进退之间，无往而非乐观之资料。⑦

　　尽管军事消息获取较为不易，且真实性受到影响，但值得注意的是，

① 《短评：内战与外报》，《大公报》1930年5月25日第2张第7版。
② 《陇海战继续进行中》，《大公报》1930年5月30日第1张第3版。
③ 《军报一束》，《大公报》1930年6月1日第1张第3版。
④ 《潘宜之离平时谈话》，《大公报》1930年6月20日第1张第3版。
⑤ 《军报一束》，《大公报》1930年6月1日第1张第3版。
⑥ 《津浦军事》，《大公报》1930年8月19日第1张第3版。
⑦ 《社评："勿悲观"》，《大公报》1930年7月12日第1张第2版。

《大公报》对当时战争的一些评论却很有见地。例如，7月21日，《大公报》对战争形势作了如下分析：

> 战事果何日告终，不可预知，然有可知者，其一，欲速不能，其二，支持不久，是也，以前者言，此次战事之特色，为双方阵地战之激烈，故虽一村一寨之微，必相当牺牲，始可夺取。……双方以数十万之众，肉搏于数百里平原间者，竟已三月之久。由过去以衡未来，则足知战局速决之难能焉。以后者言，战局之不能速决，固矣，然谓其将无限延长，则亦不能想象，盖兵员与军需皆有限，而消耗则无穷，故相持过久，必有不能支持者。……纯就军事的方面立论，双方相持，当不能再逾三个月。[①]

《大公报》认为"欲速不能""支持不久"，正反映了双方在僵持过程中的实际情况。双方相持"不能再逾三个月"的判断更是为后来战局的走向所证实。

四、"时局关键在东北"

（一）中原大战前夕的东北态度

在1929年的数次反蒋战争中，东北军一直没有参与其中，且曾与阎锡山等人联名通电拥护中央。[②]蒋阎电报战发生后，时人就开始注意东北的态度。不过东北在双方电报战期间一直保持冷静，始终未发表任何意见。

蒋阎电报战正酣时，《大公报》就已注意到东北的冷静态度。2月27日，《大公报》发表文章认为，在中原时局波澜壮阔之际，东北当局"持冷静态度"，"乃意中之事"，"大抵其意在维持现状，以待大局之正当解决"。其中原因，一方面在于张学良等为"非党员出身之疆吏"，对于中原不断的党内之争，当然不会积极过问；更重要的一方面则在于东北所处的国际形势：

[①] 《社评：对于战事之断片的观察》，《大公报》1930年7月21日第1张第2版。
[②] 《一周间国内外大事述评》（1929年12月20—26日），《国闻周报》第7卷第1期。

东北介日俄两强之间，负国防第一线之重任，其环境特危，故望统一宜乎特切。皇姑屯变后，东北不久即毅然易帜者以此。然自去夏七月，俄事忽起，半载扰攘，创巨痛深，中央不能援，地方不能支。中俄会议，尚未开始，俄人固再无藉口之资，亦不敢保边境不再意外之威胁。至于对日各案，完全悬起。隐忧显患，毫不减于昔日。当此之时，为地方平和计，为国家对外安全计，东北当局，允不宜轻投入政潮漩涡，以免使地方受意外之波及。[1]

《大公报》的分析是比较准确的。

3月1日，就在蒋阎电报战结束之际，张学良发表"东电"息争，希望"介百二公，重袍泽之意见，凛兵战之凶危，一本党国付与之权能，实施领袖群伦之工作。"[2] 该电既未表示支持"介"（蒋介石），也未表示支持"百"（阎锡山）。

（二）拉拢张学良

在中原大战过程中，《大公报》注意到蒋阎双方均在积极拉拢张学良。虽然对其中的内幕交易无从悉知，但对于蒋阎双方不断派遣代表前往东北，却有较多的记载。

从阎锡山方面来看，早在2月19日，《大公报》就报道了一条消息，称"阎代表梁汝舟抵辽"。[3] 虽然没有披露梁汝舟的具体活动，但却反映了阎锡山对张学良的重视。其实，梁汝舟正是蒋阎双方代表中第一位抵达沈阳会晤张学良者。[4] 此后，阎锡山又先后派遣张维清、温寿泉、郭泰祺、贾景德、

① 《社评：时局与东北》，《大公报》1930年2月27日第1张第2版。
② 《张学良通电劝息争》，《大公报》1930年3月3日第1张第3版。
③ 《阎代表梁汝舟抵辽》，《大公报》1930年2月19日第1张第3版。
④ 陈进金：《东北军与中原大战》，《近代史研究》2000年第5期。

薛笃弼、陈公博、覃振等人赴东北游说张学良，《大公报》均作了大量报道。①
对其中的一些内幕，《大公报》也作了披露。例如，对于8月下旬阎锡山代表
贾景德与薛笃弼如何赴东北一节，该报就披露了如下细节：

　　薛笃弼贾景德二氏来津后，即寓居熙来饭店，曾与孙传芳接洽赴北戴河
谒张学良商时局问题，先托孙为介绍。孙氏当于日前先行，薛等在津候信，
以定去否。至昨晨接孙氏由北戴河拍来急电，邀即前往。薛贾二氏当于昨晨
离开该饭店，搭北宁车赴海滨，政界对两氏此行，甚为注目。②

　　孙传芳此时寓居天津，但与东北有较密切的关系。薛笃弼与贾景德通过
孙传芳关系与张学良取得联系，也说明阎锡山与张学良之间的沟通管道不够
顺畅。③
　　从蒋介石方面来看，蒋先后派遣方本仁、吴铁城、李石曾、张群等多人
前往东北拉拢张学良。对此，《大公报》均有比较详细的记载。例如，吴铁
城于3月21日衔蒋介石命令启程赴东北接洽，《大公报》即在3月21日、23
日、24日、26日对其行程进行了追踪式的报道。④再如，6月28日，《大公报》
详细报道了张群与胡若愚于6月26日赴东北一事，其中胡若愚对记者称，此
次张氏北上，"系参加葫芦岛开工典礼"。⑤事实并非如此，6月21日，南京
国民政府任命张学良为陆海空军副司令，张、胡二人此行目的就是将南京国

<hr>

　　①　对于张维清等人赴东北活动情况，见《阎代表昨谒见张学良》（1930年3月14日第1张第
3版）、《东北对时局态度镇静》（1930年3月16日第1张第3版）、《温寿泉昨下午谒张学良》（1930年
3月17日第1张第3版）、《阎再派代表赴辽》（1930年4月8日第1张第3版）、《各路战事均现停顿象》
（1930年8月20日第1张第3版）、《蒋军实施新配备》（1930年8月23日第1张第3版）、《阎昨晨晤冯
后将来北平》（1930年9月6日第1张第3版）、《两路大决战声中》（1930年9月7日第1张第3版）等。
　　②　《蒋军实施新配备》，《大公报》1930年8月23日第1张第3版。
　　③　对于阎锡山与张学良之间的沟通管道不够顺畅问题，陈进金的《东北军与中原大战》
（《近代史研究》2000年第5期）作了详细的分析。
　　④　相关报道见《吴铁城赴沈：今日离沪往大连》（1930年3月21日第1张第3版）、《两中委
赴辽》（1930年3月23日第1张第3版）、《吴铁城赴辽》（1930年3月24日第1张第3版）、《吴铁城谒
张》（1930年3月26日第1张第3版）等。
　　⑤　《张群偕胡若愚赴辽》，《大公报》1930年6月28日第1张第3版。

民政府海陆空军副司令委任状带给张学良。

由于蒋阎双方均积极拉拢张学良，东北的地位显得举足轻重。《大公报》就记载了当时沈阳的热闹景象：

南北留沈代表合计不下十余人，而正在途中及不甚为世人注意者，尚不在此列。虽与沈方素无多大关系之孙殿英，亦派其军长谭淞艇，于九日到沈。此外如韩复榘、刘珍年、刘春荣等无不各有专员常驻。今日之沈阳可谓极热闹之至。①

可见在中原混战、局势不明的情况下，不仅蒋阎双方有代表在沈接洽，其他各方面也有代表驻沈，以观察风向。

（三）张学良拥蒋

9 月 18 日，张学良发表了震动全国的"巧电"，"吁请各方即日罢兵以纾民困"，"静候中央措置"。② "巧电"表达了张学良拥护南京国民政府的立场。

在张学良发表通电前一日，《大公报》记者专访张学良。张向《大公报》记者表示，"政治立场，当然系在南京国民政府之下"，但张学良同时指出，"亦不尽与宁府期望吻合，盖余乃站在中间而偏向南方而已。"③ 由于张学良的正式通电未发表，《大公报》的专访并未在第一时间见诸报端，而是放在了19 日与张学良的通电一同刊出。

张学良通电后，中原大战胜负形势顿时明朗。不过《大公报》并没有从战争胜负的角度来评价张学良的通电，而是从缩短战祸、减少民众痛苦的角度予以肯定：

就目前而论，民众利益之最大者，在消灭战争，其次亦须先恢复小康，与民休息。盖战祸太巨，且虑其长，故凡足以缩短战祸者，民众之利也，延

---

① 《时局关键在东北会议》，《大公报》1930 年 9 月 12 日第 1 张第 3 版。
② 《张学良时局通电发表》，《大公报》1930 年 9 月 19 日第 1 张第 3 版。
③ 《张学良时局通电发表》，《大公报》1930 年 9 月 19 日第 1 张第 3 版。

长分崩者，民众之害也。昨日张学良氏一电，对目前罢战，想有重大效果，是则与民众利益一致之事矣。①

张学良发表"巧电"后，即派军入关，整个形势因而急转直下。21日和22日，东北军不费一弹，和平接受了天津与北平。10月5日，阎锡山、冯玉祥、汪精卫联名致电张学良，表示拥护张学良"巧电"主张，愿意停战，听候和平解决。至此，经历半年时间的中原大战基本结束。蒋介石在10月10日国庆纪念中称"反动业已消灭"。②

五、"蒋主席"

东北军入关后，晋军退出天津，《大公报》不再受到反蒋派的控制，因此该报在对待蒋介石态度上与之前相比出现了较大变化。这一变化首先体现在对蒋的称谓上。

中原大战期间，《大公报》在受到新闻干涉的情况下，不得不在蒋介石称谓上作出相应调整。"蒋总司令""蒋主席"这类对蒋的尊称不仅一概不用，有时在新闻报道中甚至还出现"蒋逆"这一词汇。③大战结束后，在该报的新闻《国民政府覆辽张巧电》（1930年9月27日第1张第3版）中，第一次出现了"蒋总司令"这一称谓，说明该报态度已经发生变化。

10月5日，阎锡山、冯玉祥、汪精卫发出请张学良发起国民会议的通电，电中对中原大战作出反省："自去春以来，内战复起，国家陷于分崩离析，人民罹于涂炭，究其原因，实由蒋中正以个人私意，摇动党国根本所激成。"④《大公报》在10月12日的新闻《庆贺国庆声中之大局》（第1张第3版）中，全文刊载了该电。不过，该报在新闻中将"蒋中正"替换为"□□□"。这

---

① 《社评：时局感言》，《大公报》1930年9月19日第1张第2版。
② 《庆贺国庆声中之大局》，《大公报》1930年10月12日第1张第3版。
③ 《北平党联处电阎冯请保护民运》，《大公报》1930年3月29日第1张第3版。
④ 辽宁省档案馆编：《辽宁省档案馆珍藏张学良档案（四）：张学良与中原大战（下）》，桂林：广西师范大学出版社，1999年，第32页。

种变动既是为了避讳，以免刺激蒋介石的神经，同时也为报馆自身减少了麻烦。可见，《大公报》非常注意其报刊用语。

10月13日，《大公报》的社评《时局善后之安全保障》在中原大战后首次使用了"国民政府蒋主席"这一称谓。10月23日，该报的新闻《蒋主席昨夜赴上海》更是将"蒋主席"一词放在了标题中。可以说，"蒋主席"这一称谓已经在《大公报》中实现了回归。

称谓的改变足见《大公报》在对待蒋介石态度上发生了重大变化。除在称谓上有较大改变之外，《大公报》在对蒋介石言论与政策的评论方面，也出现了积极的变化。

10月3日，蒋介石发表"江电"，呈请国民政府，表示应"以德服人"，对政治犯予以赦免："请于军事大定之后，或于二十年一月一日特下明令，所有政治与军事上之罪犯，概予赦免，取消通缉，复其自由，并仍得享受一般公民应有之权利。"① 对于蒋介石的"江电"，《大公报》不仅全文刊载，还发表社评《论以德服人》，对该电极为赞赏：

> 蒋三日电请国府大赦全国政治军事犯，此举与目前时局之影响，及其建议之原因如何，姑作别论，惟自人民地位言之，所谓遵博爱之遗教，弘开国之规模，安反侧而定人心，塞乱源而固国本，立言正大，义至可取，而所谓应"以德服人"一语，尤为不磨之论。……蒋君之言善矣。②

蒋介石在10月3日除发出赦免政治犯的"江电"之外，还同时发出了另一"江电"，即呈请召集国民会议的通电。《大公报》于7日将此电文刊载，并在次日发表社评予以高度评价。③

---

① 周琇环编注：《蒋中正"总统"档案·事略稿本》（第9册），台北："国史馆"，2004年，第15—16页。
② 《社评：论以德服人》，《大公报》1930年10月6日第1张第2版。
③ 《社评：蒋请开国民会议之江电》，《大公报》，1930年10月8日第1张第2版。关于《大公报》对蒋介石请召集国民会议之"江电"的评论，本书第四章第一节有详细分析。

10月10日，蒋介石发表《中华民国十九年国庆纪念告全国同胞书》，宣布五项政治方针，包括"肃清'匪共'""整理财政""澄清吏治""发展经济""厉行地方自治"等。《大公报》对此也作了积极回应：

双十国庆之日，蒋复有长文，昭告全国，于策进国政，救济民生有简单明了之声明，亦即全国民众公共之希望，……此诚国人所欣慰无既者。①

10月20日，蒋介石在中央纪念周发表演说，要求党员应"力求自反"，不要做特殊阶级。《大公报》认为，"此种态度，固国民所引以为庆幸者也。"② 六天后，该报又进一步指出，"二十日纪念周席上儆告党员之演说，质实明快，得未曾有，可知蒋君痛定思痛之余，精神修养上所得殆必不少。"③

10月23日，蒋介石在上海受洗，皈依基督教。《大公报》认为，蒋"皈依耶教，承受洗礼，似亦为慰安心灵之一种作用，固不可以等闲目之也。"④可见，该报对此事表示了极大的宽容与理解。

11月20日，《大公报》总经理胡政之在南京专访蒋介石。后来，他在《大公报》发表通讯《新都印象纪》，其中描述了自己对蒋介石的良好印象：

综观蒋氏态度，出语甚少，而听话颇凝神注意。据（陈）布雷先生言，蒋乃刚毅木讷一路人，居恒沉默寡言，与之语，辄唯唯不绝，以致见者往往畏惧不得罄其辞，蒋于此受亏不少，今日发言之多，乃仅见之事也云云。蒋氏客室极简朴，中惟悬中山先生遗像一，中山亲书对联一，蒋与宋美龄夫人合像一，宋坐而蒋立，状至亲蔼。要之就所居观察，不特无旧日军阀穷奢极

---

① 《社评：时局善后之安全保障》，《大公报》，1930年10月13日第1张第2版。
② 《社评：论治党》，《大公报》，1930年10月22日第1张第2版。
③ 《社评：如何实现有效的政治》，《大公报》，1930年10月26日第1张第2版。
④ 《社评：如何实现有效的政治》，《大公报》，1930年10月26日第1张第2版。

欲之气象,并时髦阔人之欧式生活,亦无多大痕迹。[①]

从《大公报》对待蒋介石态度及感观的变化情况看,该报对蒋介石又重新予以积极肯定并寄以厚望。

本章小结

从 1929 年 3 月蒋桂战争爆发至 1930 年 10 月中原大战束这段时间,《大公报》对国民党新军阀混战有深入的追踪报道与分析论评。这些言论较以前有明显的倾向性,当然该报在特定的历史时期受到当局的干扰较大。

在湘事爆发后,该报认为武汉政分会对事件处置不仅存在"方法不当",还不合党国法律。在湘事善后过程中,该报虽经历了从不赞成用兵到认同讨逆的转变,但在言论上始终支持蒋介石的南京政府,这无疑为蒋介石武力解决湘事问题、赢得蒋桂战争的胜利创造了一定的舆论环境。

在蒋冯战争期间,该报拥护以蒋介石为代表的南京中央,将冯玉祥视为军阀,认为军阀的失败是必然的,大体反映了当时社会舆论的一般倾向,这无疑对冯玉祥产生了一定压力,使其在道义上败下阵来。

中原大战时期,该报由于地处天津,属于阎锡山的管辖范围,自然不能有反阎而拥蒋的表示。但该报对国民党本身制度问题的批评,却很精当。该报甚至认为国民党三年来实际的表现完全令人民失望,在某种程度上反映了当时社会的一般看法。后来由于受到反蒋当局的影响,该报对蒋介石以军权驾驭党权政权的做法提出了批评,甚至认为蒋介石"其人亦不学无术,以偏私之道治军事,且行贪婪之政,遂使国家再乱"。这些言论虽然有些过激,但也从一定程度上反映了当时社会对蒋介石的南京国民政府的不满。

1929 年 3 月至 1930 年 10 月这段时期,反蒋势力与媒体的关系是值得关注的一对关系。例如,在蒋冯关系紧张时,社会上一度出现蒋介石即将讨冯

----

① 《新都印象纪(二)》,《大公报》1930 年 11 月 28 日第 1 张第 3 版。

的谣言。对此，冯玉祥公开通电辟谣，希望国人千万不要听信谣言，表示要"同心同德，拥护中央，拥护蒋主席"。事实上，冯玉祥正在为蒋冯战争进行准备。冯玉祥的辟谣实际上是为其军事行动打掩护。

在中原大战期间，反蒋的北方当局多次干涉《大公报》的言论，使其很难坚守"独立公正之立场"，以致在新闻报道与评论风格方面发生很大变化。此外，北方当局还严格控制军事消息的发布，有时甚至刻意发布假消息，如散布关于蒋介石"左臂受流弹伤"的消息。这些做法无疑都是为了打造有利于自身的舆论环境。

第四章　约法之争及其影响

　　中原大战结束后，蒋介石与胡汉民之间就爆发了约法之争。约法之争以胡汉民的"辞职"而告终，但由此引发的宁粤对峙最终导致了蒋介石的第二次下野。此后不久，蒋介石通过与汪精卫联手挤垮宁粤合作的孙科内阁而重新上台，并在1932年3月的国民党四届三中全会上当选为军事委员会委员长。对于此段历史，学术界已有相当多的研究。[①] 这些研究基本都是从政治史的角度切入，重点主要放在对历史事件内幕的揭示和历史人物关系的分析上，尤其侧重于国民党派系斗争的考察，这种研究对于还原历史真实有很大的帮助。本章试图突破以往的研究视角，以《大公报》的资料为中心，通过对此时期蒋胡约法之争、胡汉民"辞职"、宁粤对峙与和解、蒋介石第二次下野与复职等一系列历史事件的考察，揭示大众媒体对相关军政人物与事件的基本认知情况，对历史事件的发展与军政人物的进退所产生的影响，以及在此期间军政人物与媒体的互动情况。

---

　　① 此方面的突出成果有杨天石的《"约法"之争与蒋介石软禁胡汉民事件》(《中国社会科学》2000年第1期)，陈红民的《"约法之争"的两个问题》(《安徽史学》2006年第3期)、《蒋介石与"约法之争"》(成都："1930年代的中国"国际学术研讨会论文，2005年8月)，金以林的《从汪、胡联手到蒋、汪合作——以1931年宁粤上海和谈为中心》(《近代史研究》2004年第1期)、《蒋介石的第二次下野与再起》(《历史研究》2006年第2期)、《论蒋胡约法之争和国民会议的本质》(北京：中国社会科学院近代史研究所青年学术论坛论文，2000年)以及肖如平的《宁粤对峙与蒋介石的第二次下野》(《民国档案》2009年第2期)等。

第一节　约法之争

一、约法问题的由来

1928年6月，国民党完成北伐，基本上实现统一。在军事结束，训政开始之际，约法问题，尤其引人瞩目。当时国民政府法制局认为："总理于其所规定革命方略中，明认训政时期为施行'约法'时期，各地于战时停止之日，原应概改'军法'之治，为'约法'之治。"因此向二届五中全会建议，组织中华民国暂行约法起草委员会，并限期完成约法草案，以备提交第三次全国代表大会批准实施。[①] 8月11日，二届五中全会通过《训政时期颁布约法案》，其中指出："训政时代，应遵照总理遗教，颁布约法。"[②] 该案的通过得到了社会舆论的积极评价。

《大公报》认为，《训政时期颁布约法案》为"切要之举"：

> 今者国民革命军统一南北，军治既终，训政开始，旧约法已为失灵之鬼，新约法自应替代以兴。……今全国统一，时移势易，非有齐一之规模，不足以监民众之信仰，而国民之权利义务，中央地方之权责范围，党政国政之关系联络，均须根据国民党之理论，制为党义的结晶品之新约法，既符以党治国之旨，又正为事实之所急需。[③]

因此，《大公报》认为："本届会议，亦自有相当之收获，其最大者为约法案与五院制。"[④]

---

① 《法制局向五次全会建议起草约法》，《大公报》1928年8月11日第2版。
② 荣孟源主编：《中国国民党历次代表大会及中央全会资料》（上），北京：光明日报出版社，1985年，第543页。
③ 《社评：新约法与五次全会》，《大公报》1928年8月12日第1版。
④ 榆民：《新都观政记（三）》，《大公报》1928年8月30日第2版。

《大公报》甚至对于新约法的实施提出了建议：

所应注意者，此项约法，一经制定后，即应严格实施，从上澈下，悉受部勒，不得再有旧约法时代违法玩法之弊，在上者以身作则，然后国民乃凛然于根本大法之不可侮。[①]

不过，制定约法的议案并未付诸实施，1929年3月的国民党三全大会反而将这一议案否决，并通过了《根据总理教义编制过去一切党之法令规章以成一贯系统；确定总理主要遗教为训政时期中华民国最高根本法案》，其中说明了无须另外制定训政时期约法的理由：

民国元年，总理未暇及于三民主义、五权宪法之制定，临时遂同意于约法之颁布。然而其内容多非三民主义、五权宪法之主张，实不惬总理之本意。迨本党在广州开创政府之时，总理先后著成三民主义、五权宪法、建国方略、建国大纲诸要典，乃不复以约法为言，盖其意以为关于一切建国之最高理论的原则，已详于三民主义、五权宪法、建国方略诸书，关于具体的根本大法，则以散见于民权初步、地方自治开始实行法及实业计划，且更总括的结晶以成建国大纲，而以政府名义宣布而广传之。是建国大纲已为中华民国根本法之具体部分，而其他三民主义、五权宪法、建国方略诸要典，则为中华民国根本法之理论与政略之原则部分。总合言之，总理遗教不特训政时期以之为根本法，即宪政时期亦须以之为宪法之准则。[②]

之所以出现这种情况，原因主要在于胡汉民。他认为："总理给我们的遗教，关于党的，关于政的，已非常完全，而且事实上都已条理毕具。我们只要去奉行，只要摸着纲领，遵循着做，不要在总理所给的遗教之外，自己

---

① 《社评：新约法与五次全会》，《大公报》1928年8月12日第1版。
② 荣孟源主编：《中国国民党历次代表大会及中央全会资料》（上），北京：光明日报出版社，1985年，第655页。

再有什么创作。"① 由于当时蒋桂战争剑拔弩张，社会舆论对此决议并未给予充分关注。

此时对约法问题关注较多的是自由主义知识分子，胡适即是其中突出的一位。他在国民党三全大会结束后发表《人权与约法》，表达了对国民党三全大会确立以总理主要遗教为训政时期中华民国最高根本法案的不满，该文认为："在今日如果真要保障人权，如果真要确立法治基础，第一件应该制定一个中华民国的宪法。至少，至少，也应该制定所谓训政时期的约法。"他引用孙中山的《革命方略》中"凡军政府对于人民之权利义务，及人民对于军政府之权利义务，悉规定于约法"的规定，呼吁尽快制定约法："我们今日需要一个约法，需要中山先生说的'规定人民之权利义务与革命政府之统治权'的一个约法。我们要一个约法来规定政府的权限：过此权限，便是'非法行为'。我们要一个约法来规定人民的'身体，自由，及财产'的保障：有侵犯这法定的人权的，无论是一百五十二旅的连长或国民政府的主席，人民都可以控告，都得受法律的制裁。我们的口号是快快制定约法以确定法治基础！快快制定约法以保障人权！"②

此后他又发表《我们什么时候才可有宪法？——对于〈建国大纲〉的疑问》，其中指出："宪法与训练有什么不能相容之点？为什么训政时期不可以有宪法？为什么宪法之下不能训政？……宪法之下正可以做训导人民的工作；而没有宪法或约法，则训政只是专制，决不能训练人民走上民主的路。"他甚至对孙中山也提出了批评："中山先生的根本大错误在于误认宪法不能与训政同时并立。他这一点根本成见使他不能明白民国十几年来的政治历史。"因而，他进一步呼吁："立一个根本大法，使政府的各机关不得逾越他们的法定权限，使他们不得侵犯人民的权利，——这才是民主政治的训练。程度幼稚的民族，人民固然需要训练，政府也需要训练。……我们不信无宪法可

① 荣孟源主编：《中国国民党历次代表大会及中央全会资料》（上），北京：光明日报出版社，1985年，第619页。

② 欧阳哲生编：《胡适文集》（5），北京：北京大学出版社，1998年，第527—529页。

以训政；无宪法的训政只是专制。我们深信只有实行宪政的政府才配训政。"①

胡适的主张得到了当时一大批自由主义知识分子的支持。当时的罗隆基更是认为："根本的原则是宪法一定要人民的承认。人民对于宪法某部分不同意时，有法定的手续，可以修正。所谓'遗教''全书''大纲'，那一部分是我们全体人民制定的，那一部分是默许的？经过什么手续，得到人民的承认？我们人民有什么方法，可以修正？"他指出，"中国应立刻有一个由人民制定的宪法，制定宪法的唯一方法，为立刻召集国民大会。"②

甚至连当时的国民党元老蔡元培也对胡适的主张表示赞同，他在给胡适的信中说："大著《人权与约法》，振聩发聋，不胜佩服。"③

南京政府否定训政时期应制定约法的做法还受到来自其内部的反对。1930年8月7日，由反蒋各派联合召集的国民党中央党部扩大会议在北平发表宣言，详细阐明了制定约法的必要性：

训政时代，必有约法，犹之宪政时代必有宪法。盖自人民权利言之，私权方面，如身体财产自由等，不可无大法为之保障。公权方面，如选举、罢官、创制、复决等，不可无大法以为之规律。自国家机关言之，其相维相制，不可无大法以为之规律。而其尤要者，则为规定政府与人民之关系，使政府对于人民之干涉，有其不可逾越之限度。此为近世立宪之精义，而亦民主政治所从出者。蒋号称训政，于今三年，而约法一字亦未颁布。以人民权利而论，私权公权剥夺无余。不但政治机关不能参与，即民众团体亦横遭压迫，而个人之生命财产自由更无复保障。④

---

① 欧阳哲生编：《胡适文集》（5），北京：北京大学出版社，1998年，第537—538页。
② 罗隆基：《我们要什么样的政治制度》，《新月》第2卷第12号，1930年2月10日，第17—21页。
③ 中国社会科学院近代史研究所中华民国史组编：《胡适来往书信选》（上），北京：中华书局，1979年，第515页。
④ 荣孟源主编：《中国国民党历次代表大会及中央全会资料》（上），北京：光明日报出版社，1985年，第844页。

扩大会议宣布，将根据《孙文学说》及《建国大纲》等孙中山遗教，制定训政时期约法，对于人民公私权利之保障，及政府机关之组织皆明白规定。①

对此，《大公报》认为："现在北平扩会之宣言，等于二届五中全会决议之见解也"，并指出二届五中全会虽通过了《训政时期颁布约法案》，但"其后无端放弃之，中央全会决议案之无效，此为其最著者"。②《大公报》指出，约法的缺失导致的严重后果是："国成事实的无法之国，民为无条件被治之民，中山先生所谓以党义行训政者，变为一人或少数人专制之政体。"为挽救计，"固宜制定基本的法律，保障民权，厘定制度，废专制之党政，树民治之根基。"因此，大公报认为"北平扩会此次之政策，应为全国人民所需要"。③ 这无疑是充分肯定了北平扩大会议的主张。

10月27日，扩大会议在太原通过并公布了《中华民国约法草案》，以此作为训政时期政府与人民"共同遵守之根本大法"。其中再次强调："约法与训政实相为表里，无约法不足以言训政也"。④ 这就根本否定了国民党三全大会关于将孙中山主要遗教作为训政时期中华民国最高根本法案的决议。虽然此时蒋介石已经在中原大战中获得决定性的胜利，"太原约法"不可能获得实施的机会，但是"太原约法"的公布仍在社会上引起了不小的震动。《大公报》就对此进行了专文评论："虽然，训政时期中是否需要约法，实为国民党执政后党内外一大悬案。首都党国要人近亦有人表示及之者。社会方面，则谈之者尤多。可知此事不是党的问题，而是国的问题。"并指出"太原约法""与寻常学子之一家言不同。将来若起草约法或制定宪法见诸事实，则此项二百十一条草案原文，至少有充分参考之价值。……此项草案，内容比较周到，有许多处直可作宪法看，……从理论言，此项草案实有许多优

---

① 荣孟源主编：《中国国民党历次代表大会及中央全会资料》（上），北京：光明日报出版社，1985年，第845页。

② 《社评：政治主张之比较观》，《大公报》1930年8月8日第1张第2版。

③ 《社评：约法问题与人民》，《大公报》1930年9月14日第1张第2版。

④ 荣孟源主编：《中国国民党历次代表大会及中央全会资料》（上），北京：光明日报出版社，1985年，第848页。

点"。^① 可见，《大公报》不仅对"太原约法"给予了积极的肯定，还希望国民政府能够参考"太原约法"制定训政时期适用之约法。

二、争端开启

在 1930 年中原大战取得决定性胜利之时，蒋介石于 10 月 3 日从河南兰封前线发出致国民党中央执行委员会电，即有名的"江电"，其中提出了制定训政时期约法的主张：

> 目前唯一要务，为提前召集第四次全国代表大会，确定召集国民会议之议案，颁布宪法之时期，及制定在宪法颁布以前训政时期适用之约法。……准备以国家政权，奉还于全国国民，使国民共同负责，以建设我三民主义之国家。^②

对于蒋介石的"江电"，胡汉民不以为然，"嘱中央通信社勿予发表，以候讨论"，并认为"要等到中央常委会讨论决定后，才可公开"。^③ 一连数日，"江电"均未能见诸报端，蒋介石只好"将原电发往上海刊布"。^④ 7 日，上海《申报》《民国日报》等各报均刊载了此电。^⑤《大公报》也在这天以《蒋中正请开国民会议》为题将此电刊载。^⑥ 此时，南京的报纸却仍未刊载此电。^⑦《大公报》刊载"江电"后，又对其公布过程中的内幕作了挖掘：

---

① 《社评：汪精卫等约法草案》，《大公报》1930 年 11 月 1 日第 1 张第 2 版。

② 周琇环编注：《蒋中正"总统"档案·事略稿本》(第 9 册)，台北："国史馆"，2004 年，第 18—19 页。

③ 郭廷以编著：《中华民国史事日志》(第 2 册)，台北："中央研究院"近代史研究所，1984 年，第 631 页；程思远：《政坛回忆》，桂林：广西人民出版社，1983 年，第 43 页。

④ 郭廷以编著：《中华民国史事日志》(第 2 册)，台北："中央研究院"近代史研究所，1984 年，第 631 页。

⑤ 《蒋提议召集四全代表大会》，《申报》1930 年 10 月 7 日第 1 张第 4 版；《蒋委员中正之重要提议》，《民国日报》1930 年 10 月 7 日第 1 张第 3 版。

⑥ 《蒋中正请开国民会议》，《大公报》1930 年 10 月 7 日第 1 张第 3 版。

⑦ 《四中全会决于十一月内召集，蒋江电京报昨未披露》，《大公报》1930 年 10 月 8 日第 1 张第 3 版。

蒋氏之第二江电，其发出时间实跟随第一电而来。原电除呈中央执行委员会而外，同时并通电全国报馆。中央方面，早于四日接到该电，各报馆则直至六日接到。当晚中央宣传部以该电不过系向中央建议性质，不必即时发表，故翌日京中各报，均未刊载。而七日之沪上各报，则已全电登出，当晚中央社因重将原稿刊出，八日方见于京中各报。①

可见，若不是遭到了来自胡汉民方面的抵制，蒋介石的"江电"应该早几日就在各大报上与读者见面了。

透过"江电"，《大公报》发现蒋介石的主张不仅仅是"制度上之重要改革"，还"与汪精卫之主张略相一致"。因此，《大公报》更注重从"政治解决"的角度予以评价：

汪等始终所抱定者，为国民会议与基本大法。今蒋之提议，自系其本身主张，毫不含承认前北平扩大会议地位如何之意。然最可注目者，即由此证明现在主持中央者与反对者，对于党治之解释，及今后之方针，大体一致，而其一致之点，在共同承认应开国民会议，应先制定约法，应促成宪政。则就常理论之，以党言，已得恢复合作之机会，以政言，渐开民主制度之端倪，和平统一之一线曙光，应在于此。夫一年以来，以国民党内斗之演进，招致全国之大混乱，惟闻兵争，不见政治。当局者之钩心斗角，只在如何搜刮军费，如何增加武装，一切主义政纲，全无由表现。一般失意而有野心之人，则依附政潮，奔走其间，唯恐乱事之不大。人民则完全失其生命财产之保障，四海愁苦，怨毒沸腾。故为拨乱反治之计，必须先将军事的，变为政治的，蒋氏此电，足开政治的解决之端乎。②

<hr />

① 《蒋昨晚宴中央各要人》，《大公报》1930年10月16日第1张第3版。
② 《社评：蒋请开国民会议之江电》，《大公报》1930年10月8日第1张第2版。

《大公报》肯定蒋介石要求制定约法的主张与汪精卫等人的要求"大体一致",从而认为这是从"军事解决"转向"政治解决"的开端。

此外,《大公报》还认为"江电"之本意,是"以国家政权奉还于全国人民",一方面继承总理遗教,成天下为公之志,一方面容纳人民之意思,予以参加政治之途径,从国家的角度言,"不失为贤明之主张"。①

对于蒋介石"江电"中要求召集国民会议制定约法的主张,胡汉民表示了强烈的反对,并公开和蒋唱反调。10月6日,胡汉民在立法院纪念周作题为《国家统一与国民会议的召集》的演讲,认为制定约法是"胡闹","因为总理临终的遗嘱,明白要我们大家'务须依照予所著建国方略建国大纲三民主义及第一次全国代表大会宣言'。我们在第三次全国代表大会中且已议决将总理所著的这种主要遗教定为效力等于约法的根本大法,如果于此之外再要有所谓约法,那岂不是要把总理的遗教,一齐搁开,另寻一个所谓约法出来吗?"②此文后来经各大报转载,使蒋胡约法之争公诸于世。

对于国民党内部在制定约法问题上的分歧,《大公报》也有观察:"国民党训政期中,制定约法,以资遵守一节,乃国民党统一中国后之一大悬案。……试观五中大会以还,约法问题,曾经不少之争论,即至最近,中央要人,犹有赞否不同之表示"。③在这一问题上,《大公报》对胡汉民的主张并不表示赞同,并从两个方面提出了制定约法的必要:

孙公遗著,浩瀚渊深,旨非一贯,著非同时,取舍之际,势须变通,从违之间,动须诠释,律同宪典,似有不伦。……至若建国方略之建设计划,三民主义之理论研讨,或关事实条件之有无,或属抽象问题之解说,因时制宜,望文生义,虽起先生于地下,亦未必无斟酌回旋之余地。谓为章则,责诸奉行,笼统含糊,何以昭信?此其一。法律也者,在实质须养成人民之法

---

① 《蒋昨晚宴中央各要人》,《大公报》1930年10月16日第1张第3版。
② 蒋永敬编著:《民国胡展堂先生汉民年谱》,台北:商务印书馆,1981年,第491页。另见胡汉民:《国家统一与国民会议的召集》,《大公报》1930年10月16日第1张第3版。
③ 《社评:论制定约法之必要》,《大公报》1930年10月17日第1张第2版。

律的意识，有依法遵守之自觉，在形式须经过相当手续，使制定公布，秩然有序，内容显豁，举国明了。……中国国民党，政权在握，未逾三年，宣传党义，迄未普及，将欲以繁赜之理论，错综之政纲，令训政中之国民，有法律的信念，夫岂可能之事？此其二。有此两种特殊情形，吾人认为根据党义政纲，整齐条理，制为约法，不但治者被治者权义之间，有所遵依，即党义政纲，亦可因法律形式而大收普遍宣传之效用。为政府计，为国民党计，乃绝对的有利之事也。[1]

可见，《大公报》不仅仅是反对胡汉民之主张、支持蒋介石之主张，其见解还符合《大公报》本身一贯的立场和当时社会普遍希望"法治"的要求。此后，《大公报》又刊载了一些主张制定约法的文章。其中有南开大学梅汝璈博士的《训政与约法》，该文对反对制定约法的理由进行了逐项批驳。[2]

11月12日，国民党三届四中全会开幕，社会寄以厚望，希望能就约法问题有所决议。《大公报》在当天的社评中提出："应即厉行蒋主席江电所陈，迅速筹备国民会议，以决定颁布宪法日期，并先制定约法以保障人民公私权利，如此庶几一新人心，俾共同拥护政府"。[3] 实际上，根据蒋介石"江电"提议召集国民会议制定训政时期约法之议案虽被列为主席团提案，但是会中对于"约法问题有辩论"。[4] 反对该提案的主要就是胡汉民。由于胡汉民在会上对于制定约法问题，"力持异议"，最后原提案做了很多修正。[5] 14日，《大公报》就发现，"大会对国民会议问题空气不佳，缩小省区制定约法亦有少数人反对。"[6] 15日，有"甫抵京门出席会议之委员"向全会提交长达万言的

① 《社评：论制定约法之必要》，《大公报》1930年10月17日第1张第2版。
② 《训政与约法》，《大公报》1930年10月30日第1张第3版。
③ 《社评：中全会何以慰吾民》，《大公报》1930年11月12日第1张第2版。
④ 周琇环编注：《蒋中正"总统"档案·事略稿本》（第9册），台北："国史馆"，2004年，第132页。
⑤ 蒋永敬编著：《民国胡展堂先生汉民年谱》，台北：商务印书馆，1981年，第493页。
⑥ 《国民会议问题如何》，《大公报》1930年11月14日第1张第3版。

《速请召开国民会议制定约法案》，胡汉民与李石曾、吴稚晖等人就此案进行了激烈的辩论，会议于是决定将此案与主席团所提关于召集国民会议制定约法提案合并办理。① 但是，全会最终未能就是否制定约法问题作出决定，而是将"约法案留交明年之国民会议"。②

四中全会之后，胡汉民不仅坚持己见，还积极宣传其主张。1931年1月5日，他在立法院演讲，专门对国民会议和国民大会作了区分，认为国民会议无权制定约法。他指出，"近来有很多人故意把国民会议与国民大会混为一谈，想藉以遂其捣乱的诡谋，破坏本党党治的基础。……（国民大会——引者）是人们行使政权的最高权力机关，与国民会议之为临时的集合，很有显著的不同。……关于国民会议的一切，我们应该求之于总理遗教"。③ 之后，胡汉民在接受记者访问时更明确指出："我追随总理数十年，总理之重要著作，我亦曾参加若干意见，从未闻总理提及'国民会议应讨论约法'一语。"④

从明确国民会议职责的角度来反对制定约法，这样的理论似乎更有说服力。《大公报》也不得不承认国民会议不具有缔造根本大法的功能：

> 夫此次召集之国民会议，其性质显非国家主权所寄托之最高造法机关。盖现在制度，为国民党负责之训政政治，事实上统一全国，国际上以获承认。依国民党解释，须颁布宪法归政于民之日，国民党执政责任，方为终了，是以在此训政时期召集之国民会议，显非主权性质之代议机关。换言之，该会议之职权，势必为有限的，非无限的是也。⑤

可见，《大公报》对通过国民会议制定约法的前景并不乐观。

---

① 蒋永敬编著：《民国胡展堂先生汉民年谱》，台北：商务印书馆，1981年，第493—496页。
② 《社评：四中全会闭幕》，《大公报》1930年11月19日第1张第2版。
③ 胡汉民：《遵依总理遗教开国民会议（续）》，《民国日报》1931年1月13日第2张第2版。
④ 胡汉民：《谈国民会议意义》，《中央日报》1931年2月25日第1张第3版。
⑤ 《社评：国民会议之职权如何？》，《大公报》1931年1月25日第1张第2版。

但是，《大公报》仍然希望在宪法未颁布之前，政府可以提出训政时期之"公约"，确定政府与人民间的法律关系，由国民会议议决公布。[①] 要求政府提出训政时期之"公约"，足见《大公报》在这一问题上的谨慎态度。

第二节　胡汉民"辞职"与约法问题之解决

一、胡汉民"辞职"

2月28日晚，蒋介石以邀宴为名，将胡汉民诱至总司令部，当场将其扣押，之后又转至汤山监禁。3月2日，蒋介石在国民政府纪念周报告约法问题，坚持其要求制定约法的初衷："殊不知无约法，则人民之生命财产，尚无由保障，其何能言统一，又何能言建设。总理革命在中华革命党时，本定为军法约法与宪法三个时期，是其不认约法者，乃不认民国元年之约法，而非不欲训政时期之约法可知。既知总理遗教开国民会议，为求中国之统一与建设，而竟不欲颁约法，是直曲解遗教而已。数年以来，为求中国之统一与建设而战，我党数十万同志与将士，不畏艰险，不顾成败，前仆后继，断头流血，而无所辞者，乃欲为和平统一，求确实之保障耳。今欲为国内永久免除战祸，惟有速定全国人民公守之约法，而国民会议应有此义务也。"此外，对胡汉民公开反对制定约法的做法予以严厉指责："今胡汉民同志，不顾本党与国民全体之公意，在中央未有具体决议以前徒凭个人见解，发为国民会议不当议及约法之言论，是不但失我总理召集国民会议之精神，且将引起今后有约法无约法之纠纷，重贻党国无穷之祸患。胡汉民同志，身负党国重任，不应如此轻易发言，使人心为之淆惑。"[②]

蒋介石发表讲话当日，国民党中常会开临时会议，通过蒋介石等12人提议召开国民会议制定约法的提案，推吴稚晖等11人为约法起草委员，并准胡

---

① 《社评：国民会议职权私议》，《大公报》1931年1月27日第1张第2版。

② 高素兰编注：《蒋中正"总统"档案·事略稿本》（第10册），台北："国史馆"，2004年，第199—201页。

汉民辞本兼各职，选任林森为立法院院长，邵元冲为国民政府委员兼立法院副院长。① 至此，蒋胡约法之争以胡汉民的"辞职"而告结束。

从当时社会媒体的反应来看，胡汉民也并非"被扣"，而是"辞职"。例如，上海《民国日报》的《中央常会决议国民会议制定约法》（1931年3月3日第1张第3版）中有"胡汉民辞职林森继立法院院长"。《申报》更是以《胡汉民辞职》为题予以报道。其中有，因约法问题，胡"以其本人主张不能贯彻，已引咎辞职。即于当晚（2月28日晚——引者）迳赴汤山休养。"②

《大公报》对这一事件的反应也是如此。该报对胡汉民"辞职"事件的记述，主要可以分为以下几个方面：

（一）对胡汉民"辞职"事件的报道

胡汉民"辞职"并未第一时间见诸报端，各报对这一事件的报道基本上都在3月3日，比事件发生迟了3天。当日，《大公报》以《中常会决议制定约法，推吴稚晖等为起草员，准胡汉民辞本兼各职》为题对此事作了报道。其中首先报道了3月2日中常会通过的两项决议，一是制定约法，推吴稚晖等11人为约法起草委员；二是准胡汉民辞本兼各职。对胡汉民"辞职"的报道，较为简单：

俭（廿八日）晚中央各要人，集议国民会议事，蒋主张由会议制定约法，胡不主张，辩论热烈，胡以意见未能贯彻，请辞各职，东（一日）晨独赴汤山。③

胡汉民以其地位之重要，辞职之突兀，"一时遂颇引起世人之注意"。④ 6日，《大公报》又对此事作了稍为详细的报道：

① 韩信夫，姜克夫编：《中华民国大事记》第3册（1930–1936），北京：中国文史出版社，1997年，第163页。

② 《胡汉民辞职》，《申报》1931年3月3日第1张第4版。

③ 《中常会决议制定约法，推吴稚晖等为起草员，准胡汉民辞本兼各职》，《大公报》1931年3月3日第1张第3版。

④ 《社评：政治之正轨与常轨》，《大公报》1931年3月5日第1张第2版。

二十八日夜，蒋（介石）胡（汉民）戴（季陶）孙（科）吴（稚晖）宋（子文）孔（祥熙）等谈至十二时未散，蒋胡对国民会议约法问题，争论甚久。蒋谓事关重要，胡不应随便发表谈话，送报登载。相持之下，戴孙调停，请胡放弃成见，胡表示愿辞职下野，离席欲去，蒋请胡先生不必生气，何妨长谈，戴孙陪胡至夜三时，始各回寓。一日晨七时，又至蒋宅晤胡，随由戴孙送胡赴汤山休息，中委陈立夫刘芦隐等十余人亦去，下午戴等始回城。①

从以上报道来看，胡汉民主要是因为政见不同而"辞职"。

（二）对胡汉民"辞职"之评论

主要可分为三个方面：

其一，认为胡汉民"辞职"为"政治之常道"。5日，《大公报》针对社会上对于胡汉民"辞职"事件的猜测，发表社评指出：

胡氏此次之事，正如张溥泉（继）所谓"以前的言论，是纪律给予的自由，现在的辞职，是政治家负责的态度"，完全为政治之常道，丝毫毋庸诧怪。而政治家意见不同，公开论辩，只须公私分明，确守范围，又毋宁为应当欢迎奖励之现象。故今兹之事，在上者可以无所用其讳忌，在下者更不必妄加臆测。蒋主席在纪念周上不云乎"大义所在，应策公私之两全"，然则又何所用其臆测。……轨道内之论争，无论法治党治之国家，胥应容许，盖不如此则政治必腐化，国家必退步，而人心不平，无所发泄之结果，又难保不激而出于正轨常道之外，斯其为害国家，或转在剧烈的政见辩争之上。②

《大公报》认为，胡汉民"辞职"为"政治之常道"，并肯定了胡汉民的

---

① 《邵元冲昨晨到立法院视事，胡汉民仍在汤山卧病》，《大公报》1931年3月6日第1张第3版。

② 《社评：政治之正轨与常轨》，《大公报》1931年3月5日第1张第2版。

"辞职"行为。

其二,对胡汉民的主张表示反对:

今蒋先生既接受国人的意思,以议定约法的大权,赋予国民会议,这正是党国收拾人心的第一件值得纪念的大事。只要国民会议议决的条文,不违背遗教原则,并适合多数人民的心理,颁布之后,政府又能事事遵行,不敢稍有出入,不致徒成具文,这样我们一切事都可拥护伟大廉洁的蒋先生一手做下去,国人都可以得到多年得不到的利益,这岂不是我们极好而极省力的一件事么。①

其三,对胡汉民个人进行评价。一方面,对胡个人予以肯定:胡氏所怀不伸,"绝裾以去","不失出处光明之政治家风度","且撇开胡氏反对约法主张偏激之一点言,其平时持躬之严,治事之勤,自信之忠,要与向来圆滑苟容,曲学阿世之巧宦俗吏不同。"②此外,认为胡氏自五院制试行之后,主持立法事业,"成绩卓著",关于党的理论方面,"亦多所发挥",其对于纠正吏风勉励党员之演辞,"常为社会所推重",至于勤勉任职,刻苦不懈,"尤足为政界之范。"另一方面,则认为他态度偏激,未脱书生本色:"关于解释遗教,对约法事,始终持反对之说,此次独违众议,宁辞职而不雷同,其见解过偏,而其态度坚决,亦有足表现书生本色,乃竟因此实行辞职,殊令人惋惜不置矣。"③

(三)对胡汉民病情的关注

"辞职"期间胡汉民身体非常不好,一度病重。因而,胡汉民的病情成为当时社会极为牵挂的问题。

《大公报》对胡汉民病情最早的报道是在3月4日,内容相当简短:"胡在汤山养病,闻已二日未进食,胡夫人在粤,女木兰赴汤山伴父,京中胡

---

① 刘昌言:《慰胡汉民书》,《大公报》1931年3月11日第3张第11版。
② 《社评:政治之正轨与常轨》,《大公报》1931年3月5日第1张第2版。
③ 《社评:约法问题之解决》,《大公报》1931年3月4日第1张第2版。

寓，由胡之副官看守"。^①

6日，又对胡汉民的病情作了较为详细的报道：

> 胡汉民在汤山，因气候不适，病转剧。江（三日）铁部主任医官邓真德往治时，胡尤在客厅观书，邓诊治时，体温一百度，脉搏每分八十四次，舌苔甚厚，不能进食，颈项疼，痔疾复发，头眩甚剧，睡眠每夜只一二时，用药后体温稍减，颈项仍痛，精神更疲。支（四日）夜四时半起床小便，竟晕去，幸女公子扶持，急请邓诊视，脉愈微，用热水温治急救，十余分钟始苏，五时半大便又晕倒，经邓及女公子扶起，急救始复原，除牛奶不能进其他食品。邓以汤山药少，微（五日）返京，谒蒋戴报告病状，进城时，女公子坚留不使走，经告以药品不全，始含泪送出。十一时汤山电话又至，谓呕吐甚剧，邓即携药品驱车往诊，戴季陶孙科下午二时均往视疾。邓医谈，汤山气候不适，药品不全，若不返京，恐一时不克痊愈。^②

从报道的情况看，胡汉民病得非常严重。6日，蒋介石因为各报转载胡汉民病重消息，而召中央通讯社主任余惟一训话，表达对新闻舆论的不满。

第二天，《大公报》报道胡汉民的病情较前一天有所缓和：

> 刘瑞恒往诊胡，谓热度九十九，脉搏八十，恢复常态，血压高于二百，故头痛，但非最近所致，在一年前操劳过度即有此症，须多休养。鱼（六日）午后吴稚晖钮永建偕到汤山省胡，戴（季陶）鱼（六日）言，胡病不甚重，须长期休养。……胡患后脑神经病，兼发痔疾及胃肠不适，食量不甚佳，大抵系历年辛苦所致。刘瑞恒昨往诊视，温度脉搏已如常，惟血压颇高，须绝对静养。^③

---

① 《胡汉民滞留汤山》，《大公报》1931年3月4日第1张第3版。

② 《邵元冲昨晨到立法院视事，胡汉民仍在汤山卧病》，《大公报》1931年3月6日第1张第3版。

③ 《王宠惠发表约法意见，胡需休养定今晚回城》，《大公报》1931年3月7日第1张第3版。

8日，胡汉民自汤山抱病回城，《大公报》对此也作了详细的记载：

胡于庚（八日）下午二时，由戴传贤邵元冲吴思豫同到汤山迎接，三时半由汤山行，六时半进城到家，总部派四卫兵副官送。胡体甚弱，面容黄瘦，下汽车时，由邵元冲及女公子木兰扶持，到家后吴思豫由警厅派手枪队二十名到宅保护，总部卫兵退去，李济深等多人，到宅慰问。①

从对胡汉民回城情况的描述来看，此时胡汉民身体相当虚弱。

二、蒋介石对舆论的钳制

蒋介石在扣押胡汉民前后，为了消除由此带来的不良社会影响及严重的政治后果，极其注重对社会舆论的控制与引导。

在对胡汉民采取行动之初，蒋介石就非常注重舆论反应。例如，蒋介石在28日晚邀宴胡汉民及在京中委时，即"事前通知主管方面，转告各报，禁止登载此项消息"，所以，事发后"一般人初尚不以为竟至发生如此之要紧消息"。而且，自3月1日晨起"电报与京沪长途电话，皆严密检查，消息无法传出，虽系公开宣布者，检查员亦非请示不发。"3月2日晨，蒋介石在国民政府纪念周作报告，"面带怒容"，所作报告原本由媒体刊发，但"下午忽又通知扣留不发"。②

4日晚，蒋介石宴立法院全体委员，说明胡汉民辞职原因，主要为约法问题：

胡同志自认其主张与中央同志相反，乃表示自愿辞职。中央同志以胡同志此种自责辞职，实出于政治家应有之态度，且深体胡同志于国民会议期

---

① 《胡汉民下山回城》，《大公报》1931年3月9日第1张第3版。
② 《邵元冲昨晨到立法院视事，胡汉民仍在汤山卧病》，《大公报》1931年3月6日第1张第3版。

间，必自感主张不行之苦衷，因毅然提出。二日，中央常会决议照准。此完全为胡同志个人之主张关系。①

5日，"胡汉民有在汤山病晕，血压高至二百度"，为防出事，蒋介石急命戴季陶、孙科、刘瑞恒前往汤山"视病"。就在此时，蒋介石发现"立法院有人欲借作宣传"。第二天，蒋介石又"见各报转载中央通讯社消息，关于胡汉民之病，大为宣传"。② 形势对蒋介石"极为不利"。③

6日，因为中央通讯社发表胡汉民病重消息，蒋介石召中央通讯社主任余惟一训话，"谓记载有出入"。④ 经过蒋介石对余惟一的训话，胡汉民病情"转佳"，且"脉搏已如常"。⑤《大公报》即在次日登载了胡汉民的两首新诗："（一）题为'忆组安'：太傅采和未易师，灌兰锄艾尚无诗；拟从吏部规棋癖，肯学君□（电码不明）有妒癥；风景不殊君逝后，江山无恙我忧时；去年今日经风雨，正是回章索和时。（二）题为'山居集曹全碑字'：山居尚有三间屋，字报平安慰妇心；出谷起为云造雨，涧泉□（电码不明）落土流金；身闲拟续清凉赋，地远曾无故旧临；有疾要从方药理，儒生修养事远禁。"⑥

在涉胡消息严密封锁的情况下，报纸居然能公开刊载胡汉民的新诗，这明显是当局者的有意为之。这样做的目的，不过是想借此证明胡汉民不但身体良好，有精力作诗，而且也可以将新诗自由发表。

胡汉民新诗刊发后，蒋介石又立即通过京卫戍部"通知各报，不得登胡所发表文字"，当时警备部也"连接总部两电，着即日派员审查各报新闻，

---

① 高素兰编注：《蒋中正"总统"档案·事略稿本》（第10册），台北："国史馆"，2004年，第215页。

② 高素兰编注：《蒋中正"总统"档案·事略稿本》（第10册），台北："国史馆"，2004年，第219—221页。

③《邵元冲昨晨到立法院视事，胡汉民仍在汤山卧病》，《大公报》1931年3月6日第1张第3版。

④《王宠惠发表约法意见，胡需休养定今晚回城》，《大公报》1931年3月7日第1张第3版。

⑤《胡病势昨转佳》，《申报》1931年3月7日第1张第3版。

⑥《王宠惠发表约法意见，胡需休养定今晚回城》，《大公报》1931年3月7日第1张第3版。

审查范围未提及"。① 此外,蒋介石通过中执会公开通电,陈述胡汉民辞职经过。其中提到:"此次胡汉民同志之辞职,积劳多病,不胜繁剧,固其一因,同时因关于国民会议之约法起草问题,胡同志之讨论与中央同志相殊,愤而辞职。中央经再三郑重考虑之后,为完成依三民主义,确立本党,与全面共同遵守之约法计,决准其辞职。"② 一方面是禁止各报擅发涉胡(汉民)的消息,另一方面又公开通电解释胡汉民"辞职"情况,足见蒋介石对舆论是控制与引导并重。

8 日,因为胡汉民身体原因,同时也是迫于外界压力,蒋介石"命邵元冲陪胡汉民自汤山返其京寓休养"。③

9 日,蒋介石在国民政府纪念周作报告,再次对胡汉民"辞职"赴汤山的情形作了说明,并指出"一个政治上的负责者,因为政见不合,引退辞职,乃是一件极普通极平常的事。"对于胡汉民的病情,也作了解释:"胡同志在汤山静养,体温九十九度,脉搏七十二至九十,皆如常人。惟其向来有后脑神经痛病,及血压过高之症,据医生推此病源,由来甚久,至少得之于一年之前,故亦非短期间所能痊愈。其在汤山所作的诗文,报纸上也曾经登载。"对于外界所担心的胡汉民个人自由问题,蒋介石表示,"胡同志的行动是否自由,不是甚么重大的问题",但又称,"胡同志因为避嫌止谤,打算此后常住南京,不赴别处",且"胡同志实在以不离开南京为是,中央各同志都是这样想,胡同志本人也是这样想,所以胡同志虽然辞去政府的职务,然而仍是不会离开南京的"。④

14 日,蒋介石接受《大公报》记者访问,当记者问及胡汉民的病情时,蒋介石称:"已无病,日前所传系谣诼。"⑤

---

① 《胡汉民今日由汤山回京,卫戍部禁各报登胡文字》,《大公报》1931年3月8日第1张第3版。
② 《胡汉民下山回城》,《大公报》1931年3月9日第1张第3版。
③ 高素兰编注:《蒋中正"总统"档案·事略稿本》(第10册),台北:"国史馆",2004年,第226页。
④ 高素兰编注:《蒋中正"总统"档案·事略稿本》(第10册),台北:"国史馆",2004年,第229—235页。
⑤ 《蒋主席昨与本报记者谈话》,《大公报》1931年3月15日第1张第3版。

胡汉民"辞职"后，约法之争突告结束，召集国民会议，制定约法，已成定论。就在此时，社会传言国民会议将讨论总统问题，并将选举蒋介石为总统。据《时事新报》载："此次国民会议，除通过约法外，并将讨论大总统问题。"[1] 其实，这种传言早在蒋胡约法之争时期就有，"当时盛传，蒋先生将利用约法，出任总统，尤为胡氏所反对。"[2] 在制定约法问题已经解决的情况下，这种传言就更加引人瞩目。

对此，蒋介石不得不就总统问题发表谈话，表达意见。3月18日，他对外明确表示训政时期不需要总统：

最近外面传说本人要在国民会议里面提出总统问题，自己要做总统，实行独裁制，这种谣言，实在太没有意义。总统要不要的问题，不是哪一个人所能主张所能决定。中国目下有无总统必要，完全要由革命的环境和革命的需要而决定。如果革命的环境和革命的需要，要求产生一个总统，无论哪个个人都不能反对拒绝的，如果勉强拒绝，反足以阻碍革命的成功。反过来说，假使革命的环境和革命的需要，不需要总统，任何个人也不能使他产生。如果要勉强产生，正足以使革命失败，这乃是根本原则。……现在的革命环境和民国元年不同，和民国十年亦不同。国民政府已经统一中国了，革命政权已经确立了，对内对外，国民政府已可掌握政权，代表国家了。在这种情形之下，训政时期实在不需要产生总统，到（至）于将来宪政时期是否需要总统，现在不必预先讨论。就目前训政时期的情形而言，个人的意思，只要国民政府负起责任，依照建国大纲的精神切实做去，革命就可以完成，不必另选总统，否则反足以资反动派造谣的机会，又引起人心不安。所以个

① 金雄白：《记者生涯五十年》（下），台北：跃升文化事业有限公司，1988年，第22—23页。转引自金以林：《论蒋胡约法之争和国民会议的本质》，北京：中国社会科学院近代史研究所青年学术论坛论文，2000年。
② 李宗仁口述，唐德纲撰写：《李宗仁回忆录》（下），桂林：广西师范大学出版社，2005年，第477页。

人的意见，在国民会议里面，只应制定约法，不必而且不应提出总统问题。①

3月30日，蒋在中央党部纪念周上对国民会议的任务作了说明："我们最近最要的工作，就是五月五日的国民会议。总理临终的遗嘱，就是开国民会议和废除不平等条约两件大事。国民会议中间，就是废除不平等条约和训政时间的约法为唯一的要案，这两件事，实为我们中华民族生死存亡的关头，我们党员和全国的国民应该十分注意。"② 认为废除不平等条约和制定训政时期约法是国民会议唯一的要案，也就间接否定了选举总统的问题。

31日，蒋介石接受《大公报》记者的专访。在记者问及国民政府现行政治制度有无修正必要时，蒋介石表示："本人看法，制度全在运用如何，以个人意见，现在之制度无何变更必要。"此外，蒋介石特地反问记者对此事有何意见，记者答："当此人心未定，制度或不宜有重大变更"。③ 不变更现有制度，当然谈不到选举总统的问题。

由于蒋介石的一再表态，利用国民会议选举总统的传言并未产生多大的社会影响，其本身也未变成事实。

三、胡汉民"辞职"后之约法问题

（一）"约法问题之解决"

胡汉民的"辞职"是因约法之争而起，其"辞职"后，约法问题也就顿时解决。胡汉民"辞职"后，《大公报》除对"辞职"事件本身和胡汉民本人状况予以追踪之外，也开始积极探讨约法问题，主要有以下三个方面：

其一，积极评价约法问题的解决。3月4日，《大公报》就发表社评，对约法问题的解决表示肯定：

---

① 高素兰编注：《蒋中正"总统"档案·事略稿本》（第10册），台北："国史馆"，2004年，第286—290页。

② 高素兰编注：《蒋中正"总统"档案·事略稿本》（第10册），台北："国史馆"，2004年，第351页。

③ 《现制度无何变更需要——蒋主席对本报记者表示》，《大公报》1931年4月3日第1张第3版。

本月二日中常会临时会议，通过蒋（介石）戴（季陶）于（右任）等十二委员之提案，声明召开国民会议之目的"在依遵总理所示全国之统一及建设的标准，于三民主义的训政范围以内，确立本党与全国人民共同遵守之约法"，同时推定吴静恒王宠惠等十一人为约法起草委员。自去年十月三日蒋主席江电发议以来，四中全会所未能议定，一般社会所不敢继续请求之一大问题，至是而忽得正当合理之解决，在近今政局中，可谓最明快惊人之一幕也。……在吾人夙昔主张有制定约法必要者，尤表快慰之感也。[1]

其二，积极探讨约法的性质问题。《大公报》认为，"年来自太原约法案至今日之约法论，其为'训政约法'之性质，似无大异，戴季陶氏不尝云乎，此种约法，当然非类似宪法之约法，系规定党派与人民之关系，如历史上之约法三章，果也。"[2] 可见，约法乃训政约法，与宪法不同。此外，《大公报》还从信托法理的角度，对约法进行解释：

国民为委托人（truster），中华民国国家则为信托财产，国民党虽可管理处分原属全国国民公有之中华民国，然而其权源应从信托行为而来，不应根据于事实。按照英国法律，信托须以书面为之，训政约法即不啻为国民信托国民党之一种书面。国民党对于信托财产，虽可处分管理，与自己所有权无异，然而必须依据一定之目的，为他人之利益而行动，不得自己享受利益，更不得于其上取得权利。由此论断，训政约法，直为国民移转财产权，信托国民党处分管理之正式契约，一经规定，效力殊强。[3]

其三，对约法的制定提出建议。《大公报》希望政府在制定约法时能注重吸收公众意见，不要闭门造车：

---

① 《社评：约法问题之解决》，《大公报》1931年3月4日第1张第2版。
② 《社评："训政约法"与信托法理》，《大公报》1931年3月17日第1张第2版。
③ 《社评："训政约法"与信托法理》，《大公报》1931年3月17日第1张第2版。

《训政约法》草案，并非确定之条文，尽有商榷之可能。……窃愿当轴，洞察及此，以约法草案，尽量公开讨论，容民会之献替，使国人公认国民会议为民意表现之机关，然后民会议决之约法，乃可博得全国国民之信赖。大法成立，国府据以训政，权源来自民间，政府力量愈厚。①

（二）"制定约法之完成"

5月12日，国民会议通过《中华民国训政时期约法》，共八十九条，内容分总纲、人民之权利义务、训政纲领、国民生计、国民教育、中央与地方之权限、政府之组织及附则八章。

对于约法的通过，《大公报》首先表示了祝贺："十二日，以半日之力，二读三读会，决议约法全文，进行之速，尤出意表，全国人民，犹如吾人夙昔主张宜有约法者，诚不胜庆贺之意也。"②

但是，针对约法条文，《大公报》则提出了两点批评：一是关于人民权利义务的规定。指出："查人民权利义务章，人民各种自由，除信仰外，皆附以'非依法律不得停止或限制之'之条件，而其继承财产、诉讼、请愿、考试、服公务等各项权利，则皆冠以'依法律'之限制，是易言之，人民之自由与权力，皆受法律之限制或停止，然法律内容，则约法不载。是以本章之适用如何，尚在于各项法律之良否。而约法虽为团体代表所制定，至一般法律之立法权，则属于党属于政府。且也约法所定关于人民之义务各条，除服从公署一条有'依法执行职权之行为'之限制外，纳税及服兵役工役，则单规定有此义务，易言之，如何使人民纳税及服兵役工役，政府可以随时自由规定之矣。是以就约法本身言，关于民权之实际保障，殊不充分。"二是关于训政年限问题。指出："惟有重要一点，吾人认为有疑问者，在去冬四中全会决议召集国民会议之时，实以'议决训政年限'为召集之一大理由，

---

① 《社评："训政约法"与国民会议》，《大公报》1931年3月18日第1张第2版。
② 《社评：制定约法之完成》，《大公报》1931年5月14日第1张第2版。

乃此次约法全文，并未规定及此。据第八十七条，全国有半数省份，达至宪政开始时期，即全省地方自治完全成立时期，国民政府，应即开国民大会决定宪法而颁布之。依此规定，则训政并无年限，自一种意义言，即可解释为无限之延长，盖自治完成无限期，则训政之终了亦可因而无限期也。从前本有训政六年之党的决议，去年蒋主席江电用意，似在缩短之，今乃得一无限延长之结果乎。抑六年终了之党的决议尚有效乎，吾人纵不必空言求缩短，但亦绝对反对更延长，国议诸君，对此点果作何解也。"①

事实上，该约法不足之处相当多。对于人民权利义务的规定和训政年限问题，更是深为当时社会所诟病。罗隆基在《对训政时期约法的批评》一文中对该约法作了逐条批评。其中谈到对人民权利义务的规定时，他指出"全章关于权利的共十九条（六条—二十五条），除第六，第十一，第二十一条外，其余一切条文都有'依法律''不依法律'字样。每个条文中，加上这样的规定，条文的实质不是积极的受限制，就是消极的被取消。……一切一切的自由'依法律都得停止或限制之'。左手与之，右手取之，这是戏法，这是掩眼法，这是国民党脚快手灵的幻术。"②

在提出批评的同时，《大公报》也对约法作出了一定的肯定，认为"自约法制定之日，国民党训政之制度，要之已入于一新时期，从前漫言尊重遗教全部，而法令纷纷，实乏一定轨道，今以政治制度及各项政策原则，俱纳入约法，由全国职业团体之代表者，共同制定，此后人民所以督责政府，及政府所以治理人民者，皆得以此八十九条为大体之范围，而复有'凡法律与本约法抵触者无效'之规定，苟政府从此努力，人民群起后援，则法治基础，当可渐次确定，主义理论之空辩，亦可减少。"③相对于无约法，有约法至少还是一种进步。

此外，《大公报》还认为约法的实行更为重要，指出"约法内容，自有

---

① 《社评：制定约法之完成》，《大公报》1931年5月14日第1张第2版。
② 谢泳编：《罗隆基：我的被捕的经过与反感》，北京：中国青年出版社，1999年，第126—127页。
③ 《社评：制定约法之完成》，《大公报》1931年5月14日第1张第2版。

第四章　约法之争及其影响

可议，然问题要在今后之实行。……大抵法律宣言决议案凡以文字表现之物，其本身无神圣性，惟至诚实行者神圣之"。① 甚至对于如何更好地实行约法，也有建议："应请各地行政机关，将八十九条约法，用浅近文字，广为印刷，详加解说，张贴于公共场所，如此在下者人人得而阅悉，不至再受冤枉，在上者亦触目刑章，知所警惕，如此对于人权保障，不无裨益。"②

（三）"牢记约法第八条"

6月1日，国民政府向全国正式公布《中华民国训政时期约法》。其中第八条指出："人民非依法律，不得逮捕、拘禁、审问、处罚。人民因犯罪嫌疑被逮捕、拘禁者，其执行逮捕或拘禁之机关，至迟应于二十四小时内移送审判机关审问，本人或他人并得依法请求于二十四时内提审。"③

6月2日，《大公报》发表社评《望人人牢记约法第八条》，专门对约法第八条予以评论。《大公报》指出，之所以关注约法的第八条，原因在于"第一：约法多原则的规定，惟此条最具体最明确。第二：约法条文，有非立时所能行，或虽行而非立时得明其效果，惟第八条简单明了，全国到处，皆能立时实行，而一经实行，则立时获得效果。第三：第八条所规定，与人民权利关系最密切，最紧要；其性质范围，亦最普遍，是也。"针对约法第八条，《大公报》专门陈述了当时中国民权倍受摧残之现状："呜呼！民权之摧残久矣！而其尤普遍尤痛切者，则为关于人民身体之不法的摧残！其最多之例，则公安局等任意滥行羁押，不送法庭；以及法庭之羁押不审，夫有罪处刑，国家不为奇，人民不能怨，惟一切地方一切人民之日常生活中，其最视为天外飞祸者，则偶受嫌疑而被逮捕被监禁，羁押甚久，呼吁无从，迨证明无罪，则已枉受数旬数月甚至数年之囚禁；且纵属有罪，亦多遭数旬数月数年之羁押。尤可痛者，警察机关，动辄蹂躏人权，肆作威福，琐小违警事项，往往亦加拘禁，其犯刑事嫌疑者，则故意稽迟，不送审判机关。哀我人

---

① 《社评：国民会议闭幕》，《大公报》1931年5月18日第1张第2版。
② 真炳伯：《约法公布后》，《大公报》1931年6月10日第3张第11版。
③ 中国第二历史档案馆编：《中华民国史档案资料汇编》第5辑第1编政治（1），南京：江苏古籍出版社，1994年，第269—270页。

民，其受此种冤刑，小而耗财废业，大而毁肢体殒生命者，通全国计之，一日之中，不知有几千百人！此诚政治上之最大黑暗，为革命时代须臾不能容忍者也。"对于如何落实约法的第八条，《大公报》提出了如下建议："第一：官厅凡逮捕拘禁审问处罚，须宣布根据何法律；其受者，须问其根据何法律，倘非法逮捕拘禁审问处罚，则可根据第八条诉之于上级政府。第二：一切省市县之公安局等若逮捕拘禁有犯罪嫌疑之人民，至迟必须于二十四小时以内移送审判机关！其以违警事项而被捕者，则二十四小时以内应释放之，否则亦须送审判机关！……第三：既送法庭矣，法庭须于二十四小时以内提审之，有逾此限者，亦为违抗约法。"①

该文登载后，北平市政府命令公安局转饬各区队，遵照训政约法第八条之规定，拘禁犯人不得超过二十四小时。此后，天津市市长张学铭也下令，将公安局拘留人犯八十余人完全释放。对此，《大公报》认为"颇合于尊重人权之精神，值得称道"。②

第三节　宁粤对峙与和谈

一、宁粤对峙初期的"战"与"和"

蒋介石扣押胡汉民后，引发了政坛的又一次强震。经过一段时间的准备，国民党中央监委邓泽如、林森、萧佛成、古应芬于4月30日由广州联名通电弹劾蒋介石。电中罗列蒋介石违法叛党、窃夺军权、潜植羽翼、养兵自重、"剿共"不力、包庇宋子文侵食烟赌款项、操纵金融、鬻官卖缺、滥发公债、起用群丑、迫害功臣等累累罪行，请"爱护党国诸同志急起图之"，对蒋介石给予严厉处分。③5月3日，第八路军总指挥陈济棠偕第四舰队司令

---

① 《社评：望人人牢记约法第八条》，《大公报》1931年6月2日第1张第2版。
② 《社评：保障人权之谓何？》，《大公报》1931年6月21日第1张第2版。
③ 韩信夫，姜克夫编：《中华民国大事记》第3册（1930-1936），北京：中国文史出版社，1997年，第182页。

陈策、航空司令黄光锐等联名通电响应古应芬等四监委弹劾蒋介石之通电,
要求蒋引退。电文指出:"今蒋氏恶罪贯盈,神人共愤,四海之内,愿与偕
亡,吾辈沐总理之遗教,受国家之豢养,当此危急存亡之秋,宜有伸张正义
之举。谨以至诚,昭告天下:如蒋中正不亟引退,仍欲负固以暴力维持其地
位,则济棠生性恬澹,权利意气之争,向所不屑,耿耿此心,只为党国争存
亡,为天下留正气,正谊所在,义无反顾。"① 邓、林、萧、古四监委和陈济
棠等人的通电正式拉开了宁粤对峙的序幕,国民党又一次陷入分裂。

蒋介石接到四监委通电后,认为"此四人非军阀,乃监委也",因而倍
感压力,曾一度考虑"引咎辞职",后因"剿匪"军务和国民会议二事而作
罢。② 此后蒋介石在国民政府纪念周上表示:"如仅用监委资格讲话,当不起
其他纠纷。如有武人弄兵,相信中央可不用一兵,在最短期内平乱,不虞动
摇时局。本人信当此之时,国内有事,徒利'赤匪',妨碍外交,忠实同志,
必不冒不韪,否则必自取失败。"③ 既对粤方有所警告,同时也表示了准备采
取非军事手段来解决争端。

采取非军事手段解决政争正是当时社会所期望的。粤变发生后,《大公
报》就明确反对因政争而引发兵争:

> 党对人民之种种约言,因事实扞格,多未实现。饱尝痛苦之人民,惟有
> 望党自己速有办法,在平和状态中,速实行良好之政治而已。然一切之前
> 提,须先无兵争,故不能不望国民党本身自消除兵争之原因。④

陈济棠通电后,即"抽调驻桂军队集中韶关",形势开始发生较大变

---

① 韩信夫,姜克夫编:《中华民国大事记》第3册(1930-1936),北京:中国文史出版社,
1997年,第184页。
② 高素兰编注:《蒋中正"总统"档案·事略稿本》(第10册),台北:"国史馆",2004年,
第491页。
③ 《蒋对粤事之报告》,《大公报》1931年5月5日第1张第3版。
④ 《社评:不可有兵争,不可无政争》,《大公报》1931年5月3日第1张第2版。

化。① 11 日，蒋介石在中央党部纪念周上痛斥陈济棠，指出"军人是以服从命令为天职，干涉政治皆所不许，干涉党务更所不许，陈济棠此种举动就极是不对了，与军纪国纪党纪是俱有妨碍的。……如果徒凭意气不顾党国不顾一切，甘做陈炯明第二，则民意所在，陈亦不会成功，只自取消灭牺牲在党的历史，且不能如陈炯明能支持数月之久。"②

14 日，国民会议通过严厉警告陈济棠案。③ 此后，何应钦、何成浚、何键、鲁涤平等各军将领纷纷发表通电警告陈济棠。一时出兵讨粤有山雨欲来风满楼之势。对此，《大公报》表达了当时社会的担心："观最近情形，愈逼愈紧，似政争之上，终难保不演成兵争，南望珠江，恫心往事，实不胜感慨系之。……吾人所为终于希望只有政争，勿起兵争也，然而殆难言矣。"④

对于各方纷纷把矛头指向陈济棠，《大公报》发表了自己的看法，认为问题主要不在军事方面：

今日之事，似已不能仅认为陈济棠第八路军之问题，而不能不认为若干有历史的广东国民党员之共同行动，而除党的问题外，并参加地方的感情。夫一般人所注意者，军事也，实则军事上之问题甚小。充其极，两广兵力，总不逾十万，械弹尤贫弱，广东财政，亦绝不优，广西更穷极不堪，而中央兵力，则数倍之，财政虽窘，而以中央政府与一省较，其优劣可知也。……夫使单为军事的异动，出兵讨之足已。若其事涉及几多著名党员，而其地又为党的发源地之广东，则已非仅一军事问题，而为党内部重大之政治问题，非仅兵力所能解决者矣。⑤

① 高素兰编注：《蒋中正"总统"档案·事略稿本》（第 11 册），台北："国史馆"，2004 年，第 39 页。
② 高素兰编注：《蒋中正"总统"档案·事略稿本》（第 11 册），台北："国史馆"，2004 年，第 115—117 页。
③ 《国民会议定明日闭幕，大会通过警告陈济棠案》，《大公报》1931 年 5 月 15 日第 1 张第 3 版。
④ 《社评：粤局》，《大公报》1931 年 5 月 13 日第 1 张第 2 版。
⑤ 《社评：广东问题之两方面》，《大公报》1931 年 5 月 20 日第 1 张第 2 版。

《大公报》认为军事问题是次要的，而政治问题才是主要的，而且仅仅靠军事行动并不能解决政治问题，所以《大公报》希望"党国负责诸公"，从党的方面设法解决政治上之纠纷。

5月24日，孙科、陈友仁、许崇智自上海到香港，晤汪精卫，当日即同赴广州。25日，唐绍仪、汪精卫、古应芬、林森、许崇智、李宗仁、陈济棠、李文范等电请蒋介石于四十八小时内下野，孙科"亦附和"。[①] 27日，广州召集中央执监委员非常大会，通过国民政府组织大纲，推唐绍仪、汪精卫、古应芬、孙科、陈济棠、李宗仁等为政府委员，并于次日成立国民政府。至此，宁粤对峙正式形成，国民党又一次出现重大分裂。

对此，蒋介石异常愤怒，并在随后的国民政府纪念周上作出强硬表态：

今当国议闭幕后，政府正致力于建设工作，汪等竟又反对政府，破坏和平，诚最大恶极。吾人对于本党老同志，确系忠实者自应尊敬。若以老同志反对新进同志，并违反总理主义，吾人惟有以叛逆看待，消灭之而后已。[②]

这无疑表达了他即将采取武力手段解决两广的决心。

该讲话经各报登载后，又增加了人们对军事解决政争的担忧。《大公报》就据此认为："国民政府纪念周，蒋氏之报告，更予以证实，粤事和平无望，至是殆不容再有转圜余地。"[③] 此后两天，《大公报》又观察到形势趋于恶化：

两粤之军事行动，现已彰明效著，勿庸讳言。……粤桂形势，嬗递至今，已有相当表示，则其和平解决云云，等于梦呓。故中央虽尚未明颁讨伐之命，而其军事之布置，日来已在积极准备中，将以精锐之兵，抽调三师入

---

① 郭廷以编著：《中华民国史事日志》（第3册），台北："中央研究院"近代史研究所，1984年，第39页。
② 《蒋在纪念周之重要报告》，《大公报》1931年5月26日第1张第3版。
③ 《图穷匕见之广东问题，沪大批商轮被征俱驶往上游》，《大公报》1931年5月28日第1张第3版。

湘，闻为夏斗寅一师，冯轶裴一师，陈诚一师。①

29日，吴稚晖也发表谈话，将参与粤变各方称为"一个大垃圾堆"，并将其分为"超然派""国民党右派""西山派""桂系""改组派""国民第三党"六派，对他们进行诋毁攻击。② 由此，宁粤对峙形势更趋紧张。

不过，《大公报》断定，虽然粤局和平无望，但军事接触却不会立即实现。其中原因在于：

盖粤方兵力较微，无力北向。中央军队，近方调动，尚未到目的地集中；且闻对赣剿匪，依然不放弃，将于一面剿匪之中，另调军队至湘南。近日何应钦尚调鄂军两师，入赣协助剿匪。可见中央对剿匪一事，将继续竟其全功，而对粤军事则不能求其过速。③

即使在到了6月中旬，《大公报》仍然认为"抑以吾人所见，粤中欲以武力，长驱湘鄂，固非易易，中央欲放弃剿共工作，先图解决粤局，亦至困难"。④

正因如此，《大公报》极力反对用兵："事有能以武力解决者，有不能者，如此次之粤事，即在不能以武力解决之列，此非事实上不能用兵，乃虽胜而不能解决之谓也。"《大公报》认为，之所以不能用武力解决，在于粤变本身的具体特点：

第一，广州之新组织中，地方色彩，异常浓厚，即其十三人之委员中，除一二人皆属粤籍；第二，凡旧属国民党之各派粤人，殆呈完全合作

---

① 《粤桂吃紧声中湘军之秣马厉兵》，《大公报》1931年5月30日第2张第5版。
② 《答客问——吴稚晖对最近时局之分析》，《大公报》1931年5月30日第1张第4版。
③ 《图穷匕见之广东问题，沪大批商轮被征俱驶往上游》，《大公报》1931年5月28日第1张第3版。
④ 《社评：对粤与剿共》，《大公报》1931年6月20日第1张第2版。

之状，其最著者如孙科汪精卫许崇智邹鲁，之数人者，年来早互成秦越，各不相能，而此番聚一炉而治之；第三，唐少川自军政府时代以来，不任官职，乃此番竟以七旬衰翁，挺身加入，凡此种种，皆证明此番举动背景之深刻。……此番之号召反对中央当局者，乃多为历史甚长之无枪党员，汪邹许姑不论，孙科则中山先生之子，现任铁道部长要职之人也，乃亦舍中央而走岭表，唐少川为辛亥以来之元老，今亦弃其唐家湾隐居颐养之生活，而甘于投入纠纷之涡中。且观广州施设，与现在中外承认之中央，殆如剧中之唱双包案，甲执监，乙亦执监，甲国府，乙亦国府，观其氏名，皆党人也，论其标榜，皆党义也。①

这就进一步说明了此次粤变并不是单纯的地方军阀向中央挑战，而是反蒋派的又一次大联合，并且有一套与宁方类似的组织系统与人物。

除了指出粤变的特别之处外，《大公报》还认为武力解决必然会削弱南京政府的统治基础："今日分裂如此，政府纵以兵力削平广东，而本身基础，毋宁更陷于单薄。"②

对于如何解决宁粤之争，《大公报》也提出了建议："和平解决之道，应求诸党章之合法的手段，如是方可为适当之解决，而非一时苟且之弥缝"，并认为"诉诸党章之道若何，曰，最显明易知者。党有纠纷，中监会应负处理之责。"也就是说诉诸党章首先应提交中监会处理。此外，"倘问题重大，中监会亦不能解决，则只有开全国代表大会，诉诸党的最高权力机关，在全代会开会以前，中央地方，皆不为军事行动"。③ 对于蒋胡二人，《大公报》也提出了要求："最切要可行之策，为蒋胡二公就近在京自行披沥协商，求一适当解决之方法。粤变近因在于胡，而政府责任属于蒋，解铃系铃，二人应可了之。"④

---

① 《社评：粤事感言》，《大公报》1931年5月29日第1张第2版。
② 《社评：粤事感言》，《大公报》1931年5月29日第1张第2版。
③ 《社评：孙科张继到广东》，《大公报》1931年5月24日第1张第2版。
④ 《社评：粤事感言》，《大公报》1931年5月29日第1张第2版。

反对战争也是当时社会的普遍呼吁。当时的旅沪粤籍绅耆，联合虞洽卿等人，以"内政待修，外交非利，边陲有事，赤焰未消，国宜生聚，民望来苏，当此之时，国内万不易有军事行动"，联名发表通电，呼吁和平。① 此外，江苏各界借纪念总理奉安及庆祝公布约法大会之名义电请国民政府，请"保持和平统一之局面"。② 对此，《申报》《民国日报》等报纷纷予以刊载。

反战的舆论对宁粤双方施加了相当大的压力。6月5日，蒋介石在宴请立法院全体委员时，首先表示了和平解决的愿望："粤变发生以来，各方颇多揣测和惊疑，实际上并无多大问题，粤变发生事不过为党务和政治上之一种纠纷，中央应付绰有余裕，故中央对于粤事，一本和平精神，决不轻启兵戎。"③ 此外，他又通过张继、李石曾、吴铁城等人向媒体传达了"中央坚决希望和平""对粤决不用兵，求政治方法解决"的信号。④ 6月6日，蒋介石向全国发表《出发剿匪告全国将士书》，又进一步表达了和平解决粤事的意愿："决不在国境之内，以军队与军队作战，蹈同室操戈自相残杀之讥，徒为'赤匪'造成机会，以贻民族无穷之祸根，此中央所以不顾一切，决定以歼灭'赤匪'为唯一之急务。"⑤ 此后，粤方也积极表示："两广与中央立于分治地位，与南京政府之竞争不以军事而以政治"。⑥

尽管双方积极表达和平意愿，却迟迟没有实质性的和平行动表露于外。对此，《大公报》表达了相当不满："既曰政治解决，而始终未闻有正当办法之宣布，……军队移动，准备设防，又在在有事实可据。"《大公报》希望双方能拿出诚意，采取实际步骤进行和解："宜即确定政见，公开提出，披诚

---

① 《各界耆硕呼吁和平》，《民国日报》1931年6月2日第3张第1版；《劳敬修等将通电呼吁和平》，《申报》1931年6月2日第4张第13版。

① 《各界耆硕呼吁和平》，《民国日报》1931年6月2日第3张第1版；《劳敬修等将通电呼吁和平》，《申报》1931年6月2日第4张第13版。

② 《苏省民众大会表示拥护和平完成训政》，《民国日报》1931年6月3日第2张第2版。

③ 高素兰编注：《蒋中正"总统"档案·事略稿本》（第11册），台北："国史馆"，2004年，第240页。

④ 《李石曾抵平谈话，中央坚决希望和平》，《大公报》1931年6月5日第1张第3版；《张继电京尚有和平微望》，《大公报》1931年6月6日第1张第3版。

⑤ 秦孝仪主编：《先"总统"蒋公思想言论总集》第37卷（别录），台北："中央"文物供应社，1984年，第145—146页。

⑥ 《一周间国内外大事述评》，《国闻周报》第8卷第24期。

协商，求民众之后援，为彻底之解决，同时互相约定，切戒增兵，申儆地方，严谨征募。"①

二、九一八事变后的宁粤和谈

正当宁粤双方处于战不战、和不和的胶着状态时，震惊中外的九一八事变爆发。九一八事变后，全国各界纷纷发表通电，要求宁粤双方团结合作、一致对外。

例如，19 日，上海市党部、市商会、反日会、各同业公会纷纷发出通告、通电、宣言，要求停止内战，一致抗日救国；同日，北平市党部分电中央党部、广州古应芬等要员、全国同胞，请息内争，共抗外敌，以救危亡。②21 日，上海银行钱业两公会致电蒋介石、张学良、汪精卫、孙科、古应芬等人，呼吁和平，并提出三项意见，包括立即息争以御外侮、团结一致捐弃前嫌、通告全国镇静以挽危局。③当日，《大公报》呼吁："政治上必须立时表现举国一致，政府与两粤，必须罢兵。凡以中山信徒自命者，应痛念今日国家受清末民元任何政府时代未受之羞，而严重感觉责任。"④此后，《申报》也表示，"今日之事，痛苦不足以救国，轻举不足以救国，待助不足以救国，救国在于积极有效之行动，在于万众一心之团结。"⑤

一时国内要求和平的氛围更浓，宁粤双方都感受到了强大的舆论压力，战不战、和不和的状态再难延续。双方开始向外界积极表达和平意愿，并有所实质行动。

南京方面，国民党中央于 9 月 20 日致电粤方表示："本党同志，必须抛弃其一切意见，造成强固之大团结，以为全国一致之表率。"⑥21 日，蒋介石

---

① 《社评：时局混沌中之苦闷》，《大公报》1931 年 6 月 7 日第 1 张第 2 版。
② 韩信夫、姜克夫编：《中华民国大事记》第 3 册（1930-1936），北京：中国文史出版社，1997 年，第 237 页。
③ 《粤已罢兵即发表宣言》，《大公报》1931 年 9 月 22 日第 1 张第 3 版。
④ 《社评：救灾救国！》，《大公报》1931 年 9 月 21 日第 1 张第 2 版。
⑤ 《时评：国人乎速梦醒奋起》，《申报》1931 年 9 月 23 日第 2 张第 8 版。
⑥ 《中央电粤请共赴国难》，《中央日报》1931 年 9 月 21 日第 1 张第 3 版。

从江西返回南京，即公开要求宁粤合作，而且提出了宁粤合作的三项办法：
"一、令粤方觉悟，迅集南京，加入政府；二、只要粤方能负统一责任，到
达南京，改组政府，则我南京中央干部，均可退让，断无异议；三、如粤方
以为胡汪蒋合作，共任艰巨，则我方亦当不顾一切，完全以国难为重也。"①
22日，南京"某中委"告诉《大公报》记者：关于粤事，现在双方均已撤
兵，和平第一步基础已确立，尚待进一步之努力，必能精诚团结，共同御
侮，对于胡汉民出处，已决定"敦请胡氏即日视事"，"共赴艰巨"，想胡氏
以国难当前，必能"力疾从公，救国危亡"。② 28日，南京"某要人"发表谈
话，更是表露"蒋酷望与粤方合作，前致粤方书表示极坦白，只要各同志北
来，精神团结无事不可相商"。③

粤方也积极向外界表态，认为"非全国一致团结，不足以救国难"。④ 9
月21日，粤方又公开通电，提出取消粤府和平统一条件，并请全国一致赞
助。⑤ 当日，陈济棠下令解散募兵委员会。⑥ 之后，进入湖南的粤桂军队也
纷纷回撤。⑦

9月28日，宁方代表蔡元培、张继、陈铭枢和粤方代表汪精卫、孙科、
李文范等人在香港谈判，之后谈判在广州继续。10月5日，双方就释放胡汉
民、在上海召开和平统一会议达成协议。至此，宁粤和谈告一段落。13日，
蒋介石与胡汉民见面，商谈半小时，并于次日将其释放。⑧ 获释当日，胡汉
民即离京赴沪，结束了自2月28日以来被蒋介石幽禁的生活。此次赴沪也是
胡汉民1928年入京以后第一次离开南京。⑨ 对于宁粤和谈及胡汉民的释放，

---

① 周美华编注：《蒋中正"总统"档案·事略稿本》（第12册），台北："国史馆"，2004年，
第84页。

② 《粤府已准备结束，中央决情胡汉民视事》，《大公报》1931年9月23日第1张第3版。

③ 《蒋盼粤合作》，《大公报》1931年9月28日第1张第3版。

④ 《团结对外粤方亦趋一致》，《中央日报》1931年9月25日第1张第4版。

⑤ 《粤府已准备结束，中央决情胡汉民视事》，《大公报》1931年9月23日第1张第3版。

⑥ 《粤已罢兵即发表宣言》，《大公报》1931年9月22日第1张第3版。

⑦ 《粤桂军队纷纷撤退》，《中央日报》1931年9月22日第2张第3版。

⑧ 周美华编注：《蒋中正"总统"档案·事略稿本》（第12册），台北："国史馆"，2004年，
第164页。

⑨ 朱宗震：《陈铭枢回忆录》，北京：中国文史出版社，1997年，第78页。

社会舆论普遍感到满意。

10月14日,《大公报》即发表社评,对时局的和缓表示肯定:

> 宁粤妥协运动,进行于东事未作以前,迨至辽吉被占,将近一月,而宁粤合作,仍不脱要求须某也到沪开会之消息,重人而轻国,使一般国民,惶惑忧愤,莫能自己。今据京电,胡蒋昨已见面,胡且即赴上海,汪孙诸人,亦即到沪,据传合作圆满成功。吾人虽不敢如此乐观,然至少可为双方要人,体会时艰,已有觉悟,要不可谓非政局急转之先声。①

胡汉民抵沪后,于15日致电广州汪精卫、孙科、古应芬、萧佛成、邓泽如等人,首先对党内政争进行深刻反省:"过去党内纠纷迭乘,政治举措失当,人每欲挟党内之一部分力量为己有,党则失去团结之本体。人每欲自私即互相排他,排他则纠纷愈多,而各人遂忙于对人,忽于对事,使总理昭示我人领导人民以求国家自由平等之目的无由达到,而奸黠者流乘虚以入,肆其恶行亦遂末由过问。驯致过则归于吾党,权则归于他人。久而久之,党不为人民所重,乃为人民所轻,积渐即为人所忌恨矣。政治之不易澄清,纪纲之不易整肃,胥坐此故。此其错误皆不容吾辈各自诿卸责任。"同时,对解决时局提出了希望:"今日正为吾党同志彻底觉悟,力图团结之急要时机。盖非各自觉悟以改正已往之错误,无以求党内之团结。非党内团结之坚固无以集合全国之力量以御外患。……甚盼公等推定代表来沪进行和议,共商大计"。②该电文经各报转载后,和平氛围更浓。

10月21日,粤方出席和平统一会议代表汪精卫、孙科、李文范、伍朝枢、陈友仁等人抵达上海,与胡汉民会面。次日,蒋介石由南京飞抵上海,同汪精卫、胡汉民在上海孙科住宅会谈。对于此次会谈,《大公报》发表专文,表达社会的希望:

---

① 《社评:国难煎迫中政局急转》,《大公报》1931年10月14日第1张第2版。
② 陈红民辑注:《胡汉民未刊往来函电稿》(第3册),桂林:广西师范大学出版社,2005年,第423—424页。

各当轴此际宜大抱公忠，屏除私念，披肝沥胆，剖诚相商，期于得当，良于国难至此，岂止权利无可言，即义务抑岂易尽？二十年来，政潮无限，起伏迭乘，历次当权人物，其不以一"悔"终场者能有几人？人生数十寒暑，能经得几"悔"？国家有若干生命力，能供英雄伟人之一"悔"再"悔"？吾人所为唤起沪会与会诸公之责任心者，惟求诸公，勿再贻后悔而已。①

蒋介石在与胡、汪会面时也特地表达了和谈的诚意："凡胡汪两先生同意之事，我无不同意照行。"②

不过，沪会形势和缓仅为表面。因为各抱不同立场，双方一开始就存在分歧。

从宁方来看，在蒋、胡、汪会面之前，宁方就向外界发出信息，既坚持南京的正统地位不容质疑，也否定和谈的对等性质：

在此国难严重时期，和平团结进行之际，首应充实中心力量，健全现有组织，整齐对外步伐，不能再有清算旧账，分配政权之企图，使党的纠纷不能泯除。中央为使以后永绝纠纷计，认为个人进退，不成问题，惟中央地位丝毫不能损，凡足促成和平团结者，百事皆可迁就，惟下列两点，则不容变弃：（一）党国的法纪与系统。（二）政治上最高原则须绝对遵照建国大纲。又此次团结，应为泯除界限之开诚相商，不容有对等之形式，故无所谓和平会议，或统一会议云。③

这样的姿态必然会给和谈带来相当大的不确定因素。

---

① 《社评：唤起沪会诸公之责任心！》，《大公报》1931年10月22日第1张第2版。
② 《和平统一尚在努力，蒋尊重沪会同时积极负责》，《大公报》1931年10月24日第1张第3版。
③ 《汪孙等到沪蒋亦即来》，《大公报》1931年10月22日第1张第3版。

从粤方来看，粤方一开始便积极主动地公开表达自身主张，以获取社会舆论的同情，并试图掌握话语的主动权。综合粤方主张，一是继续要求蒋介石下野，二是改革中央党政制度。

在蒋介石下野问题上，值得注意的是，粤方一再公开表态，要求其下野。

例如，早在 10 月初双方就沪会达成初步协议时，孙科曾招待各报记者通报宁粤和平接洽经过。会上，孙科将宁粤双方初步和谈结果之取消粤政府和蒋介石下野两通电草案予以公布。其中蒋介石下野通电草案明确规定："当此危急存亡之际，救济之道，惟有以统一会议，产生统一的国民政府，方足以安内攘外。倘使统一会议所产生之国民政府能克日成立，中正当解除党国所赋予之一切任务，即日引退。"①

10 月 21 日，汪精卫等人到达上海当日便共同发表谈话。在谈及"此次来沪促进统一经过"时，声明蒋介石"原则上赞同"两电稿，即取消粤府电稿和蒋介石下野电稿；在谈及"解决国是方案"时，指出"大意已见非常会议麻（六日）日对时局通电"。②此后，粤方将 10 月 6 日非常会议之麻日通电再度发表。其中提出解决时局的三点办法："（一）为蒋中正下野；（二）为国民政府取销；（三）为以统一会议，产生统一的国民政府。"③

23 日，粤方在沪开记者招待会，对于蒋介石下野通电事，汪精卫声称粤方"与蒋（应为蔡，即蔡元培——笔者）张（继）陈（铭枢）三先生晤商结果，便由粤方草定蒋下野与粤府取销之电稿。后来蒋先生有所顾虑，不能立刻发表，而且文句又须斟酌修改，请我们到沪后才可发表。前天蒋先生来沪时，已经预备发出，蔡（元培）先生以为一旦发出，恐人心浮动，照原电意思，是新府成立后蒋方卸职、粤府方取消，在新府未成立前，旧有的仍然负责。至于到何时才发出电文，须再经一次商榷，才能决定。"④

① 《粤推汪孙伍陈等来商统一》，《大公报》1931 年 10 月 17 日第 1 张第 3 版。
② 《汪精卫孙科等昨到沪》，《申报》1931 年 10 月 22 日第 4 张第 13 版。
③ 《汪精卫等到沪详情》，《大公报》1931 年 10 月 23 日第 1 张第 4 版。
④ 《粤方对时局之总态度》，《大公报》1931 年 10 月 26 日第 1 张第 4 版。

26日，粤代表办事处将22日蒋、胡、汪会面后粤代表致蒋函公开发表。函中提出了解决时局的七项办法，而其中第七项即"日前宁粤所拟双方通电，其用意在使从前纠纷，得一结束，决非彼此抛弃责任，故会议决定以前，彼此应尽之责任，应照旧担负，至于此后对于党国如何服务，一听命于会议。"[1]这样的说明无疑再次要求蒋介石必须下野。

27日，汪精卫与《大公报》记者谈话时又提蒋介石下野事："前商定之两通电，并非电出即下野，一切问题均须筹策万全。"[2]

除要求蒋介石下野之外，对于改革中央党政制度问题，粤方的主张在麻日通电、22日致蒋介石函中均有陈述，并集中体现在28日粤方代表向宁方提出的《党政改革案》中，最主要的就是缩小国民政府主席权限和废除总司令制。

对于粤方的上述主张，蒋介石代表的南京方面极度不满。28日，吴稚晖以"南京某中委"身份谈话，其中指出："通电下野，照当时香港来电原议，原约在议定之后。取消广东政府，本定在议定前，及到上海，再改为在议定后。"此外，吴表达了对沪会的不满，认为解决一切国是，"非目前十一代表所能议定"。[3]

吴稚晖的谈话引起了轩然大波。30日，胡汉民就此发表谈话，其中指出："现方期各竭至诚依照香港议定改组统一政府及蒋解职之决议，详拟组织统一政府方案，乃某中委忽发谈话，主张国事应由四全大会解决等语。同时中央社消息，谓沪发表会商经过，与事实颇有出入，蒋本人一听中央公意云。我个人姑不论所谓中央公意，蒋个人主张是否如此，然以意测之，蒋为尊重和平会议之决议及个人语言计，宜不致如此。所谓某中委果属何人，其破坏统一会议进行，实可谓无微不至。"[4]该谈话不仅对"某中委"提出了严厉批评，还对蒋介石本人表达了相当不满。

---

① 《京粤代表昨开谈话会》，《申报》1931年10月27日第4张第13版。
② 《沪会昨晨开第一次会》，《大公报》1931年10月28日第1张第3版。
③ 《某中委谈话》，《中央日报》1931年10月30日第1张第3版。
④ 《胡汉民之谈话》，《大公报》1931年10月31日第1张第3版。

此后，宁粤双方纷纷将相关电文向媒体披露，以表明各自立场。南京方面披露的电文有蒋介石《致汪古孙等函》，此函由蔡（元培）、张（继）、陈（铭枢）于9月28日带去香港，其中蒋介石表达了对于和谈的诚意；9月29日《张蔡陈等到港后来电》，此电为通告和谈初步结果，即两项协议：蒋介石下野，粤府取消；10月2日蒋介石《致蔡张陈电》，其中蒋介石重申了和谈原则，不愿先发下野通电。① 粤方披露的电文最主要的为10月5日蒋介石《致蔡张陈冬戌电》，其中蒋介石表示愿意发表下野电，要求粤方来沪商谈，并有"诸兄朝到沪，此电文夕发出"语。②

宁粤双方相互攻讦，难解难分，沪会形势不容乐观。《大公报》对此作了分析，指出了沪会"困难"之原因：

（一）根本立场不同，京方以为党统无通融余地，故始终否认对等会议，蔡张等之在沪，只系蒋托在沪商谈，非正式性质，而粤方以为来沪即为开正式预备会；（二）情感之激荡，汪等到沪下船时发表之声明，即使京方感不快，胡于外报上有谈话，尤激切，此外粤方纷纷发表谈话，京方感觉彼等利用新闻政策太过，因感情问题，使形势愈去愈远；（三）沪会开后发表之正式纪录，系双方签字，但实际与中央立场已有不符，迨粤方党政改革案提出，京方遂不得不声明立场，否认讨论。③

对此，《大公报》表达了极为失望之情："所谓统一运动，且有所谓对等会议与不对等会议之争，更有所谓对人对法党统法统之论，在千钧一发之时，申感情文字之辩，徒合仇我者快心，爱我者失望。"④

而就在宁粤双方争执难解难分之时，蒋介石于11月2日在国民政府纪念周发表演说，直接否定了粤方的《党政改革案》："（该案）精神上即与团结对

---

① 《中央力求和平团结》，《中央日报》1931年10月31日第1张第3版。
② 《粤方发表蒋电》，《大公报》1931年11月1日第1张第3版。
③ 《沪会进行已入荆棘中》，《大公报》1931年11月1日第1张第3版。
④ 《社评：如此国家》，《大公报》1931年11月2日第1张第2版。

外之主张不相合，此时为党为国，均惟有从速集合首都，共赴国难。党政根本问题，应俟本党多数之讨论决议，断无以十余人在租界内谈商即可决定全党全国大计之理。……此等违反党章不恤国难之提案，不应提出讨论，以负国民之热望。"①

对于其下野问题，蒋介石也明确表达了他的主张：

只要利党国，个人一切，都不成问题，所以对于表示下野的通电，当粤方同志到上海那天，即已交给他们，而且已经签字，请他们发表，但他们当时却并不主张发表。而到今日似乎反以我为食言，殊为可惜。其实广东单方面为我拟就而未经我同意的电稿，早由广东方面于十月上旬在广州香港各部新闻纸上非正式披露，以致天津北平各报纷纷转载，弄到全国人心动摇，以为我就要辞职下野，致使社会军队，一般人心，完全不安。广东同志一面将他们自拟而未经我同意之稿，早在各处披露，而一方面于他们到沪之日，我所签名提出之原稿，则谓未至发表时期，又搁置不发，徒使人心皇然，举国动摇，对我之去留，猜测莫定。如果真是爱护党国，爱护后进，精诚团结，先辈同志，我相信他们决不是有意来作弄我后辈的。……我于上月三十日函告蔡张诸先生，以今日人心皇皇，险象更明，不应徒发表示式的通电，必须先推定合法负责继任的人，方能发此通电，而且通电发出之日，即为我实行辞职卸责之日，决不可留空隙使国家政治中断。②

这里他既对粤方有所指责，也表达了在"合法负责继任的人"未推定前不会下野的意思。

此外，他还指责粤方代表利用报纸，假借言论自由，颠倒是非，抹杀事实，使得人心惶惑，社会不安；并指出，有人不仅要其下野，还要将其流放

① 周美华编注：《蒋中正"总统"档案·事略稿本》(第12册)，台北："国史馆"，2004年，第226—227页。
② 周美华编注：《蒋中正"总统"档案·事略稿本》(第12册)，台北："国史馆"，2004年，第233—235页。

国外，永不许回国。①

该演说词经西报披露后更是引起粤方的强烈反感。粤方代表于次日发表共同谈话，对蒋介石的演说内容一一进行驳斥，并认为如因蒋之言论而导致和谈破裂，粤方"不能负其咎也"。② 此外，胡汉民也于3日晚发表谈话，对于蒋介石在纪念周上之演说，表达强烈的不满：

其演词内容，除多方指斥粤方代表外，于余亦多污捏之辞。略谓：余曾语粤方代表，今日之蒋中正，不仅当使之下野，且当流放之于国外，一如苏俄之于杜落斯基，使之永远不能复归故土云。蒋先生是否作此言，余不能知，惟西报既载之凿凿，当非虚构。特余所不解者，中国无红军，蒋先生亦非杜落斯基之比，而余更非史丹林，且纵无一兵一卒，不知将如何流放之于国外耳。余数言余对人毫无问题，惟对事则不肯随声附和，蒋先生神经过敏至此，甚无谓也。总之，国难当前，余个人除竭智尽身，作最后之努力外，凡属同志，均盼能彻底觉悟。如以个人之私见，增加党内之分裂，至陷国家于沦亡，我个人固无面目见人民，亦且无面目见总理于地下也。③

对于宁粤双方的相互纠缠，《大公报》于4日发表社评，表示痛心与失望："辽吉沦陷，创巨痛深，此上海和会之所由来也，然今者国难丝毫未去，而沪会空气，业已逆转，最近数日来之形势，只未正式宣布决裂已耳；事实上，感情上，实已刻刻有决裂之可能，此诚足使国民痛心与失望者也。"并指出，以第三者之地位，作客观之批评，则问题解决，尚非绝望，关键在于双方领袖人物有无深切之觉悟。"盖最近症结之点，曰：法的问题，党统之说是，曰：人的问题，下野之电是。"从党统上说，《大公报》认为《党政改革案》"以理论言，尚不失为可能的调和案"，但就最近京沪间之事实而

---

① 周美华编注：《蒋中正"总统"档案·事略稿本》（第12册），台北："国史馆"，2004年，第227，236页。

② 《粤方代表之谈话》，《申报》1931年11月4日第3张第9版。

③ 《胡汉民负责谈话》，《申报》1931年11月4日第3张第9版。

论，形式的党统问题，并非真正困难，真正困难毋宁在于感情上的不信任："盖粤方之心理曰，粤方并未逼促蒋君下野，乃蒋自动有此表示，故粤以愿取消粤府应之，来沪会议，动机为此，故最近京方发表十月二日蒋致蔡张之冬电，而粤方即在沪发表其十月五日之歌电。而京方之心理则曰，此番原为团结救国，并非战败求和，乃粤诸代表及胡汉民君在沪发表之言论，令京方感觉不堪，过去责任，既非一方所应独负，国难当头，更不应假和议以相压迫。大抵此两星期来，双方形势，日渐趋僵，因感情之激荡，益增事实之困难。迄于最近，已将上月初之和平空气，又变而为深刻的对峙。苟听其自然，终必至会无可会议无可议之一日，其时机且恐不远"。①

其间有北洋工学院院长王季绪，因为上海和会形势恶劣，而忧愤绝食，引起全国瞩目。一时社会舆论对宁粤双方均有责难。《大公报》在对王季绪表示敬意的同时，认为"其心可敬，而其思想则太简"，原因在于："王君今因沪会不成而绝食，宁知沪会纵成，统一纵复，亦不必便果能负安内攘外之任，王君有几条命，能时时以绝食动之乎？"《大公报》还指出，"心里苦闷如王君者，不知有多少万人。……党国领袖，何以慰安此等多数纯洁爱国之人民，诚目前严重之义务也，最小限度，固应自解其本党之纷纠，一新政局之气象，倘并此不能，则负国民甚矣"。②此外，《大公报》"读者论坛"栏目中发表的文章更是指出"诸公今日之言行不能一，一近于闾里小人之所为。"对沪会双方表达了强烈的不满。③上海的《申报》也刊文，"正告当局，内困洪水，外迫强敌，民生疮痍未起，失土未复，国如垒卵，民苦流离，人复何心，尚不能竭诚共信，同赴国难"。④

在强大的舆论压力之下，宁粤双方均不敢承担破坏和谈的责任，而不得不作出一定让步，以期和谈取得一定成果。宁方通过张静江、张继、陈铭枢等人将宁方"委曲求全""共救国难"的"意旨"，向粤方代表汪精卫、孙科

① 《社评：三五领袖皆应感严重责任》，《大公报》1931年11月4日第1张第2版。
② 《社评：智识阶级之苦闷》，《大公报》1931年11月5日第1张第2版。
③ 秋乐天：《敬告当局诸公》，《大公报》1931年11月5日第3张第11版。
④ 《时评：绝食呼吁和平》，《申报》1931年11月5日第2张第6版。

等人"恳切说明，以求和平统一，克期实现"；同时，蒋介石授意陈铭枢专门致函胡汉民，解释误会。① 此后，为使和谈能够继续，双方将和谈的重点放在如何召集国民党第四次全国代表大会这一主题上，希望以此实现党内统一。11月7日，在沪会第七次会议上，宁粤代表最终达成协议："双方以合作精神，各于所在地克期召开国民党第四次全国代表大会"，双方四全大会一切提案，均交第四届中央执行委员会在南京开第一次会议时处理。② 至此，宁粤和谈宣告结束。

对于宁粤和谈所达成的协议，《大公报》表示满意，认为"全国人民，在此严重的国难国耻中，所一致热望之统一和平，将于最近期内实现焉！此诚不幸中之大幸，国民各界，当不胜悲喜交集之感者也！"并指出"最近商教学各界，纷纷请愿，必使成功，勿令其决裂者，非以沪会为万灵之药，亦非谓统一而万事俱了；盖皆认定统一为应付国难之总前提，故望之不得不切也。"此外，对宁粤双方，《大公报》进一步提出了具体的要求：

其一：……京粤既合，全党负责，自今而往，何以永杜纠纷，何以屡慰民望，党国诸领袖，宜个个反省，人人负责，凡关于制度上之改正，人事之刷新，俱须博采舆论，切实筹行。其二：……此番和平一成，须立时考求永绝内祸之办法，军事制度上，须妥筹改正。务使政府常得舆论后援，而军权须常受政治支配！其三：……为唤起民众，巩固政府之计，亟宜乘此全党的统一，进谋政治的开放！由执政的党，应事实之需要，自动的渐进于舆论政治之规模。③

---

① 《张继等昨晚赴沪》，《中央日报》1931年11月4日第1张第4版。
② 韩信夫，姜克夫编：《中华民国大事记》第3册（1930–1936），北京：中国文史出版社，1997年，第266页。
③ 《社评：上海和会成功！》，《大公报》1931年11月8日第1张第2版。

第四节　蒋介石第二次下野与复职

一、蒋介石下野与宁粤和解

按照沪会的协议，宁粤双方分别召开国民党第四次全国代表大会。11月12日，宁方国民党第四次全国代表大会在南京开幕，蒋介石在演说中声称四全大会"主旨在于使党内团结一致"，"领导国民完成国民革命"。[①] 11月23日，宁方四全大会闭幕，并发表宣言：对外捍御强侮，为正义和平奋斗，对内刷新政治，树民族自强之基。[②]

就在宁方四全大会闭幕当天，粤方四全大会否认沪会以第一、二、三届中委为四届中委之决定，并坚持蒋介石下野，解除其兵柄，开除其党籍。此举导致粤方内部重大分裂，汪精卫、孙科等反对派二百余人退席。此后，汪精卫派退席代表在上海大世界游戏场另开一个国民党四全大会，由汪精卫主持，选出唐生智、张发奎、王懋功等十人为国民党第四届新中央委员，并请粤备案。尽管如此，粤方仍强硬坚持蒋介石必须下野。12月5日，即粤方四全大会宣告结束当天，粤方四全大会所选中执监委员由胡汉民领衔，通电催促蒋介石下野，并表示若蒋不下野及解除兵权，粤方中委决不到京参加四届一中全会。

对于粤方的做法，《大公报》予以了严厉谴责："京方开会，尊重沪议，而广州之会，竟予推翻，少数作梗，多数退席，自毁本身代表公决之议案，破坏广州党方凭藉之阵营，误统一，扰粤省，此辈不顾大局，诚国民党之罪人，抑又国家之大罪人也。"另一方面，《大公报》则把矛头指向南京，认为国民党及国民政府难辞其咎："破坏大局，妨碍外交，障阻统一者，乃竟在

---

① 韩信夫，姜克夫编：《中华民国大事记》第3册（1930-1936），北京：中国文史出版社，1997年，第269页。

② 郭廷以编著：《中华民国史事日志》（第3册），台北："中央研究院"近代史研究所，1984年，第110页。

政府党同志之中，党治信仰，何以自维，苟不迅速补救，亦步自杀之后尘者也！……广州全会之波折，诚为渴望统一者之不幸，其事在党，则党与政府应有补救纠正之全责。"①

由于粤方坚持蒋介石必须下野才能赴南京参加四届一中全会，蒋介石被迫于12月15日发表通电，辞去国民政府主席及行政院长、陆海空军总司令等职务，国民政府主席由林森代理。此次下野为蒋介石1927年8月首次下野以来的第二次下野。蒋介石在下野通电中表达了对粤方的不满："在粤同志，迄未能实践约言，共赴国难，胡汉民同志等微日通电，且有必须中正下野，解除兵柄，始赴京出席等语，是必欲中正解职於先，和平统一方得实现。"同时，蒋介石也作了高姿态的表示："中正许身革命，进退出处，一以党国利害为前提，解职以后，仍当本国民之天职，尽党员之责任，捐靡顶踵，同纾国难，以无负总理之教训"。②

对于蒋介石之下野，《大公报》次日即发专文予以评论：

蒋中正氏，为国府领袖数年，勤于治事，勇于负责，热心毅力，不避艰险，俨然以一身系天下之重。惟权力集中，弊亦随之，北伐后之诸役，苟能善处，皆可不起。徒以文武各方之互相激荡，遂有十八年后之内战，虽中央胜利，而国力大耗。蒋氏权愈增重，而党之分裂亦愈趋深刻。今春免胡汉民氏，禁诸汤山，遂愈受独裁之议，而导京粤之裂。是以追论往事，蒋氏在党国之功过，皆不可掩也。虽然，过去纷乱责任，究为各方共负，因果复杂，不可殚论。而最近蒋氏以国府领袖之地位，固见迫于外患，非力屈于内争，则今日引咎辞职，促成统一，终为政治家光明磊落之举也。吾人所望于蒋氏者，虽辞主席之后，务竭尽能力，维护政府，率导军人，翊赞新局。③

① 《社评：粤会波折感言》，《大公报》1931年11月27日第1张第2版。
② 秦孝仪主编：《先"总统"蒋公思想言论总集》第37卷（别录），台北："中央"文物供应社，1984年，第35页。另见周美华编注：《蒋中正"总统"档案·事略稿本》（第12册），台北："国史馆"，2004年，第460—461页。
③ 《社评：政局急转》，《大公报》1931年12月16日第1张第2版。

这里主要表达了三层意思：一是对蒋介石进行了功过两方面的评价；二是对其下野本身予以肯定；三是对下野后之蒋介石提出了希望。

　　对于蒋介石下野的意义，《大公报》也发表了看法：

　　今兹蒋氏之辞主席，非由武力，实缘理智，非出强迫，乃由自让，此诚中国向现代化政治迈进之第一步，造因虽微，影响殊钜。就此点言，在党在国，皆不失为空前之好例。由此而变更武力夺权之习，转入平和争政之路，扶政治使上轨道，非不可能。①

　　从后来政局的发展看，这种评价显然高估了蒋介石下野的意义。

　　对于蒋介石的再起问题，《大公报》并未直接回答，而是引用了当时外报的评论，认为蒋介石："处进退维谷之状况下，故择取临时脱离政治舞台之一途，但凡熟晓此中国革命中之拿破仑，平素所抱不屈不挠之毅力者，当知其必不久甘于闲散。"② 这无疑是在说，蒋介石势必再起。

　　蒋介石下野后，粤方代表即于16日开始分两批自广州赴南京。22日，国民党四届一中全会在南京召开。

　　《大公报》在全会开幕当日发表社评，予以积极评价，对于全会寄以厚望：

　　在此空前的外患，水灾，共祸煎逼之中，执政之中国国民党，将于今日举行一中全会开幕礼于南京，集会几经离合之领袖于一堂，化杀伐恶斗之气，成相让相勉之局，此诚党国史上空前之纪念，使人深觉"多难兴邦"之说，殆真信而有征。……国民党诸领袖，于此水尽山穷之时，断行大同团结之议，所谓"穷则变，变则通"，庶乎近之。此其见事之明，赴义之勇，时

---

① 《社评：今日之会》，《大公报》1931年12月22日第1张第2版。
② 《国际注视中国政局》，《大公报》1931年12月16日第1张第3版。

此外，《大公报》还建议，如要完成挽救时局的任务，全会应从以下几个方面努力：

第一：名实上结束内争，消灭派系，京粤文武，概弃前嫌，共同负责，万勿再有钩心斗角之酝酿。第二：以一中全会规划改革制度问题，广征民意之需要，以植革新之始基，惟亦勿操之过急，凡涉及永久制度者，必须审慎筹议而后切实行之。第三：政府对目前严重之国难，须采迅速有效之计划，近者日本永久吞并三省之野心，日益暴露，我不复能坐待国联无权限之调查。故关于外交，关于军事，皆应速另作整个的筹划，政府一方须广征民意，一方须自下决心。②

蒋介石在出席四届一中全会开幕式后，即偕宋美龄乘飞机赴沪转返原籍浙江奉化。行前致于右任、孙科等函称："全会既开，弟责既完，如再不行必为本党之梗，故决还乡归田，还我自由，惟望全会得到圆满之结果，……此去须入山静养，请勿有函电来往，即有函电，弟亦不拆阅也。"③此时，胡汉民在香港，汪精卫在上海。《大公报》对此十分忧虑："京粤统一后之一中全会，蒋去浙，胡在港，汪留沪，此三人者，为党内外公认之国民党领袖人物，而希望其合作负责，维持难关者，今乃全不在会。……此种现象，虽欲令国民不悲观，不着急，岂可得哉？"并不赞同蒋、胡、汪三人的做法：

夫汪胡二君，为代表粤府以蒋辞职为统一前提者，蒋既辞职，而两君不挺身负责，揆之政治道义，绝对不可。蒋君则为五年来负政治军事责任

---

① 《社评：今日之会》，《大公报》1931年12月22日第1张第2版。
② 《社评：政局急转》，《大公报》1931年12月16日第1张第2版。
③ 《蒋委员离京》，《中央日报》1931年12月23日第1张第2版。

之人，国家至此，绝对无置身事外之余地。既称全党息争合作，即须名符其实，以身为倡，意气之争执，时机之选择，在今日现状下，皆所不许也。……汪及左右，有不愿入政治涡中，愿一意办党之语；今日四万万人托命之国家，全陷于存亡呼吸之涡中，而以国民党领袖人物，乃称不愿入政治涡中！此种心理，极为国民所不取。又如蒋标榜入山休息，四万万人民可以休息之山何处？此吾人不得不问者！①

四届一中全会在蒋、胡、汪缺席的情况下，通过了新的中执会组织原则，选举蒋、胡、汪三人为中央政治会议常务委员，并由三人轮流担任会议主席；通过了新的《国民政府组织法》，选举孙科为行政院长，陈铭枢为副院长。孙科获得了组织"责任内阁"的权力。1932年1月1日，孙科政府正式宣告成立，当日广州国民政府宣告取消，宁粤对峙局面结束，双方实现和解。

二、孙科政府的危机

虽然孙科政府因宁粤和解而产生，但是由于宁粤双方和解而不合作，新政府甫告成立，即陷入危机。对于孙科政府，《大公报》认为它"未能充分集中全党势力"，因而"政府虽幸已发表，而对于集中全党文武之势力，吸集全国人心之信任如何，殊令关心国难者，尚不能不抱十分之忧虑也。"《大公报》认为，其中的原因主要在于蒋、汪二人：

蒋刻在故乡，无回京之讯，新政府如此后不得蒋之完全负责合作，则社会观感，定忧虑政局基础之不固。其影响最著者，则为财政，新政府诸人，对此点果作何设施？抑汪为新政局最重要之枢纽，惟此次既不负行政职务，而其平日接近诸人，亦未分负各院责任，此点亦殊减新政府重量。②

① 《社评：领袖诸人须迅速入京负责》，《大公报》1931年12月27日第1张第2版。
② 《社评：对于新政局之忧虑与希望》，《大公报》1931年12月29日第1张第2版。

《大公报》已经认识到了新政府的问题所在，即领袖的不合作。这种言论既反映了社会的一般心理，也为后来蒋介石复职提供了一定的舆论基础。

由于缺少蒋、胡、汪三人的支持，孙科也清楚地意识到自己不可能左右政局，尤其是财政、外交等棘手问题，根本无法解决。例如，关于财政问题，孙科指出："最近政府每月财政实收不过六百万。而支出方面，只军费一项，仍需一千八百万，政费教费尚需四百万，不敷数目达一千六百万。财政达到如此极度之困难，即维持国家组织最少限度之必需经费，亦势不能支持。"① 陈公博也认为，"单是财政一个问题，已够行政院倒塌了。"② 因此，孙科上台伊始，就因不堪重负而积极要求蒋、胡、汪三人来京主持政局。

1月5日，孙科在记者招待会上表示新政府对时局无能为力，他首先从制度上作了分析：中央最高决定机关在中政会，凡对内对外方针，必须经其讨论决定，政府才能施行。四届一中全会决定由中执监委组织中政会，设常委三人，由蒋、胡、汪三人担任，负最高指导责任。因此，"现时行政院并不能单独决定种种方针，是先须俟中央政治会议决定之后，才可能去执行的，行政上的责任，虽由行政院长去负，但是大体方针，是先由政治会议决定的。"如果中央政治会议负责无人，行政院就"无所秉承"，而现在蒋、胡、汪三常委不在南京，中政会种种方针，即不能制定或提出讨论，所以当前的关键就是要使蒋、胡、汪"三位主脑""一齐入京"，时局才有办法。此外，他还对自己的作用进行了说明，认为他的作用主要有两点：一是"过渡缓冲"作用，因为目下各领袖一时不能来，不能不暂时找一两个人过渡，蒋、胡、汪三人在过去几年，都曾因意见不一致而分裂过，所以本人不得不本着临时过渡缓冲的作用来负责；二是"士敏土"（水泥）作用，目前政治上的问题，是要蒋、胡、汪三人一同解决，本人负起这个职务，正如建筑材料中

---

① 韩信夫，姜克夫编：《中华民国大事记》第3册（1930–1936），北京：中国文史出版社，1997年，第303页。

② 陈公博：《苦笑录》，北京：东方出版社，2004年，第180页。

之士敏土一样，要求三位领袖团结，没有士敏土的作用是不能成功的。①

对于孙科的发言，《大公报》表示绝难同意："吾人所以不能同意于孙氏之言者，夫最后虽须三人入京主持，而决大疑，定大计，则不入京亦可能。汪胡在最短期内，不能到京，此乃无可如何之事实，然病床咨询，电报商榷，亦非无发表意见之办法。蒋在浙东，相去亦近，自近日归乡以来，绝无公开消息，惟孙科氏当然保持接触，征询意见，亦必不难"；同时指出"国民党究为委员制，而委员皆处平等地位，夫必待汪蒋胡主持者，事实问题，非理论问题，中央委员百余，中政会委员数十，所作何事？岂三人不来，大多数委员皆袖手坐待乎？是则反对一人独裁者，易而为依赖三人独裁矣，亦必无之理也。"②

《大公报》看到了问题在于京粤两派是否合作，蒋、胡、汪三人是否愿意负责。因此，对当局诸人的做法表达了强烈的不满：

当四万万人愁苦呼号之日，诸公尚闹家务，争意气，近幸京粤合作，宣布统一。然合而不作，所仰望以指导者，不出而主持，在政府地位者，则云无人指导。此种现状，四万万人民，诚须臾不能再忍矣！③

当时的《申报》也有相同的见解：

今日三领袖苟尚有屏除从前意见共赴国难之决心者，则应剑及履及，赶速入京，不宜再有托词负气之举动；苟其决心不再与闻政事，不再以国家安危存亡为念，则亦明白昭示我全国人民，使人民不再存此党国要人精神团结一致救国之奢望，而另图所以团结救国之法。④

---

① 《孙院长招待新闻界》，《中央日报》1932年1月6日第1张第4版。
② 《社评：政局感言》，《大公报》1932年1月7日第1张第2版。
③ 《社评：政局感言》，《大公报》1932年1月7日第1张第2版。
④ 《时评：三领袖将如何！各要人将如何！》，《申报》1932年1月12日第2张第7版。

由于新政府不能承担解决时局的重任，要求蒋、胡、汪出而任事的呼声一浪高过一浪。9日，孙科自南京到上海，吁请蒋、胡、汪三人入京主持一切。孙对记者称"三先生在党国均有深长历史，无论如何，想决不能长此默然"，并指出，"余资望能力均短浅，行政院重大责任，本非所能负"，"促成蒋汪胡之实际合作，则余责可卸耳"。① 12日，陈铭枢在国民政府中央纪念周演说，其中指出："没有领袖的领导，我们很空很散，没有力量撑此危局。"② 冯玉祥也公开致电蒋、胡、汪三人，盼速入京主持大计，他在致蒋电中表示："国难至此，必须群力以共挽此垂亡之祖国，务请即日来京，不胜企盼，否则仍当前来躬迓也"。③ 另外国民政府还准备派于右任赴香港迎胡汉民入京，派陈铭枢赴奉化迎蒋介石入京。全国各界各团体也纷纷发表通电，并派代表纷赴奉化、香港和上海三地请蒋、胡、汪三人出而任事。因此，《大公报》认为"时局关键全在三领袖身上"。④ 之后，又再次表示，"现在政局完全侧重于迎蒋胡汪三领袖入京"。⑤ 当时的《民国日报》也认为，"在目前形势下，对于御侮救国大计，欲有办法，必自三氏晋京主政治，此殆无可疑者。"⑥ 举国一致迎三领袖入京负责，无疑为后来蒋介石复职创造了条件。

蒋、胡、汪三人屡请不出，"以'焦头烂额'来形容当时孙科的情形，确属事实。"⑦ 在走投无路的情况下，孙科不得不准备采取极端措施：停付公债本息与对日绝交。此举尚未付诸实施，即引起举国震动。

对于停付公债本息问题，13日，上海江海关二五附税国库券基金保管委员会、银行钱业两公会、沪市商会，均电国民政府表示反对；同日，北平、天津银行公会分电沪银钱两公会，请一致主张维持公债偿付本息基金。⑧ 上

---

① 《孙科迎汪于右任迎胡》，《大公报》1932年1月10日第1张第3版。

② 《陈铭枢在中央纪念周之演说》，《大公报》1932年1月12日第1张第3版。

③ 《冯再劝蒋胡汪，盼速入京主持大计》，《大公报》1932年1月14日第1张第3版。

④ 《粤府撤销已发通电》，《大公报》1932年1月7日第1张第3版。

⑤ 《盼蒋汪胡入京愈急》，《大公报》1932年1月11日第1张第3版。

⑥ 《社论：敦促汪蒋先行入京》，《民国日报》1932年1月19日第1张第3版。

⑦ 朱宗震：《陈铭枢回忆录》，北京：中国文史出版社，1997年，第87页。

⑧ 《停付公债本息声中各界积极反对》，《申报》1932年1月14日第4张第13版。

海证券市场甚至因此停业三天。①《大公报》也发文对此举极力抨击，认为无论从理论上还是从实践上看，停付公债本息均不可行："今乃一举而停止本息，何异以诈术骗财？试问如此办法，政府信用何在？将来建设，何所取资？况对外债不敢少有损害，对内债则竟悍然不顾，更将何以自解？……世界任何国家所不敢为之事，中国讵能为之而可通？此乃关系国家整个的立国之主义政策问题，窃愿当局者有以自明。"并断言"停止内债本息如果实行，则社会经济，秩序动摇，政府建设，前途无望。"② 新政府财政部部长黄汉梁在巨大舆论压力面前不得不向国民政府提出辞职。

对于对日绝交问题，也引起一片反对声。《大公报》即认为，依中国现在之事实，本无和平之途可趋，因而绝交之议，为"逻辑上当然必然之事"，但又指出："就中国今日言，凡此皆无可无不可之问题，只为能不能之问题，能则必办，不能则欲办不得。由此言之，则绝交之议，事实上亦缺乏可能性。"之所以缺乏事实上之可能性，《大公报》对于其中原因作了详细分析：

以今日情势而宣布绝交，则第一必须考虑如何贯彻绝交之令。盖绝交之义，当然系撤去使馆，收管租界，然彼不允撤不允管则如何？政府有无强制执行之方法及其准备？此首应解决者也。大抵事实上绝交之宣布，将至入于交战状态；纵不至此，然吾国如不能使绝交之宣布，有效执行，是绝交为空文，徒使日本得寻衅各处之便利，且诬责中国，以杜各国发言，是事实上我仍受有约之拘束，而彼转增加无约之便利，是在我为两重损害矣。是以应绝交，应为自卫而宣战者，理也；不能宣战，便不能绝交者，势也。政府无人主宣战，而独有人议绝交，此较之主张宣战，尤为疏漏矣。③

其他报纸也有相同看法。例如，《民国日报》就指出："对日绝交，此种

---

① 《沪各界一致反对停付公债本息》，《民国日报》1932年1月14日第2张第3版。
② 《社评：财政困难如此解除？》，《大公报》1932年1月14日第1张第2版。
③ 《社评：论绝交》，《大公报》1932年1月17日第1张第2版。

方法，均为政府当局一时之意见，而缺乏实行之可能性。"①

陈公博也认为："这样无效的绝交，仅是一种高调，实在于国家无补。"②

对于孙科采取的极端措施，蒋介石也异常愤怒："哲生（孙科）谋此倒行逆施之策，其最低限，必欲捣毁东南财政，破坏全国外交，使余不能继起收拾也。"因而感叹："哲生之愚殊可怜也"。③

三、蒋介石复职

孙科走投无路，采取极端措施，也表明蒋介石复出的条件已经基本成熟。1月13日，蒋介石由奉化经宁波转飞机抵杭州。次日，蒋介石在杭州发表谈话，向外界表达了他进退两难的处境："外间时有以国事如此，余应出而负责为言者，实则余生平对党对国，从未诿卸责任，有时或反以负责太过，致愚忠不能见谅。……在广东至今尚时有防止蒋氏独裁复活等言论。"并指出"余若不出，人将谓余不负责，余若出问国事，则必谓独裁复活，进退无所逃于责备，故余只得以个人国民之地位，尽我对党对国之忠心而已。……当此内忧外患，余力所能及，必当贯彻赞助当局之初衷。"④蒋介石虽然表示进退两难，但也正式表达了他即将"出山"之意。

为使粤方对其复出不表反对，蒋介石通过张继、何应钦、陈铭枢等人向媒体表示"目前时局症结不在蒋汪而在粤"，"蒋不能入京，系受粤方人物态度之障碍。"⑤此外，蒋介石又公开表示"汪胡诸同志如能推诚入京，余身虽在诟谇之中，为党为国，也无不乐从其后。"并与汪精卫公开联名致电胡汉民，表示"深愿追随吾兄，一同入京，协助哲生暨同志以共支

---

① 《社论：抗日之正路》，《民国日报》1932年1月20日第1张第3版。

② 陈公博：《苦笑录》，北京：东方出版社，2004年，第180页。

③ 周美华编注：《蒋中正"总统"档案·事略稿本》（第13册），台北："国史馆"，2004年，第35—37页。

④ 周美华编注：《蒋中正"总统"档案·事略稿本》（第13册），台北："国史馆"，2004年，第37—41页。

⑤ 《张何谈谒蒋结果》，《大公报》1932年1月15日第1张第3版；《汪精卫力疾到杭州，下车即赴澄庐与蒋畅谈》，《大公报》1932年1月17日第1张第3版。

危局"。①

　　胡汉民认为，自己与蒋、汪"凿枘不相容"，根本无合作可能。②他于18日发表声明，虽未明确反对蒋介石复出，但是自称"身体素弱，故一时不能赴京"，实际上拒绝了与蒋、汪合作。③这种结果也与当时舆论的预测基本一致，《大公报》此前就认为"一般人看法，汪先来，蒋后来，胡不来"。④《民国日报》也认为："胡氏在短期内不能晋京，殆无可否认者。"⑤

　　由于胡汉民拒绝合作，蒋介石此次复职是通过蒋、汪合作的方式实现的。16日，蒋、汪即会晤于杭州，初步确定了合作基本方针；21日，汪精卫自上海抵南京，蒋介石也于当日从杭州乘汽车抵达南京。⑥

　　对于蒋、汪携手进京负责，《大公报》给予了积极的评价：

　　自京粤统一，国府更新，吾人尝致殷恳之期望，并警告当局者，此为国民党对国事负责最后试验之时机。乃荏苒兼旬，政象涣散，成合而不作之势，凛中枢无主之忧，举国慨然，不可终日。今者蒋介石汪精卫二君，接受各方之敦促，定今日到京服务，胡展堂君虽不来，惟知胡君为人者，可断言果政局依轨进行，彼必为政府助，虽在港粤，无碍进行。是以蒋汪今日之到

---

　　①　周美华编注：《蒋中正"总统"档案·事略稿本》（第13册），台北："国史馆"，2004年，第41、49—50页。
　　②　胡汉民：《斥"三日亡国论"》，《胡汉民先生政论选编》，广州：广州先导社，1934年。转引自陈红民：《函电里的人际关系与政治：读哈佛燕京图书馆藏"胡汉民往来函电稿"》，北京：生活·读书·新知三联书店，2003年，第100页。
　　③　《江蒋本周内或即入京，胡汉民声明暂不北上》，《大公报》1932年1月19日第1张第3版。
　　④　《粤府撤销已发通电》，《大公报》1932年1月7日第1张第3版。
　　⑤　《社论：敦促汪蒋先行入京》，《民国日报》1932年1月19日第1张第3版。
　　⑥　金以林先生的《蒋介石的第二次下野与再起》（《历史研究》2006年第2期）有"20日，孙科、汪精卫等人分乘火车赴京。21日，蒋介石由杭州直接飞抵南京"语，应不准确。周美华编注《蒋中正"总统"档案·事略稿本》（第13册）第62—65页记载：21日，"上午会客后，得吴铁城筲（20日）亥电称，哲生（孙科）兄等本日夜车晋京，汪先生并未同行，闻其于明晨晋京。又得张群马（21日）子电称，哲生浦泉（张继）敬之（何应钦）诸兄昨晚十二时前专车赴京，精卫先生未同行，但有今晨前往说。……十一时，遂与夫人乘汽车出发。……下午一时半，车到江浙之界。……晚七时后，车到汤山。"《大公报》的《汪昨夜入京蒋已到汤山》（1932年1月22日第3版）记载："汪二十一日下午三时离沪，晚十时零五分可抵京；蒋因雾重，机不能飞，已于二十一日午十一时半，改乘汽车来京。"可见，孙是20日入京，蒋汪是21日入京，蒋并非乘飞机，而是汽车。

京，应可认为国民党内部统一之实现，对国事最后负责之开始。①

应该说这种评价是比较中肯的。学者黄道炫对蒋、汪合作也作出了类似的评价："蒋、汪合作虽是蒋、汪瓜分权力的产物，但它毕竟使国民党和国民政府从三个'四大'、'跛足政府'的尴尬局面中摆脱了出来，与前相比，在政权包容上有了一定的进展。在国难日亟的情况下，这一点，似也不能等闲视之。"②

25 日，孙科在上海通电辞职，承认"无力继续负责"。③《大公报》认为"两旬余来孙之法宝尽露，已不能留好印象"，并指出"今后局面将实现真正之汪蒋合作"。④孙科的辞职也的确推动了蒋、汪合作的实现。28 日，汪精卫在中政会临时会议上被推举为行政院长；蒋介石则是在 3 月 6 日国民党四届二中全会上正式被选为军事委员会委员长。

在度过了一个月的下野生活后，蒋介石通过蒋、汪合作的方式再次实现复职。虽然不再担任国民政府主席、行政院长与海陆空军总司令等职，但蒋介石仍然牢牢控制着南京国民政府的实权，并担任军事委员会委员长。

蒋介石此次复职后，"国民党基本形成了以蒋介石为中心、各派联合统治的局面。"⑤虽然此后出现了 1933 年冯玉祥领导的察哈尔抗日同盟军、1936 年的两广事变与西安事变，但在这些事件中，事件的主导者并没有公开扛起反蒋与反南京中央的大旗，他们更多的是宣称反对蒋介石的对日妥协政策。因而，在蒋介石第二次复出之后，其"党国领袖"地位较以往更加巩固，党内再也无法形成一致反蒋的局面。

---

① 《社评：蒋汪入京》，《大公报》1932 年 1 月 21 日第 1 张第 2 版。
② 黄道炫：《民国兴衰（蒋家王朝之一）》，北京：中国青年出版社，2001 年，第 221 页。
③ 《外患紧急中之政局波澜》，《大公报》1932 年 1 月 26 日第 1 张第 3 版。
④ 《对外方针今日将决定，孙科势不归政府将改组》，《大公报》1932 年 1 月 28 日第 1 张第 3 版。
⑤ 金以林：《从汪、胡联手到蒋、汪合作——以 1931 年宁粤上海和谈为中心》，《近代史研究》2004 年第 1 期。

本章小结

从1930年10月中原大战结束至1932年3月蒋介石第二次复职,《大公报》密切关注蒋胡约法之争、胡汉民"辞职"、宁粤对峙与和解、蒋介石第二次下野与复职等一系列历史事件。以该报为代表的新闻舆论对历史事件的发展与军政人物的进退产生了一定影响。

蒋介石第二份"江电"发出后,该报积极表示支持,认为该电要求"以国家政权奉还于全国人民",是"贤明之主张",对于胡汉民的意见,该报明确表示反对,这也符合该报本身一贯的立场和当时社会普遍希望"法治"的要求。当时社会舆论的倾向无疑激励了蒋介石采取进一步的措施来实现其"江电"的主张。

粤变发生后,该报就明确反对因政争而引发兵争,认为军事问题是次要的,而政治问题才是主要的,而且仅仅靠军事行动并不能解决政治问题,所以该报希望"党国负责诸公",从党的方面设法解决政治上之纠纷。反对战争也是当时社会的普遍呼吁,这种反战舆论对宁粤双方施加了相当大的压力,一定程度上制止了宁粤间的军事冲突。

九一八事变发生后,国内要求和平的氛围更浓。《大公报》《申报》等新闻媒体纷纷发表文章呼吁"政府与两粤"携手救国。宁粤双方都感受到了强大的舆论压力,战不战、和不和的状态无法延续,因而不得不向外界积极表达和平意愿,认为"非全国一致团结,不足以救国难",并有所实质行动,如宁方释放之前被扣押的胡汉民。

在宁粤和谈陷入胶着状态而双方相互攻击时,该报就发表社评,表示痛心与失望,希望双方领袖人物有深切之觉悟,不应假和议以相压迫。当时北洋工学院院长王季绪因为上海和会形势恶劣而忧愤绝食,更是引起全国瞩目,一时社会舆论对宁粤双方均有责难。在强大的舆论压力之下,宁粤双方均不敢承担破坏和谈的责任,而不得不作出一定让步,从而使和谈达成最终协议。

孙科政府时期,由于困难重重,孙科政府不得不准备采取极端措施:停付公债本息与对日绝交。此举尚未付诸实施,即招致社会舆论的一致谴责。

财政部部长黄汉梁在巨大舆论压力面前不得不向国民政府提出辞职；孙科政府最后也不敢实施对日绝交。

1930年10月至1932年3月这段时期，相关军政人物极其注重处理与媒体的关系。例如，在约法之争初期，蒋介石为反制胡汉民阻挠制定约法、扣押蒋介石"江电"而不发的做法，主动将"江电"发往上海各报馆刊布。蒋介石的主张获得了社会舆论的一致支持，自然为蒋介石个人塑造了良好的社会形象。

蒋介石在扣押胡汉民后，主动发表讲话，向外界解释胡汉民是主动"辞职"，以降低胡汉民"被扣押"的影响。之后，蒋介石更是密切关注社会舆论对该事件的反应，甚至采取极端措施，包括严密检查电报与京沪长途电话、召中央通讯社主任余惟一训话、派员审查各报新闻等，消除胡汉民被扣事件带来的不良社会影响及严重政治后果。

对于社会传闻蒋介石将利用国民会议制定约法进而选举总统一事，蒋介石一再就总统问题发表谈话，明确表示训政时期不需要总统。由于蒋介石的多次表态，当时选举总统的传言并未产生多大的社会影响，其本身也未变成事实。

宁粤和谈期间，宁方就积极向外界发出信息，既坚持南京的正统地位，又否定和谈的对等性质；而粤方一开始也是积极主动地公开表达自身主张，以获取社会舆论的同情，并试图掌握话语主动权。蒋介石就指责粤方代表利用报纸，假借言论自由，颠倒是非，抹杀事实，使得人心惶惑、社会不安。

孙科政府后期，蒋介石积极利用社会舆论为其复出创造条件：一方面向外界表达了他愿意"出山"之意，另一方面又向媒体表示"目前时局症结不在蒋汪而在粤"，自己不能入京，"系受粤方人物态度之障碍"。社会舆论的压力使得以胡汉民为代表的粤方也不敢公开反对蒋介石复出，实际上是清除了蒋介石复出的障碍。

结　语

一、媒体认知的影响因素

（一）媒体的自身立场

就《大公报》而言，在续刊之初，该报就以"公众喉舌"相标榜，并坚持"纯以公民之地位发表意见"。[①] 可见，该报是以"公众"的立场为立场。对于《大公报》的立场问题，方汉奇先生作了进一步诠释："解放前的《大公报》，作为一家民族资产阶级的报纸，就是中间势力的舆论代表。……《大公报》之所以能够赢得那么多的属于'中间势力'的读者和作者的喜爱和支持，正是因为她代表了他们的意志和声音。"[②] 什么是中间势力？胡绳先生认为："中间势力……包括知识分子，工商界，搞工业的，搞教育的，等等。过去说，资产阶级是中间力量，工农、小资产阶级属于共产党一边的，是革命的依靠、基础。实际上工农、小资产阶级只是革命的可能的基础。就阶级说，他们是革命的，就具体的人说，他们当中大多数在政治上是处于中间状态，不可能一开始就都自动跟共产党走。"[③] 可见，除大地主大资产阶级与无产阶级这一对立的两极之外，其余都是中间势力。从阶级上看，中间势力包括民族资产阶级和小资产阶级，从职业上看，包括农民、知识分子和工商界人士。《大公报》代表的正是当时中国最大多数的中间势力利益。这也是本

---

① 《本报同人之志趣》，《大公报》1926年9月1日第1版。
② 方汉奇：《〈大公报〉百年史》，北京：中国人民大学出版社，2004年，前言第20页。
③ "从五四运动到人民共和国成立"课题组著：《胡绳论"从五四运动到人民共和国成立"》，北京：社会科学文献出版社，2001年，第4页。

书选择《大公报》进行个案研究的重要原因。

在南京国民政府成立后，尤其是南京国民政府完成统一后，中间势力总体上是接受南京国民政府的。但中间势力的利益与以蒋介石为代表的统治集团利益始终都不完全一致。例如，《大公报》对蒋介石的"反共清党"政策总体上予以支持，但是对清党中采取的暴力手段则予以严厉谴责；在1931年宁粤对峙过程中，该报反对蒋介石对粤动武、坚持用政争解决兵争，进而呼吁宁粤双方和平解决争端，一致对外。

（二）局势的进展与相关人物的进退

一般而言，当局势进展有利时，媒体对相关军政人物的认知也趋于肯定。例如，在北伐军尚未进抵武汉时，《大公报》就认为，蒋介石"直下武汉，蓬勃发展，苟非运数，理无可能，且即令长驱直入而一得亦不易久守。"[①] 而当北伐军突破吴佩孚的层层防线进抵武汉时，该报的看法又随之发生变化，认为"彼等年来外蒙强国之嫉视，内受北洋之高压，然犹能经营惨淡，练成节制之师，崎岖长征，突出武汉，是足知其军队上下，诚有一种热烈之牺牲精神与救国志愿"。同时表示，"无论战局变迁如何，北洋正统从此已矣"。[②] 在北伐成功之后，蒋介石于1928年7月初作北平之行。《大公报》等媒体不仅对此行作了大量的记载，还对蒋介石本人也是赞赏有加，并称之为"革命英雄"。

当局势发展不利时，媒体对相关人物的认知容易出现否定的一面。例如，在蒋桂战争时期，《大公报》对于桂系军政人物的态度，就是随着战争的发展而逐渐趋于负面评价，甚至还使用了"桂阀"一词，其他如"讨逆"、某某"反正"等词语也经常用到，带有明显的倾向性。对于冯玉祥，在蒋冯决裂后，韩复榘、石友三、马鸿逵等人公开叛冯投蒋，导致冯玉祥迅速失败。此时的《大公报》将冯玉祥视为军阀，认为军阀的失败是必然的。1931年12月蒋介石第二次下野后，《大公报》就有评论指出，蒋介石"权力集中，

---

① 《北京特讯：武汉告警中之大局写真》，《大公报》1926年9月1日第2版。
② 《论评：回头是岸》，《大公报》1926年9月4日第1版。

弊亦随之，北伐后之诸役，苟能善处，皆可不起"，且"蒋氏权愈增重，而党之分裂亦愈趋深刻。……蒋氏在党国之功过，皆不可掩也"。① 不难看出，媒体对军政人物的认知是随着局势的进展及军政人物的进退而不断变化的。

（三）当局的新闻检查与控制

民国时期，新闻检查与控制是一直存在的。胡适的《人权与约法》中有一个例子能很好地说明新闻检查与控制问题：

我认为这个（法治）问题是值得大家注意的，故把信稿送给国闻通信社发表。过了几天，我接得国闻通信社的来信，说：

昨稿已为转送各报，未见刊出，闻已被检查者扣去。兹将原稿奉还。

我不知道我这封信有什么军事上的重要而竟被检查新闻的人扣去。这封信是我亲自负责署名的。我不知道一个公民为什么不可以负责发表对于国家问题的讨论。但我们对于这种无理的干涉，有什么保障呢？②

《大公报》也曾多次呼吁言论自由，要求放宽新闻检查与控制。该报曾在社评《时局善后之安全保障》中指出：

中国言论之受压迫也久矣，奉谕宣传，各地皆然，敌友之分，随军异致，甲方势力之下，时时受袒乙之嫌疑，乙方控制所及，事事须对甲毁诋，客观事实，固不许公正推求，主观评骘，尤不容据理论断，束缚驰骤，有如万链加身。③

不得不承认，新闻检查与控制一直是当时新闻媒体所面临的一种严重束缚。

当然，不同时期的新闻检查与控制情况有所不同。例如，在1931年上海

---

① 《社评：政局急转》，《大公报》1931年12月16日第1张第2版。
② 欧阳哲生编：《胡适文集》(5)，北京：北京大学出版社，1998年，第526页。
③ 《社评：时局善后之安全保障》，《大公报》1930年10月13日第1张第2版。

和谈期间，"蒋主席来沪与粤代表晤面之际，汪胡面请撤销上海新闻之检查，蒋氏允之。自此以后，检查新闻之两机关虽服务如故，但实际已若不实行检查"。① 此后，媒体可以对粤方的言论进行大量登载，其中不乏对南京国民政府与蒋介石本人不利的言论。蒋介石对这些言论极为反感，曾抱怨道："现在上海报纸所登载的消息几乎全是广东一方面的话"，并指责粤方"假借言论自由之名"，"颠倒是非，抹杀事实"。②

新闻检查与控制对媒体的报道与评论自然也产生了相当大的影响。例如，在中原大战期间，北方当局对《大公报》言论的干涉，使其"拥蒋"立场发生了一定变化；在蒋介石扣押胡汉民期间，蒋介石强化了对新闻的检查与控制，使胡汉民的"被扣"变成"辞职"，进而使得媒体的言论明显有利于自己。

必须说明的是，新闻检查与控制下的媒体认知，尽管有时存在与历史事实不符的情况，但它依然反映了当时大众媒体乃至社会公众在新闻检查与控制下的基本认知水平，也是一种历史的真实，因而是本书的研究对象。

二、媒体认知的基本特征

（一）媒体认知是一种过程性的认知

就《大公报》而言，自1926年至1932年，该报的发行基本上没有停止。这样就使得该报对一些军政人物与事件的认识呈现出一种过程性。这里以蒋介石为例，通过此时期大公报的记载可以看出，蒋介石的称谓经历了从"粤蒋"到"宁蒋"，到"革命英雄"，到"蒋主席"，再到"蒋委员长"的变化过程，这恰好反映了媒体对于蒋介石的一个比较完整的认知过程。具体来说，北伐完成之前，媒体更多视蒋介石为一个地方军事领袖，而不是所谓的"党国领袖"，"粤蒋""宁蒋"等称呼均透露出这一层含义。宁汉对峙时，《大公报》甚至认为国民党"领袖人物缺乏"，"继中山者其人格与智力不足

---

① 《检查新闻之恶制度，执政诸公今后可摒弃之矣》，《大公报》1931年11月21日第1张第4版。

② 周美华编注：《蒋中正"总统"档案·事略稿本》（第12册），台北："国史馆"，2004年，第227页。

以涵容全党"。① 1928年10月，蒋介石担任国民政府主席，自然成了所谓的"党国领袖"，媒体中的"蒋主席"称谓就体现了这一变化。国民党四届一中全会后，国民政府主席成为虚职，在此情况下，"蒋委员长"之称谓不仅是实权的象征，还更是"党国领袖"的代称。

媒体对蒋介石的认知发展过程，比较好地反映了蒋介石这一军政人物被当时社会认识的大致情况。当然，在这一认知过程中，不仅仅是有肯定的认知情况，还不乏有否定的认知情况存在。例如，前述《大公报》在蒋宋联姻期间对蒋介石的批判，在中原大战期间对蒋介石的指责，等等，说明这一认知过程是复杂的。

（二）媒体认知是一种全景式的认知

1926—1932年，民国相关军政人物、事件与活动一直是媒体关注的对象。大量的新闻报道与分析述评，使得媒体的认知能够成为一种全景式的认知。这种全景式的认知可以从两个方面来解读：一是从认知的广度来看，当时的媒体既有对相关军政人物参与的重大事件与活动的记载，也有对重要军政人物及其人际关系的分析；既有对军政人物个人行踪的丰富记述，也有对军政人物个人隐私的竭力追踪。二是从认知的深度来看，当时的媒体不仅仅对重大事件、人物与活动予以充分的报道记载，还追加分析评论，以挖掘其中内在的因果联系。从前文的分析可见，这种全景式的认知在《大公报》的新闻与评论中表现得尤为明显。

通过这种全景式的认知，不仅可以展示此时期军政人物与事件的丰富历史图景，还可以借以考察媒体在各个阶段的关注焦点与价值取向，从而进一步反映社会公众对相关问题的基本认知情况与价值取舍。

（三）媒体认知是一种真实的认知

中国新闻学的开山始祖徐宝璜认为："新闻则必为事实，毫不容涉及捏造。故凡新闻之未可靠及假定者，皆应屏绝登载也。"② 现代著名新闻学家刘

---

① 《社评：党治与人治》，《大公报》1927年7月27日第1版。
② 徐宝璜：《论新闻学》，北京：中国人民大学出版社，1994年，第113页。

建明更是认为：“新闻的影响力来自于真实，媒介的公信力也来自于真实。”①真实是构成新闻的基础，失去了真实，新闻就失去了价值。媒体通过传播真实的信息来赢得受众，离开真实，媒体就失去存在的价值。《大公报》坚持“不党、不卖、不私、不盲”的“四不”社训，也是注重新闻真实性的具体体现。总体而言，媒体视角下的蒋介石基本上是客观真实的。在新闻报道中出现的一些所谓的认知错误，如《大公报》等媒体对北伐江西之战中关于蒋介石已死的多次报道，中原大战期间对蒋介石在归德战役中受伤的追踪报道等，也只是从另一个角度反映了历史的真实，因为蒋介石“已死”或“受伤”的消息是反蒋势力有意散播的，这种假消息本身也是客观存在的。

相对于其他视角，媒体视角下的历史也具有真实性，或者说是接近“真实的历史”的。《大公报》等媒体对民国军政人物与事件的观察与分析，以及由此形成的基本认知情况，无疑是一种客观存在的历史真实，这正是本书分析的基本对象。“真实的历史”应该是多面的、立体的。只有从不同的视角去观察，才能更加全面地认识历史。媒体视野中的历史正是构成“真实的历史”的一个重要方面。

（四）媒体的认知是导向性的认知

首先，媒体认知对社会公众具有相当大的引导力。以《大公报》为例，该报的老记者陈纪滢曾作过如下描述：“不知有多少重要国家大事，全国上下，常以《大公报》的态度取舍。甚至于极平常的新闻，即便别的报已经刊载了，只要《大公报》不刊载，仍难得读者信赖；反之，有什么重要新闻，读者一定要看看大公报怎么说的。”②这就反映出该报是当时社会的舆论重镇，对社会公众具有相当大的引导力。曾任该报夜班总负责人的张颂甲更是直接指出：“就其在国际和国内的地位和影响而论，在中国报界中，当时尚无出其右者。《大公报》在国内各界中拥有广大读者，特别是在高层知识界和工商界中有着深远广泛的影响。”③正是因为《大公报》的巨大影响力，该报对

---

① 刘建明：《新闻学概论》，北京：中国传媒大学出版社，2007年，第137页。
② 陈纪滢：《报人张季鸾》，台北：文友出版社，1957年，第19页。
③ 张颂甲：《为〈大公报〉讨还公道》，《新闻记者》1999年第5期。

于民国军政人物、事件与活动的认知在很大程度上能够引导社会舆论。

其次，媒体认知对当时军政人物及其活动也有很大影响。稻叶三千男等人认为，"报纸活动在读者（民众）之中，可以使人们的意识、意见表面化，活跃化，从而形成一股社会力量。因此，可以具有对政治的影响力。"① 此时期，以《大公报》为代表的大众媒体多次通过言论影响政治人物及其活动，就是证明。

三、历史事件中的媒体作用

一定历史时期的重大事件尤其是军政事件是新闻媒体必然的关注焦点。媒体通过大量的新闻报道、深入的评论文章，对这些事件的面貌进行全方位的呈现，对社会公众关于事件的态度进行多角度的反映，对媒体自身的立场也进行必要的展示，从而对事件的发展进程施加一定影响，产生一定作用。就历史事件中的媒体作用而言，主要表现在两个方面：

（一）鼓励与推动作用

一些重大事件的发生发展可以推动社会历史的发展，也符合社会公众的预期或能够获得社会公众的支持。新闻媒体对于这类事件一般是予以正面的报道与评价。新闻媒体希望通过发挥鼓励与推动作用，实现事件的顺利发展以达到社会公众预定的结果。这里以《大公报》的报道评论为例，分析该报在1926—1932年发挥此方面作用的情况。

在北伐江西之战期间，《大公报》对蒋介石及其国民革命军的大量记述客观上起到了一定的宣传作用。尤其是通过"孙蒋"二人之对比，《大公报》对孙传芳予以直接的否定，而对蒋介石则给予积极的肯定。由于《大公报》的言论立场明显倾向于南方新兴势力，天津的《益世报》指责其为"坐北朝南的某大报"。②《大公报》的这种报道宣传无疑有利于社会公众全面了解北伐战争。

---

① （日）稻叶三千男，新井直之主编，张国成等译：《日本的报业理论与实践》，北京：新华出版社，1985年，第238页。

② 张篷舟：《大公报大事记（1902-1966）》，《新闻研究资料》1981年第2期。

北伐讨奉结束后，蒋介石功勋卓著，受到当时媒体的积极评价，其中《大公报》也对蒋介石赞赏有加。1928 年 6 月，在蒋介石向国民政府提出辞职后，《大公报》对其辞职给予了积极的评价，认为此举"实获我心者矣"。7月初蒋介石北上祭灵时，《大公报》更是对蒋介石进行热烈赞扬，积极塑造蒋介石作为孙中山继承人的形象。1928 年 9 月 1 日，《大公报》借续刊两周年之际，发表社评《本报续刊二周年之感想》，其中指出："今者北伐完成，党国统一，本报续刊以来之信念，可谓得相当贯彻，然其立言精神，今昔则同。盖本报公共机关也，同人，普通公民也，今后惟当就人民之立场，以拥护与赞助国民政府之建设，而同时对于各方施政，亦愿随时随事致其坦直无私的批评，至于新闻记载，更务求正确，凡关系建设之具体问题，亦将公开讨论，以备参考。"①进一步表明了对蒋介石领导的南京国民政府的支持立场。在编遣会议前后，《大公报》等媒体积极支持蒋介石的裁兵主张，鼓吹军权统一、裁减冗兵，为实施编遣创造了极为有利的舆论环境。

约法之争初期，《大公报》积极表态，支持蒋介石的"江电"，明确反对胡汉民的主张，并不断发表言论要求制定约法，对反对制定约法的主张进行逐项批驳，形成了有利于制定约法的舆论环境。蒋介石扣押胡汉民后，《大公报》等媒体无法了解其中内幕，对胡汉民"辞职"事件的记述基本上是在蒋介石的掌控范围之内，对于缓和局势无疑产生了一定作用。

九一八事变之后，《大公报》积极加入到要求一致对外的舆论大潮中去。国内要求和平的浓厚氛围给宁粤双方施加了强大的压力，促使双方不得不采取相应的实质性行动以推动争端的和平解决。在此后的上海和会期间，《大公报》等媒体又以监督人的身份对双方施加压力，使得双方均不敢承担破坏和谈的责任，最终实现了双方的和解。

（二）批评与抑制作用

一些重大事件的发生发展对社会历史的发展起到阻碍作用，也不符合社会公众的预期或无法获得社会公众的支持。新闻媒体对于这一类事件的报道

---

① 《社评：本报续刊二周年之感想》，《大公报》1928 年 9 月 1 日第 1 版。

与评价往往是负面的较多。新闻媒体希望通过发挥其批评与抑制作用，推动事件朝着公众期望的轨道发展，或者伸张社会正义。这里以《大公报》的报道评论为例，分析该报在1926—1932年发挥此方面作用的情况。

在蒋介石"反共清党"期间，《大公报》对于在"反共清党"实践中出现的大量滥捕滥杀行为，提出了严厉的批评，并将矛头直指蒋介石本人，对蒋介石联共反共的矛盾立场作了充分的揭露，认为"道德上不能免其罪"①。《大公报》等媒体对"反共清党"中滥捕滥杀现象的谴责，使得当局充分感受到了来自舆论的压力，连当时的国民党要人张静江都致电蒋介石，要求"毋得过事杀戮，致招反感"②。蒋介石后来不得不对此作出表态："吾人对于跨党分子苟非捣乱谋叛具有证佐者，只须停止其党籍，限制其自由，予以警告，促其自新，无论湘鄂共产党徒仇杀国民党员如何惨暴，吾人绝不必存报复之念，效其所为。"③

在宁汉对峙期间，《大公报》对双方对峙更多取坐山观虎斗的冷眼旁观立场。值得注意的是，该报对其中的南北妥协问题极为热衷记述。正是由于《大公报》等媒体不断追踪南北妥协问题，披露其中的内幕消息，蒋介石为避免背上"勾结军阀"的罪名，不得不出面否认南北妥协之存在，以正视听。南北妥协实际上也没有最后达成。

在蒋宋联姻期间，包括该报在内的一些媒体对蒋介石婚姻问题的质疑与批评，使得蒋介石不能平静，蒋介石也不得不通过媒体发表启事，对其婚姻问题进行说明。而蒋介石的申辩更加重了舆论对其人品的质疑。该报还对蒋宋联姻的政治动机进行了深入曝光，这也使得蒋介石不得不有所澄清。

在蒋桂战争与蒋冯战争过程中，《大公报》等媒体一方面视桂系与冯玉祥为军阀，使得桂系与冯玉祥无法在道义上占领制高点；另一方面又站在以蒋介石为代表的南京国民政府一边，维护蒋介石的"党国领袖"地位。一边

---

① 《社评：党祸》，《大公报》1927年4月29日第1版。
② 杨天石主编：《中华民国史》第2编第5卷，北京：中华书局，1996年，第416页。
③ 《蒋总司令对于第二期清党之意见》（1927年5月），浙江省清党委员会编印：《中国国民党清党运动》，1927年，第67—72页。转引自杨奎松：《国民党的"联共"与"反共"》，北京：社会科学文献出版社，2008年，第252页。

倒的社会舆论为蒋介石顺利结束蒋桂战争与蒋冯战争，避免新军阀混战给社会带来更严重后果，起到了一定的作用。

在中原大战中，《大公报》宣称坚持"独立公正之立场"，对军政人物的评论尺度更加自由，其间就不乏有对于蒋介石的严厉批评之辞。值得注意的是，其中一些批评并非为敷衍北方当局，而是针对现实而发，反映了大众媒体对蒋介石的某些不满。这在一定程度上推动了蒋介石在中原大战后发出两"江电"，提出赦免政治犯与召开国民会议制定约法。

宁粤对峙发生后，《大公报》理性分析粤变的性质，反对蒋介石对粤用兵，认为武力解决必然会削弱南京中央的统治基础，该报还对和平解决粤变提出解决方案。反对战争也成为当时社会舆论的一致要求。全国一致的反战舆论一定程度上制止了军事冲突的发生。

在孙科政府期间，《大公报》断言孙科政府"未能充分集中全党势力"而对其"抱十分之忧虑"①。此后，又对孙科政府采取的停付公债本息与对日绝交措施予以严厉的批评。在确定孙科不能左右政局后，《大公报》又参与到迎蒋复职的声浪中去。这些在客观上促成了孙科政府的倒台与蒋介石的第二次复职。

四、军政人物与媒体的关系

这里主要从军政人物如何处理与媒体关系的角度谈军政人物与媒体的关系。积极处理与媒体的关系，借以引导社会舆论，是民国军政人物及其活动的一个独特面相。有头脑有实力的军政人物，善于扬长避短，不是被动地受舆论引导，而是主动与媒体打交道，通过媒体来引导社会舆论与大众。当然，也有情况是一些军政人物因实力有限或处置失当，往往是被动应对新闻舆论，这样也就很难进一步引导社会舆论了。对于1926—1932年间相关军政人物处理与媒体关系问题，大致可以分为如下几种情况：

---

① 《社评：对于新政局之忧虑与希望》，《大公报》1931年12月29日第1张第2版。

（一）被动应对

军政人物被动应对新闻舆论，一般源自新闻舆论使自己处于不利地位，而自己又缺乏干预新闻舆论能力的事实。比如，宁汉对峙时期的南北妥协，由于当时舆论极为关注，迫使奉方与宁方均出面予以否认。甚至在北京与奉方要员接触的宁方代表何成濬也不得不公开向记者发表谈话，称此行"纯系私人行动"①。当时奉宁双方的南北妥协困难重重，且毫无结果，双方均不愿外界知晓，所以当新闻媒体大量报道后，双方不得不有所"澄清"。

蒋宋联姻时期，对于蒋介石的婚姻问题，当时就有社会传言说有人邀请姚冶诚到上海，让蒋难堪，这使得蒋介石不得不在《申报》《民国日报》等报纸上连续三天刊登《蒋中正启事》进行澄清。他还在接见来访记者时对其婚姻问题进行说明。对于蒋宋联姻的政治动机，当时媒体猜测较多，蒋介石也不得不在接受记者访问时特别强调"希诸君注意此次婚约绝无政治关系"②。

再如，1929年湘事发生后，舆论对武汉政分会多有责难，《大公报》等报刊就指出"该分会之举动要为不合也"③。加之后来中央政治会议认为武汉方面驱逐鲁涤平与二届五中全会修改之政分会暂行条例及编遣会议之决议案相违背，更使得社会舆论形成一边倒的局面。这些都使得桂系方面不得不进行公开表态。李宗仁、白崇禧等人就多次通过公开谈话或致电的方式表示"拥护蒋主席，促进统一"④，并希望南京方面保持镇静、稳定大局。

（二）积极引导

通过对1926—1932年军政人物与事件的分析可以发现，不少军政人物在重大事件发展过程中非常注重引导舆论，营造舆论情境，为他们采取相应的军政活动提供足够的社会支持，从而更好地实现预期的军政目标。蒋胡约

---

① 《北京大捧何成濬》，《大公报》1927年8月1日第2版。
② 《蒋介石谈恋爱》，《大公报》1927年10月2日第2版。
③ 《社评：湖南事件》，《大公报》1929年2月27日第1张第2版。
④ 郭廷以编著：《中华民国史事日志》（第2册），台北："中央研究院"近代史研究所，1984年，第437页。

法之争时，蒋介石发表"江电"就是这样。因为遭到了来自胡汉民方面的抵制，召开国民会议、制定约法的主张可能被否决，蒋介石为实现其政治目的，将原电发往上海刊布。这就使蒋胡二人在约法问题上的争论大白于天下。当然，结果正如蒋介石所预期的，他的主张赢得了全国舆论的一致支持。《大公报》就认为"江电"之本意是"以国家政权奉还于全国人民"，因此从国家的角度言，"不失为贤明之主张"。[①] 从社会舆论的导向也可以看出，胡汉民反对制定约法的立场没有得到支持。这也为随后蒋介石在召开国民会议、制定约法问题上采取进一步行动提供了一定的舆论条件。

在 1931 年"九一八"事件之后的宁粤和谈期间，积极与媒体打交道，成为宁粤双方必做的功课。宁方在蒋、胡、汪会面之前就特地向媒体发出信息坚持南京的正统地位，同时也否定了和谈的对等性质，这无疑是在积极争取舆论主导权。而粤方也是积极主动地公开表达自身主张，以获取社会舆论的同情，并试图掌握话语主动权。在谈判进入僵局后，双方纷纷将相关电文向媒体披露，以表明各自立场，争取舆论支持。

在 1932 年孙科政府倒台前夕，蒋介石复出的条件已经成熟的情况下，他仍然多次公开发表谈话，向外界表达他即将"出山"之意，以试探社会对其复出的态度。此外，他还通过张继、何应钦、陈铭枢等人向媒体表示"蒋不能入京，系受粤方人物态度之障碍"[②]，将舆论压力传导到粤方一边，迫使粤方不得不表态不反对蒋介石复出。

（三）主动示好

军政人物对新闻媒体主动示好的目的是塑造自身良好的社会形象，或为自身活动营造良好的舆论环境，或推动事件朝着有利于自己的方向发展。蒋介石就相当注重对《大公报》的笼络。他曾多次接受《大公报》记者的专访，以示对《大公报》的青睐。在南京国民政府时期，蒋介石每日必看《大

---

① 《蒋昨晚宴中央各要人》，《大公报》1930 年 10 月 16 日第 1 张第 3 版。
② 《张何谈谒蒋结果》，《大公报》1932 年 1 月 15 日第 1 张第 3 版；《汪精卫力疾到杭州，下车即赴澄庐与蒋畅谈》，《大公报》1932 年 1 月 17 日第 1 张第 3 版。

公报》，在他的办公室、公馆、餐厅各置一份，以便随时查看。[①] 1929年12月28日，蒋介石为广开言路，曾发出以"大公报并转全国各报馆钧鉴"为抬头的求言通电，内容如下：

> 大公报并转全国各报馆钧鉴：自国民革命军统一全国，中央求治至急，人民望治尤殷，大之欲跻中国于自由平等之域，小之求使民众咸得安居乐业。格于环境，变故迭起，训政既已开始，军事犹难结束，虽为革命进程中必经之阶段，而身受党国付托之重，不能为人民早日解除痛苦，内疚神明，外渐清议，固不忍稍自暇逸，更何敢闭塞聪明。岁月易逝，民国十八年将终，欲收除旧布新之效，宜宏集思广益之规。各报馆为正当言论机关，即真实民意之表现，于国事宜具灼见，应抒谠言，凡党务政治军事财政外交司法诸端，均望于十九年一月一日起，以真确之见闻，作翔实之贡献，其弊病所在，能确见事实症结，非攻讦私人者，亦请尽情批评。并希将关于上述各项之言论及纪事，务希同时交邮寄下，凡属嘉言，咸当拜纳，非仅中正赖以寡尤，党国前途，亦与有幸焉。蒋中正勘印。[②]

1931年5月22日，《大公报》发行满一万号，蒋介石为该报亲笔题写"收获与耕耘"贺词。其中不乏对该报大加赞赏之辞：

> 改组以来，赖今社中诸君子之不断努力，声光蔚起，大改昔观，曾不五年，一跃而为中国第一流之新闻纸。……不愧为民族复兴开始期理想之舆论，亦足为吾艰难创业的国民之楷模。[③]

蒋介石的求言通电与"收获与耕耘"贺词无疑以官方的态度肯定了《大

---

① 王润泽：《张季鸾与〈大公报〉》，北京：中华书局，2008年，第125页。
② 《蒋通电唤起舆论》，《大公报》1929年12月28日第1张第3版。
③ 《收获与耕耘——国民政府主席蒋中正先生为大公报一万号纪念作》，《大公报》1931年5月22日第1张第3版。

公报》在全国报馆中的舆论权威地位。这是蒋介石拉拢利用大众媒体的有力证明。

（四）强力干预

在军政人物掌控政局的情况下，新闻媒体的言论往往会受到军政当局的影响。尤其是当新闻舆论不利于军政当局时，相关媒体的言论会受到强力的干预。比如，在中原大战时期，由于地处反蒋的北方当局控制下的天津，《大公报》多次受到北方当局的警告，很难真正坚持"独立公正之立场"，一度出现批评蒋介石以军权驾驭党权政权的言论，甚至有批评蒋介石不学无术、陷国家于混乱的言论。除此以外，北方当局还严格控制军事消息的发布，有时甚至刻意发布虚假消息，如蒋介石"左臂受流弹伤"的消息、丢失济南的军事失败被称为"改行新战略""诱敌深入"等。这些情况无疑都是军政当局强力控制新闻舆论的结果。

另一个比较明显的例子是在约法之争时期。蒋介石为了消除扣押胡汉民带来的不良社会影响与严重的政治后果，极其注重对社会舆论的控制。因为电报电话严密检查，消息无法传出，新闻媒体不知道其中内幕，对于胡汉民被扣押一事，仅转述当局消息称胡汉民为自愿辞职。之后立法院有人借胡汉民病情大作文章而媒体又争相报道时，蒋介石再一次强力干预，直接召中央通讯社主任余惟一训话，借以管制舆论。在蒋介石的干预下，媒体报道的胡汉民病情明显"有所好转"。当时蒋介石是国民政府主席，实权在握，为了进一步实现他召开国民会议、制定约法的目的，不惜扣押胡汉民，进而强力钳制新闻舆论，这些做法虽然在短时期内达成了预定目标，但负面影响则很深远。

参考文献

（一）档案、文献、资料汇编与工具书

陈红民辑注：《胡汉民未刊往来函电稿》第1-3册，桂林：广西师范大学出版社，2005年。

张海鹏主编：《中国近代史论著目录（1979—2000）》，上海：上海人民出版社，2005年。

王正华编注：《蒋中正"总统"档案·事略稿本》第1册，台北："国史馆"，2003年。

周美华编注：《蒋中正"总统"档案·事略稿本》第2-4册，台北："国史馆"，2003年。

吴淑凤编注：《蒋中正"总统"档案·事略稿本》第5-8册，台北："国史馆"，2003年。

周琇环编注：《蒋中正"总统"档案·事略稿本》第9册，台北："国史馆"，2004年。

高素兰编注：《蒋中正"总统"档案·事略稿本》第10-11册，台北："国史馆"，2004年。

周美华编注：《蒋中正"总统"档案·事略稿本》第12-13册，台北："国史馆"，2004年。

中共中央党史研究室第一研究部编：《共产国际、联共（布）与中国革命档案资料丛书》，北京：中央文献出版社，2002年。

辽宁省档案馆编：《辽宁省档案馆珍藏张学良档案（四）：张学良与中原

大战（下）》，桂林：广西师范大学出版社，1999年。

韩信夫，姜克夫编：《中华民国大事记》，北京：中国文史出版社，1997年。

黄嘉谟：《白崇禧将军北伐史料》，台北："中央研究院"近代史研究所，1994年。

中国第二历史档案馆编：《中华民国史档案资料汇编》第4辑（1），南京：江苏古籍出版社，1991年。

中国第二历史档案馆编：《中华民国史档案资料汇编》第5辑第1编军事，南京：江苏古籍出版社，1994年。

中国第二历史档案馆编：《中华民国史档案资料汇编》第5辑第1编政治，南京：江苏古籍出版社，1994年。

季啸风，沈友益主编：《中华民国史史料外编——前日本末次研究所情报资料》，桂林：广西师范大学出版社，1993年。

郭廷以编著：《中华民国史事日志》第2册（1926–1930），台北："中央研究院"近代史研究所，1984年。

郭廷以编著：《中华民国史事日志》第3册（1931–1937），台北："中央研究院"近代史研究所，1984年。

蒋永敬：《北伐时期的政治史料——1927年的中国》，台北：正中书局，1981年。

沈云龙主编：《近代中国史料丛刊》（0666–0667），台北：文海出版社，1966年。

沈云龙主编：《近代中国史料丛刊三编》（023），台北：文海出版社，1992年。

彭明主编：《中国现代史资料选辑》第3册（1927–1931），北京：中国人民大学出版社，1988年。

彭明主编：《中国现代史资料选辑》第1、2册补编（1919–1927），北京：中国人民大学出版社，1991年。

清党运动急进会：《清党运动》，1927年6月。

荣孟源主编：《中国国民党历次代表大会及中央全会资料》，北京：光明日报出版社，1985年。

孙武霞等编：《四·一二反革命政变资料选编》，北京：人民出版社，1987年。

万仁元，方庆秋主编：《中华民国史史料长编》第25-31册，南京：南京大学出版社，1993年。

魏宏运：《民国史纪事本末》第3册，沈阳：辽宁人民出版社，1999年。

中国第二历史档案馆编：《中国国民党第一、二次全国代表大会会议史料》，南京：江苏古籍出版社，1986年。

中国社会科学院近代史研究所翻译室编译：《共产国际有关中国革命的文献资料》，中国社会科学出版社，1981年。

中华民国史事纪要编辑委员会：《中华民国史事纪要》[民国17年（1928）1-6月]，台北：正中书局，1978年。

罗家伦主编：《革命文献》（第21辑），台北："中央"文物供应社，1959年。

（二）报刊

《晨报》

《大公报》（天津）

《国闻周报》

《民国日报》（上海）

《申报》

《向导》

《新月》

《中央日报》

（三）文集、年谱、日记与忆述资料

程思远：《政坛回忆》，南宁：广西人民出版社，1983年。

陈公博：《苦笑录》，北京：东方出版社，2004年。

陈立夫：《成败之鉴——陈立夫回忆录》，台北：正中书局，1994年。

冯玉祥：《我的生活》，北京：世界知识出版社，2006年。

胡汉民：《胡汉民自传》，台北：传记文学出版社，1987年。

胡适著，曹伯言整理：《胡适的日记全编》（5），合肥：安徽教育出版社，2001年。

黄绍竑：《五十回忆》，长沙：岳麓书社，1999年。

贾廷诗等访问记录：《白崇禧访问录》，台北："中央研究院"近代史研究所，1984年。

《蒋介石日记》，原件藏斯坦福大学胡佛研究所档案馆。

蒋永敬编著：《民国胡展堂先生汉民年谱》，台北：商务印书馆，1981年。

李宗仁口述，唐德刚撰写：《李宗仁回忆录》，桂林：广西师范大学出版社，2005年。

罗家伦，黄季陆主编：《吴稚晖先生全集》卷九（国是与党务），台北：中国国民党中央委员会党史史料编纂委员会，1969年。

毛思诚：《民国十五年以前之蒋介石先生》，香港：龙门书局，1965年。

欧阳哲生编：《胡适文集》，北京：北京大学出版社，1998年。

秦孝仪总编纂：《"总统"蒋公大事长编初稿》，台北：中国国民党中央委员会党史委员会，1978年。

秦孝仪主编：《先"总统"蒋公思想言论总集》，台北："中央"文物供应社，1984年。

沈云龙：《黄膺白先生年谱长编》，台北：联经出版事业公司，1976年。

苏志荣等编：《白崇禧回忆录》，北京：解放军出版社，1987年。

王仰清，许映湖标注：《邵元冲日记（1924–1936）》，上海人民出版社，1990年。

谢泳编：《罗隆基：我的被捕的经过与反感》，北京：中国青年出版社，1999年。

杨恺龄撰编：《民国张静江先生人杰年谱》，台北：台湾商务印书馆，1981年。

张国焘：《我的回忆》，北京：东方出版社，2004年。

张其昀主编:《先"总统"蒋公全集》,台北:中国文化大学出版部,1984年。

中国第二历史档案馆编:《冯玉祥日记》,南京:江苏古籍出版社,1992年。

中国第二历史档案馆编:《蒋介石年谱初稿》,北京:档案出版社,1992年。

中国社会科学院近代史研究所中华民国史组编:《胡适来往书信选》,北京:中华书局,1979年。

中国社会科学院编:《鲍罗廷在中国的有关资料》,中国社会科学出版社,1985年。

朱宗震:《陈铭枢回忆录》,北京:中国文史出版社,1997年。

周雨:《大公报人忆旧》,北京:中国文史出版社,1991年。

张季鸾:《季鸾文存》(下),重庆:大公报社,1944年。

(四)专著

张静等主编:《民国政治史研究》,北京:中国社会科学出版社,2018年,

汪朝光:《蒋介石的人际网络》,北京:社会科学文献出版社,2011年。

王奇生:《党员、党权与党争——1924—1949年中国国民党的组织形态》,上海:上海书店出版社,2009年。

金以林:《国民党高层的派系政治:蒋介石"最高领袖"地位是如何确立的》,北京:社会科学文献出版社,2009年。

黄仁宇:《从大历史的角度读蒋介石日记》,北京:九州出版社,2008年。

陶菊隐:《北洋军阀统治时期史话》,海口:海南出版社,2006年。

陈红民:《函电里的人际关系与政治:读哈佛燕京图书馆藏"胡汉民往来函电稿"》,北京:生活·读书·新知三联书店,2003年。

"从五四运动到人民共和国成立"课题组著:《胡绳论"从五四运动到人民共和国成立"》,北京:社会科学文献出版社,2001年。

杨天石:《找寻真实的蒋介石:蒋介石日记解读》(2),北京:华文出版社,2010年。

杨天石：《找寻真实的蒋介石：蒋介石日记解读》，太原：山西人民出版社，2008年。

杨天石：《蒋介石与南京国民政府》，北京：中国人民大学出版社，2007年。

杨天石：《蒋氏秘档与蒋介石真相》，北京：社会科学文献出版社，2002年。

杨天石主编：《中华民国史》第2编第5卷，北京：中华书局，1996年。

黄道炫：《民国兴衰（蒋家王朝之一）》，北京：中国青年出版社，2001年。

存萃学社编集：《1927–1934年的反蒋战争》（原名《反蒋运动史》），香港：大东图书公司，1978年。

陈森甫：《细说西北军》，台北：德华出版社，1973年。

董显光：《蒋"总统"传》，台北：中华文化出版事业社，1962年。

郭绪印主编：《国民党派系斗争史》，上海：上海人民出版社，1992年。

居正：《清党实录》，台北：文海出版社，1985年。

黎东方：《蒋介石序传》，台北：联经出版事业公司，1976年。

李云汉：《从容共到清党》，台北：及人书局，1987年。

刘继增，毛磊，袁继成著：《武汉国民政府史》，武汉：湖北人民出版社，1986年。

莫济杰，（美）陈福霖主编：《新桂系史》第1卷，南宁：广西人民出版社，1991年。

王俯民：《蒋介石传》，北京：经济日报出版社，1989年。

严如平，郑则民：《蒋介石传稿》，北京：中华书局，1992年。

杨奎松：《国民党的"联共"与"反共"》，北京：社会科学文献出版社，2008年。

杨树标：《蒋介石传》，北京：团结出版社，1989年。

张同新：《国民党新军阀混战史略》，哈尔滨：黑龙江人民出版社，1982年。

张宪文：《中国现代史史料学》，济南：山东人民出版社，1985年。

张宪文，方庆秋主编：《蒋介石全传》，郑州：河南人民出版社，1996年。

张宪文等著：《中华民国史》，南京：南京大学出版社，2006年。

赵政民主编：《中原大战内幕》，太原：山西人民出版社，1994年。

（美）布赖恩·克罗泽：《蒋介石传》，北京：国际文化出版公司，2010年。

（美）费正清，（美）费维恺编，刘敬坤等译：《剑桥中华民国史：1912-1949》，北京：中国社会科学出版社，1994年。

（美）陶涵：《蒋介石与现代中国的奋斗》，台北：时报文化出版企业有限公司，2010年。

（日）家近亮子著，王士花译：《蒋介石与南京国民政府》，北京：社会科学文献出版社，2005年。

（苏）弗·鲍·沃龙佐夫著，王长国等译：《蒋介石》，北京：新华出版社，1992年。

邵培仁等著：《媒介舆论学》，北京：中国传媒大学出版社，2009年。

刘建明，纪忠慧，王莉丽著：《舆论学概论》，北京：中国传媒大学出版社，2009年。

刘建明：《新闻学概论》，北京：中国传媒大学出版社，2007年。

段彪瑞，岳谦厚：《媒体、社会与国家：大公报与20世纪初期之中国》，北京：中国社会科学出版社，2008年。

李秀云：《〈大公报〉专刊研究：1927-1937》，北京：新华出版社，2007年。

方汉奇：《〈大公报〉百年史》，北京：中国人民大学出版社，2004年。

贾晓慧：《〈大公报〉新论——20世纪30年代〈大公报〉与中国现代化》，天津：天津人民出版社，2002年。

方汉奇：《中国新闻事业通史》第2卷，北京：中国人民大学出版社，1996年。

高郁雅：《北方报纸舆论对北伐之反应——以天津大公报、北京晨报为代表的探讨》，台北：台湾学生书局，1999年。

赖光临：《中国近代报人与报业》，台北：商务印书馆，1987年。

赖光临：《七十年中国报业史》，台北：中央日报社，1981年。

刘建明：《基础舆论学》，北京：中国人民大学出版社，1988年。

马艺主编：《天津新闻传播史纲要》，北京：新华出版社，2005年。

任桐：《徘徊于民本与民生之间：大公报政治改良言论评述（1927-1937）》，北京：生活·读书·新知三联书店，2004年。

孙会：《〈大公报〉广告与近代社会：1902-1936》，北京：中国传媒大学出版社，2011年。

徐铸成：《报人张季鸾先生传》，北京：生活·读书·新知三联书店，2009年。

王润泽：《报人时代：张季鸾与〈大公报〉》，北京：中华书局，2008年。

王芝琛，刘自立编：《1949年以前的大公报》，济南：山东画报出版社，2002年。

吴廷俊：《新记〈大公报〉史稿》，武汉：武汉出版社，1994年。

徐宝璜：《论新闻学》，北京：中国人民大学出版社，1994年。

周雨：《大公报史（1902 1949）》，南京：江苏古籍出版社，1993年。

中国人民政治协商会议陕西省榆林委员会编：《张季鸾先生纪念文集》，西安：陕西人民教育出版社，1991年。

陈纪滢：《报人张季鸾》，台北：文友出版社，1957年。

（日）稻叶三千男，新井直之主编，张国成等译：《日本的报业理论与实践》，北京：新华出版社，1985年。

（五）论文

陈红民，何扬鸣：《蒋介石研究：六十年学术史的梳理与前瞻》，《学术月刊》2011年第5期。

陈红民：《蒋介石与"约法之争"》，成都："1930年代的中国"国际学术研讨会论文，2005年8月。

陈雁：《传说、传媒与日记中的蒋宋联姻》，《史林》2012年第1期。

陈谦平：《济南惨案与蒋介石绕道北伐之决策》，《南京大学学报（哲学·人文科学·社会科学版）》2011年第1期。

李玉：《蒋介石与1927年"迁都"之争》，《南京社会科学》2010年第10期。

刘世龙：《济南事件期间的蒋介石与对日"不抵抗主义"》，《史林》2010第1期。

罗敏：《"家事难言"：蒋介石笔下之情爱世界（1927-1937）》，《南京大学学报（哲学·人文科学·社会科学版）》2010年第5期。

杨奎松：《大陆蒋介石研究的回顾与展望》，杭州：蒋介石与近代中国国际学术研讨会论文，2010年4月。

杨奎松：《蒋介石、张学良与中东路事件之交涉》，《近代史研究》2005年第1期。

杨奎松：《蒋介石从"三二"到"四一二"的心路历程》，《史学月刊》2002年第6、7期。

金以林：《陈铭枢与蒋介石关系初探——以宁粤对峙初期为中心的考察》，《民国档案》2007年第1期。

金以林：《蒋介石的第二次下野与再起》，《历史研究》2006年第2期。

金以林：《从汪、胡联手到蒋、汪合作——以1931年宁粤上海和谈为中心》，《近代史研究》2004年第1期。

金以林：《论蒋胡约法之争和国民会议的本质》，北京：中国社会科学院近代史研究所青年学术论坛论文，2000年。

刘大禹：《个人权力之争还是政治态度之争——也谈宁粤对峙、和解与制度变迁》，《民国档案》2009年第4期。

黄道炫：《1980年代以来中国大陆蒋介石研究述评》，《近代史研究》2007年第1期。

黄道炫：《关于蒋介石第一次下野的几个问题》，《近代史研究》1999年第4期。

戴振丰：《鲍罗廷与蒋介石关系之探讨（1924-1927）》，《黄埔学报》（高雄）第49卷，2005年10月。

侯杰，冯志阳：《媒体与领袖形象的建构——以〈大公报〉中的孙中山为例》，天津："孙中山与中华民族崛起"国际学术研讨会论文，2006年11月。

陈进金：《"两湖事变"中蒋介石态度之探讨（1929）》，《"国史馆"学术集刊》（台北），2006年第8期。

陈进金：《东北军与中原大战》，《近代史研究》2000年第5期。

陈进金：《地方实力派与中原大战》，台北："国立"政治大学博士学位论文，2000年。

申晓云：《四一二前后的蒋介石与列强》，《历史研究》2000年第6期。

石涛：《从期望到绝望：舆论视野中的编遣运动——以〈大公报〉社评为中心的考察》，《兰州学刊》2008年第8期。

王正华：《1928年蒋冯关系再探》，《"国史馆"学术集刊》（台北），2007年第11期。

王正华：《1927年蒋介石与上海金融界的关系》，《近代史研究》2002年第4期。

王正华：《国民政府北迁后蒋中正驱逐鲍罗廷之议》，《"国史馆"学术集刊》（台北），2002年第2期。

肖如平：《宁粤对峙与蒋介石的第二次下野》，《民国档案》2009年第2期。

谢信尧：《北伐前后蒋中正先生角色与功能之析论》，《黄埔学报》（高雄）第51卷，2006年10月。

曾业英：《蒋介石1929年讨桂战争中的军事谋略》，《近代史研究》2000年第2期。

张宪文：《从〈大溪档案〉史料析二三十年代蒋介石的军事政治战略》，《南京大学学报（哲学·人文科学·社会科学版）》2000年第1期。

杨天石：《"约法"之争与蒋介石软禁胡汉民事件》，《中国社会科学》2000年第1期。

杨天石：《蒋介石与前期北伐战争的战略策略》，《历史研究》1995年第2期。

杨天石：《济案交涉与蒋介石对日妥协的开端——读黄郭档之一》，《近代史研究》1993年第1期。

杨天石：《蒋介石与北伐时期的江西战场》，《中共党史研究》1989年第5期。

张颂甲：《为〈大公报〉讨还公道》，《新闻记者》1999年第5期。

周颂伦：《1927年蒋介石与田中义一密约述实》，《历史研究》1998年第3期。

孔庆泰：《蒋介石反共清党自何时始新论》，《历史档案》1993年第1期。

孔天熹，段治文：《蒋介石与桂系、冯系、阎系——专论蒋氏取胜的原因》，《民国档案》1993年第4期。

张学继：《1927年蒋介石下野的原因》，《近代史研究》1991年第6期。

郭曦晓：《评蒋介石1927年秋访日》，《近代史研究》1989年第4期。

鹿锡俊：《济南惨案前后蒋介石的对日交涉》，《史学月刊》1988年第2期。

李家振，郭墨兰：《济南惨案述论》，《近代史研究》1985年第5期。

李静之：《试论蒋冯阎中原大战》，《近代史研究》1984年第1期。

龙秋初：《北伐时期的江西战场》，《近代史研究》1984年第4期。

张篷舟：《大公报大事记（1902-1966）》，《新闻研究资料》1981年第2期。

张研：《〈大公报〉与蒋介石（1927-1936）——抗战爆发前〈大公报〉舆论导向的变化和对中国政治影响作用的考察》，北京：北京大学硕士学位论文，2010年。

"孙蒋"江西之战时期：

论评：回头是岸（榆民）

（1926年9月4日，第1版）

武昌之战，可谓民国史上一大事，然吾人所重视者，尚不在于此后战局如何转移，及吴佩孚地位如何消长，而在唤醒中外，注意于两种新事实及其结论。

第一孙中山所统率之革命党，今乃有攻到武汉之武力是也。辛亥之役，党人固无兵，所以南京政府不得不与袁氏议和。自是以来，政权军权，悉在北洋，洪宪之役，西南数省，兴师致讨，然西南之兵，亦非革命党之兵也。所以自民六以来，由表面言，为革命派与北洋派之对峙，而内容则为数种南北军阀之互角，与革命党无与也。孙中山两番在粤，历时五年，军队皆服从，实无一服从，号称革命军，而行动与普通军阀无异。所以中山晚年太息于"南北军人一丘之貉"，然后设军校创党军，欲为国民党造自己之武力。此次攻鄂之役，乃孙中山等多年颠扑顿挫后之新方法，新基础，而证明其成绩者也。

国民党之标明"以党治国"及国际共产党之入党，与夫亲俄色彩之浓，宣传工潮学潮之烈，此皆吾人所反对者。虽然，方法态度问题而已，凡中国人应无根本之差，故无互仇之理。彼反对广东者，动辄目为红军，谥以俄化，一若仇敌外患然。夫党人明明只言求为独立自由之中国，求得国际平等之待遇，且固不共产，更未卖国，何以仇之若此。试观彼等年来外蒙强国之嫉视，内受北洋之高压，然犹能经营惨淡，练成节制之师，崎岖长征，突出武汉，是足知其军队上下，诚有一种热烈之牺牲精神与救国志愿，北方军人之爱国者，固不必仇视之也。

第二北洋正统之消灭是也，吴佩孚自民六任援湘总司令，迄今十年，其为北洋正统所寄者，且五六年，前后指挥大战，凡五六次。夫平心论之，十年来战争之原因，并非吴一人所造，国民党受外力压迫，吴有时亦未尝不受，且其人虽妄，私人品行，犹有可取，虽任情专擅，固亦自信爱国，彼之行动，亦因一种欲统一国家之志愿而来。故当此吴势渐微之时，且各地拥兵者尚有更劣于吴氏之人，故吾人虽反对吴之政策，今转不欲多所诋评，兹所论者，北洋正统消灭之事实而已。过去十五年，武力为北洋派所专有，今则革命党亦有之，以数字或以军火论，北方武力，尚远优于南。然北军绝非一个目的，且或全无目的，党军虽少，乃统一于一个政治的主义与目标之下。就全体言，北方已无组织，不复有袁世凯其人者，笼罩一切，故无论战局变迁如何，北洋正统从此已矣。

吾人由此两种事实，敢竭诚以告北方之爱国军人，曰由前者言，足知党军断不能灭，亦不必灭，由后者言，足知国事须大改造，亦实不得不改造。夫爱国心为多数人所同具，不关党派。如最近奉将于珍在南口演说，军人被利用，供牺牲，同胞互残，胜亦无功，其辞沉痛，继之以泣，军人具此觉悟者，岂独于氏哉。十五年来，以种种形势之逼迫，内外之挑拨，南北健儿死于内战者，不知几十百万人，生灵涂炭，更达极点。卒之皆爱国而结果祸国，皆无心卖国，而国权步步断送于大家之手。夫无论党不党，皆中国人耳。建设独立自由之中国，党与不党，所志宜同。今当长江形势大变之时，北方军人固应舍旧观念，取新方针，要求南军提出办法，公开会议，谋统一新政府之建设。国民党人，亦应旁采各方之见解，修正本身之态度，使民国十五年成为第二辛亥，中华民国之新生命，庶几由此而萌芽成长焉，岂不休哉。至于国际政策，劳工立法，凡新旧所争，苟具诚心，无不立解。舍武力而谋和平，回头是岸，此其时矣。

"汉赣党潮"时期：

社评：中国社会之新波澜
（1927年3月7日，第1版）

国民党在中国社会所掀动之最大波澜，厥为变革旧来一般遇人临事之态度，其外交内政如何，尚在其次。盖中国数千年精神生活之一种变动，而全采自欧洲者也，此种波澜，是否将风靡全国，维持永久，与其前途迁移如何，乃中国今后之总疑问。目前南北军事，其问题尚小也。

孙中山之革命事业，本为东方式，即浪漫的，情绪的，个性的，是也。十三年以后之国民党，则取范于俄罗斯共产党之组织，三民主义之政纲，虽同于二十年前，而根本上实为一新党，不惟非昔日之国民党，且欲一变中国民族数千年之精神生活，其最著者至少有二点。

第一团体生活。中国社会，单位为家族，家族主义者，个人主义之扩大而已。中国教人，以修身齐家为本，治平之事，则属之君子。故中国社会，可谓为一种扩大的个人主义所支配。其优点为发扬个人精神的自由，且务不侵犯他人，而其流弊则为自私自利，中国之衰，亦由于此。现在国民党之态度，乃全为欧洲式，尤其为苏俄式。所谓一切权力在党，党有自由，个人无自由，盖绝对重团体生活，甚至欲抹杀个性，以服从团体。不惟此也，党员一切行动，皆以会议决之，其细胞组织，彻上彻下，为许多级之团体，故每人每日，有许多会议，殆终日在团体生活中。至其农工政策，亦以组织团体为惟一要义，皆抑制个性，而服从团体，此一要点也。

其次则不妥协而尚斗争。试观国民党青年之第一标榜，曰不妥协，故其态度，常为"斗争的"。不妥协者，主义不变之谓，亦惟我独是之谓，凡持异议者，则敌对之。而斗争之态度，不惟对于党外，且并行于党内。如近日武汉党部之攻击张静江，称为昏庸腐朽，虽张为孙中山敬爱之老友，且为多年忠实之党员，而意见不同，即尽量攻击，不留余地，此亦西洋式，非中国式也。

如昨日本报所记，有人谓国民党乃欲采名法墨三家之精神。此说也，甚为新颖，夫支配中国精神生活最多而久者，孔与老也，而老尤甚。老者，个人主义也，消极主义也，其弊在以阴谋权术相尚，中国社会，受老之流弊最大，此诚宜改革者。至孔虽似为中国国教，而殊少实践之人。以孔言，团体生活，与儒家并无冲突，惟彻底斗争之态度，非孔所有耳。自现在大势论之，中国人民应为团体生活之训练，殆为一切进步所必需，然惟物派之斗争主义，是否足以支配今后之国民生活，吾人尚认为疑问也。

至国民党之前途，应视其已身如何。盖若干部之人，陷于列宁所谓之幼稚病，或利用团体生活，及彻底斗争主义，而实发挥个人野心，则前途未可言矣。或由严整而渐流于腐败，则亦不可久矣。至于彼党近年之态度方法，由救济末世自私自利之病症言，不失为一猛烈之剂也，然以纯粹欧式之物，移植老大之中国，则将来尚有几许之化合与变迁，未可知也。

"反共清党"时期：

社评：国共分合之臆测

（1927年4月23日，第1版）

近者国民党蒋介石一派，反对共产系，日以刻露，苏浙粤闽，同时以清党相号召。而湘鄂赣皖讨蒋之声，亦甚嚣尘上。世人以为国共两系，殆将由是分裂。吾人平心察之，觉两系关系，既极复杂，其界限亦极难划清，国民党之分裂，势或不可幸免，而谓此后国共两系，名实俱将截然分道而驰，盖犹未免早计也。

国民党自民国十三年，改从苏俄组织而后，其形式已完全共产化。至精神方面，中山三民主义，本不足餍共产党之望，故共产党断不以加入国民党易其素信，而国民党旧党员则日以左倾，是共不化为国，而国则渐化为共也。

至改组后新加入国民党者，崇奉三民主义，抑皈依共产主义，又或始为信仰三民主义，继而转入共产主义，本人知之，共产党知之，国民党未必知之也。惟国民党既采用苏俄组织，真正精通是项组织之妙用者，自非共产党人莫属，故国民党改组后之发达，不能不归功于共产系。则今日国民党之发达，即认为共产党之发达可也，此言在国民党人，或不乐受，即共产党人，亦良不肯承。盖一二年来，中国共产党之所以发达至是者，徒以在国民党之名之下耳，倘直揭共产党之名以相号召，世人或且吓而走矣。今共产党中崭然露头角者，已不乏人，而社会情形，似尚未能容许共产党坦率以其真面目相见，则国民党之名，共产系万万不能抛弃。无论蒋介石一派，攻击共产党系至于何度，共产系当然挟国民党之名，以党义绳之，绝不正面迎击可知。而国民党新旧党员，除左倾者外，其不满于蒋派者当亦不少，故蒋派挟国以讨共，共系亦挟国以讨蒋，蒋派与共产系不两立，共产系则与国民党不可分。结果，蒋派能自别于共产系，不能别共产系于国民党。既不能别共产系于国民党，则蒋派果欲自别于共产系者，势且不能不自别于国民党，此又非蒋派所欲出也。蒋派与共系既皆不欲自别于国民党，而两派轧轹，又各有不利之点，其影响于国民党自身者尤巨。或由一方之退让而终归于调停者，抑竟相与混战而不恤其他乎。共产系向以沉深坚卓著称，或竟能含忍一时，未可知也。要之国民党左右两翼，迟早终须分道而驰，而今之共产系，绝不离国民党而独行其是，则可断言。南京武昌即互不相下，或一如民国七八年之北京广州，同以护法为号召，而各标榜其为正统焉已耳，如谓国共联合，将由此而破，是何殊见卵而求时夜，见弹而求鸮炙哉。

"反共清党"时期：

社评：党祸

（1927年4月29日，第1版）

观南方近日之党祸，吾人对于所谓宁汉两派实不胜愤懑之意。盖残杀之事，今才发端耳，从此右胜则杀左，左胜则杀右，所谓党以内，无能免矣。而凡挟私杀人者，使其附于右，则将曰吾杀左派也，杀共产党也，而附于左，则曰吾杀右派也，杀反动派杀土豪劣绅或工贼也，党以外无噍类矣。

南方之分野，局中虽各是其是，局外则皆非其非。大抵武汉方面言，为左右之争，自宁沪方面言，则为国共之争，然旁观论断，无一是处。试就左右言，平常解释，左为急进，为澈底，右者对待之词，然武汉之行动，果足为急进乎？果彻底乎？左派之最大标榜，为农工政策，然于中国土地分配之现状，与夫地主佃户之关系，未根本调查以前，而遽定方案，倡言解决土地问题，百亩以下，得入农民协会，百亩以上则否，是则一百零一亩者便为资本家，而九十九亩为劳动者，无是理也。汉制大意，为保护佃户，然地主亦人耳，假令有田数十亩，寡妇孤子，仅赖糊口，徒以不能自耕之故，将事实上不能收其租。且自土豪劣绅之说兴，而两湖乡间，纠纷百出，真正鱼肉乡里者，或安全无恙，而中等良家，或无端破产，凡是只可谓凌乱，不得谓急进也。劳工办法，只有组会，熟练职工，与一切杂役，皆同称为工，同组其会，所资以号召者，惟要求加薪。以性质论，仅劳工运动之初步，而事实上已百业俱废，劳资两穷，此亦只见其少研究，无办法，不得谓彻底也。是以所谓急进与彻底，不过自身一种幻象，以为急进，则急进矣，以为彻底，斯彻底矣。然而，其量绝窄，而气绝胜，苟持异议，则为思想落伍，为反革命，徒勇于斗争，而绝少反省研究之暇，左右之说，岂确论哉。若夫宁沪所标榜之反共，吾人姑不论政策，而论蒋介石之责任，孙中山末年之联俄容共，孰倡之，蒋倡之，孰行之，蒋行之，故共产党之发展，蒋实为第一责任人。然爱之则加诸膝，恶之则投诸渊，前后之间，判若两人。且取缔则取缔已耳，若沪若粤，皆杀机大开，继续不已，是等于自养成共产党而自杀之，无论事实上理由如何，道德上不能免其罪也。当痛念中国青年，今日已陷极大之危机。盖以国民党数年工作之结果，血气青年，辄网罗入党，不国则共，不右则左。今宁汉分裂，且已动杀，此后因军事之变迁，地方势力每一变更，即须流血，寻仇报复，必无已时，湘鄂赣之杀右，与沪粤之杀共，今仅其发轫焉耳。且因国民党自残之结果，党外之黑暗势力更变本加厉，杀人为快。近如重庆王陵基于开纪念会，击杀学生多人，其数不详，而相传极多，男女幼生，宁知国共为何物，而伏尸会场，含冤万古，如此忍行，而托名反共。又如泰州，周荫人兵到，捕杀教员学生等数百人，今后有几个泰州，孰敢保乎。呜呼，吾人诚厌闻所谓左右国共之争，而实不能不代吾全国青年，寻求保障。夫不论左右国共，除其中少数奸猾野心之徒外，彼一般青

附
录

263

年之从事其间者，宁非为救国救民来乎，纵心思幼稚，局量褊浅，手段凌杂，而指导者之过也。至不在党之学生，亦甚多矣，夫新中国之建设，终须赖全国有志青年奋斗，而非自私自利之寄生阶级所能办，则对于各方杀机之开，势不能不大声疾呼，极端抗议。南方所谓领袖人物，首应切悔，纵为兵争，毋累大众。而假令北方有人，必且故反南方所为。彼师赤俄革命之酷烈，我则学普通立宪国之慎刑，然而能喻此义者何人哉。乖戾之气，充塞天壤，流血之祸，逼于南北。孟子曰，不嗜杀人者能一之，中国去统一尚远乎，不然，何嗜杀者之多如是也，悲夫。

宁汉对峙时期：

社评：论名

（1927年5月21日，第1版）

古者师出必有名，其所为名，即主义也。主义正当，故可宣传，惟能宣传，故所向有功。所谓名正而后言顺，言顺而后事成也。顾主义之正当不正当，应由客观决之，盖自主观言，未有不以为正当而奉之为主义者。故主义虽创自一人或少数人，而欲奉以与人周旋，必多数人共认其主义为正当而后可。主义本甚正当，而多数人不认为正当，主义未必正当，而多数人却认为正当，此古今所常有。虽真理终当自明，未及其时，固不可强。而战争者决胜负于须臾，定成败于俄顷，其所仗以为名，必多数人所共喻而深信不疑者，而后足以树援威敌昭业定功，断断然也。夫战争既欲据正当之名为己有，则必不以正当之名予人，不特不以正当之名予人，又必加人以不正当之名，而后正当之名，乃惟己可专。盖战争所以发挥其排他性，自是其是，不得不明彼之非，明彼之非，斯愈以见己之是。故战争者，是非之战争，亦即主义之战争也。今三民主义共产主义帝国主义方混战于国中，胜负虽未知谁属，然观其各所欲据之名，与其所以加诸人者，战争者之自觉可知，国民多数人之心理可知，中国最近将来之趋势可知已。

党军初起，奉其三民主义以讨帝国主义为名，是党军以三民主义之名为正当，帝国主义之名为不正当也。帝国主义之名，果为北方诸军所不乐承，是其名不为多数人所喜可知。然北方诸军究竟奉何主义，迄今无以明之。而其与党军战也，则以讨共产主义名，而不以讨帝国主义名，亦不以讨三民主义名，一若帝国主义之名虽不正当，而未可以名党军，三民主义虽可以名党军，又似未可讨，讨之唯共产主义之名为宜。党军果以只承认三民主义之名，而不承认共产主义之名，是党军亦不以共产主义为正当之名也。未知党军是否真以正共产主义之名为不正当，然其名为多数人所不乐闻，党军固有以知之矣。及蒋中正派与武汉派分裂，于是两派遂共争三民主义之名。美哉三民主义之为名也，武汉派欲攘之，蒋中正派又欲攘之，北方诸军虽不便攘，却亦不便讨，则其名独为多数人所尚，可无疑矣。夫战争不能有攻而无守，亦自不能有守而无攻。蒋中正派与武汉派争三民主义之名，乃其所以为守，守之为名同，则攻之为名异，若攻守之名并同，斯无为为战矣。蒋中正派名武汉派为共产主义，武汉派名蒋中正派为帝国主义派，是蒋中正之所以讨武汉派者，其名与北方诸军阀之所以讨武汉派同，武汉派之所以讨蒋中正派者，其名亦与其所讨北方诸军者无异。可知共产主义之名，北方尝以加诸人而讨之，南方又以加诸人而讨之，帝国主义之名，加诸北人为可讨，加诸南人亦可讨也。今兹所言舍实论名，较然不可欺者，已自如此，则目前之混乱，不待穿凿，而其归趣可识矣。若十百千年以后，最终胜负所在，又是别一问题，今国人扶伤救死之不暇，殊亦未能弘此远谟也。

宁汉对峙时期：

社评：宁汉之争点

（1927年7月17日，第1版）

宁曰反共，汉曰反蒋，其争点似明而实不明，故必须推论其究竟，证明其异同，然后可略知其所以争。

反共之最简单解释曰，破坏国民党，破坏国民革命。反蒋之最简单解释曰，蒋破坏中山三大政策，专制独裁。察南京所谓共产党破坏国民党之证据，为共产党把持党权，排斥纯国民党分子。蔡元培曾举例谓杭州新入党者，非先入共产党，辄拒不纳。又吴敬恒等有数文，阐发共产党在国民党内渐消灭国民党之种种阴谋，大体言之，故设左右之名，构煽离间，渐驱逐国民党分子，而傀儡汪兆铭等三数人，佯奉为领袖，渐垄断一切党权，施行共产主义，消灭三民主义是也。至武汉反蒋之理由，在宁汉未分立以前，专责蒋之倾向独裁，分立以后，则谓其残杀工人，妥协帝国主义。前者之证据，谓政府既决议迁武汉，而蒋稽留数委员于南昌，发号施令，武汉不知。后者之证据，则指上海之解散工会，广州之苦迭达等事，其例日多，不胜枚举。虽然，宁汉之所以争者，应不止此。

代表武汉之态度者，汪兆铭而外，当推邓演达，上月杪邓在湖北省县市联席会议演说："我们打倒蒋介石，不是打倒蒋介石个人，是要打倒反革命的南京伪政府纲领，我们说铲除封建势力，不仅是铲除几个人，是要铲除整个的封建制度"。由此足证宁汉之争，应非个人问题，乃政策问题，试略举其最要数点而对照之。

一、对俄政策。武汉纲领，中国革命为世界革命之一部分，其联俄之义，在为对世界革命之联合战线，故为积极的。南京对俄，因有反共及受共产党反对之关系，故伍朝枢最近宣言，虽言愿继续中俄亲善，但与视其他订平等条约如德奥者，其性质已相似，故为消极的。武汉与俄，为党与党之联合，故汪陈共同宣言，南京亲俄，则将纯为国与国之关系，故虽反共而不言反俄。

二、其他外交。自武汉论，南京已与帝国主义者妥协，且联合压迫封锁武汉。然局外观察，则莫明究竟。察武汉数月来采用所谓新外交策略，以隐忍少事为主，南京则虽极力反共，而与列强之间，依然一事办不动。就名义言，双方皆称反帝国主义，就事实言，则皆在消极状态，故不知其所异何在。

三、农工政策。关于农工政策，若欲下一简单解释，或可目武汉为革命主义，南京为改良主义。察武汉纲领在使农会、工会、自握政权，南京迄今所发表者，为图改良农工待遇为止，此实一大争点。然武汉之农协政策，且失败于湘鄂，武汉工潮，则使武汉经济陷于恐慌，所以两月来，屡下令纠正工农，力取缓和，则革命与改良之区别，实已微矣。

四、阶级斗争。武汉明倡阶级斗争，南京则标榜全民革命，然孙中山二十年前，已倡节制资本，故任如何解释，不能谓国民党为赞成资本主义，是则武汉阶级之说，似理长。然中山同时言中国无大资本家。今之武汉，亦固言与小资产阶级提携，则南京非阶级斗争之说，亦非无理。要之程度问题耳。蒋介石近在沪言，十万百万之商家，在受保护之列，武汉虽言反对大资产阶级，然其限度何在，则未道及，汉口仅有百万以上之公司，亦未尝受没收，则又何说乎。无己求其不同之点，仍归结于武汉将以工会农会为基础，南京则不限之欤。

五、党治观念。武汉党治观念较狭，南京较宽，此或一不同之点。武汉非党之人，动辄加以反革命思想落伍昏庸老朽之称，于智识阶级尤甚，南京则独恶共产党，目为反动派，党外来者网络较宽。武汉之结果，将成为苏俄共产党式之党治，南京之结果，则浸假而将为非党治，或复成民元国民党之状欤。

以上其大体自对照也，而最近则个人仇恨问题，实□入甚深，武汉仇蒋，其程度热烈，几不可以形容，此则数月来推演之结果，非本来应有之义矣。

蒋介石第一次下野与复职时期：

社评：蒋介石之人生观

（1927年12月2日，第1版）

离妻再娶，弃妾新婚，皆社会中所偶见，独蒋介石事，诟者最多，以其地位故也。然蒋犹不谨，前日特发表一文，一则谓深信人生若无美满姻缘，一切皆无意味，再则谓确信自今日结婚后革命工作，必有进步，反翘其浅陋无识之言以眩社会。吾人至此，为国民道德计，诚不能不加以相当之批评，俾天下青年知蒋氏人生观之谬误。

男女，人之大欲也。其事属于本能的发动，动物皆然，不止人类。人生得真正恋爱，固属幸事。然其事不可必，且恋爱对象，变动不常，灵魂肉欲，其事难分。自生民以来，所谓有美满之姻缘尠矣。然恋爱者，人生之一部分耳。若谓恋爱不成，则人生一切无意义，是乃专崇拜本能，而抹杀人类文明进步后之一切高尚观念，或者菲洲生番如此，中国不如此也。夫文明人所认为之人生意义，一言蔽之，曰利他而已。盖人生至短，忽忽数十春秋，与草木同腐，以视宇宙之悠久，不啻白驹之过隙。然而犹值得生存者，则以个人虽死，大众不死故。所以古今志士仁人之所奋斗者，惟在如何用有涯之生，作利人之事，而前仆后继，世代相承，以为建筑文明改善人类环境尽力。行此义者，为人的生活，不然为动物生活。得恋爱与否，与人生意义无关也。或曰：此言固是。然得恋爱，始能工作，失恋爱则意志颓然，蒋氏之意仅在是耳。然此亦大误。盖在有道德观念知人生意义之人，其所以结构一生者，途径甚多，不关恋爱。太史公受腐刑而作史记，成中国第一良史，美国爱迪生，一生不娶，发明电学，裨益人类，古今大学问家大艺术家之不得恋爱者多矣，宁能谓其人生无意义乎。且蒋氏之言，若即此而止，犹可不论，盖人各有志，而恋爱万能之说，中外皆有一部分人持之。蒋氏如此，亦不足责。然吾人所万不能缄默者，则蒋谓有美满姻缘始能为革命工作。夫何谓革命？牺牲一己以救社会之谓也。命且不惜，何论妇人？十八世纪以来之革命潮流，其根本由于博爱而起。派别虽多，皆为救世。故虽牺牲其最宝爱之生命而不辞者，为救恶制度恶政治下之大众，使其享平安愉快之生活故也。一己之恋爱如何，与"革命"有何关联哉？呜呼，常忆蒋氏演说有云：出兵以来，死伤者不下五万人。为问蒋氏，此辈所谓武装同志，皆有美满姻缘乎？抑无之乎？其有之耶，何以拆散其姻缘？其无之耶，岂不虚生了一世？累累河边之骨，凄凄梦里之人！兵士殉生，将帅谈爱，人生不平，至此极矣。呜呼，革命者，悲剧也。革命者之人生意义，即应在悲剧中求之。乃蒋介石者，以曾为南军领袖之人，乃大发其欢乐神圣之教。夫以俗浅的眼光论，人生本为行乐，蒋氏为之，亦所不禁。然则埋头行乐已耳，又何必哓哓于革命！夫云裳其衣，摩托其车，钻石其戒，珍珠其花，居则洋场华屋，行则西湖山水，良辰美景，赏心乐事，斯亦人生之大快，且为世俗所恒有。然奈何更发此种堕落文明之陋论，并国民正当之人生观而欲淆惑之？

此吾人批评之所以不得已也。不然,宁政府军队尚有数十万,国民党党员亦当有数十万,蒋氏能否一一与谋美满之姻缘,俾加紧所谓革命工作?而十数省战区人民,因兵匪战乱,并黄面婆而不能保者,蒋氏又何以使其得知有意义之人生?甚矣不学无术之为害,吾人所为蒋氏惜也。或曰:天下滔滔,何严责蒋氏?曰:果蒋氏自承为军阀,为官僚,则一字不论,其事亦不载。而蒋氏若自此销声匿迹于恋爱神圣之乡,亦将不加以任何公开之批评。今之不得不论者,以蒋氏尚言革命之故耳。吾人诚不能埋没古今天下志士仁人之人生观,而任令一国民党要人,既自误而复误青年耳。岂有他哉?

北伐讨奉前后:

社评:应竭力避免中日第二次冲突

(1928年5月6日,第1版)

吾人以冷静之脑筋,公平之观察,可正言以告中日人士曰,中国国民固始终无敌视日本之意。即以出兵问题证之,田中内阁漠视中国主权,擅为第二次之出兵,其轻侮中国,殆为一般独立国国民所不能忍者,中国国民,竟忍耐之,除外交抗议外,对于日本之人士,未尝有非礼之加,对于日本之货物,未尝有排斥之举,足以证之而有余。日本国民在今日,亦无敌视中国之意,何以证之,田中内阁之出兵,日本多数报纸,与夫野党名流,均昌言反对之。第二次出兵之后,日本实业家在大阪会议,于本月三日,发表对华外交建议案,云"政府对华方针,不无与以有形无形之损害,且导中国国民于误会,故此时政府应以相互亲善,并经济的反映,两国共存共荣之基础,超越政党政派,确立对华根本策"(见昨日本报)。民意之表现如此,亦足以证之而有余。卒不幸,竟一如中日人士顾念国交者所预料,于本月三日,济南竟发生中日两方军队冲突之事,此诚中日两国国民,事前大声疾呼无效,而不得不抱憾无穷者也。夫蕞尔内争之冲,以多数外兵周旋于其间,中日两方稍有常识者,早知其危险。旬日以来,中日国民,无不人人悬念,希望其避免冲突,一旦不能避免矣,尤无不人人悬念,希望其速加谅解,有事化无事，大事化小事。乃不意日电纷传，一则曰此预定之仇日计划也，再则曰，此含有排外之阴谋也，三则曰此尼港南京之同一事件也，谓已惨杀日侨三百名，（即日发现日侨死难者十余，见本报）不得不续派大兵，彻底惩罚。乃事实上，冲突之始，华方当局，即立下禁令，并据福田师团长公电云，蒋曾两次要求停战，黄郛且迭电田中，要求制止，四号即将华兵撤出商埠，华兵华人死者伤者捕者，几不知数，试问果有预定敌意，何以退让至此。甚至国际通例，交战国外交官，不得擅杀者，今以临时冲突，双方当局，方在交涉，毫无丝毫宣战之意味，今宁府公电华方交涉员蔡公时等十余人同被枪杀，此种世界罕见之举，其所以震撼中外人之听闻者，将复如何。然同时日方公报称起因于华兵数人之在一日人家行抢，又称日侨男妇死者十余，有一妇人之死甚惨，又如驻宁武官佐佐木氏之险遇不测，凡此种种，果事实如此，则何以平日民之愤慨者，在我亦应有所尽。然可言者，中国死伤异常重大，前据日方情报，亦谓恐不下八九百人。乃日方在华一部分驰于感情人士，不能冷静保持，远大观察，将日方损害，宣传过大，华方损害，漠视不提，意在刺激本国国民情感，激励世界对华观听，举凡字典内所有之恶名词，穷搜而横加之，充其用意，惟恐范围不扩大，"膺惩"不彻底，举凡中日两国国民现在及将来应相亲善之利益，一概忘却，俨欲倾全国之兵，以泄一朝之忿者然。试问齿牙相错之中日国民，竟因此临时冲突，若日日努力为之种此无穷恶果，使之世世相仇，黄种国民，尚宁有噍类乎。吾人为中日两国国民及其子孙计，窃不愿蔽于感情至此。现在济南冲突虽止，而日本继续派兵，刻日可到，蕞尔区域，集莫大军队，再冲突之事，仍极可虑，吾人实不忍复见，敢正言以告中日两方当局，曰：

日本若能谅解，应速停止继续派兵赴济，已派之兵，陆续撤退，一切善后，听诸外交之解决。

日本如其不能，华方可立将军队，撤出济南，另行部署，济南之事，可由日方任意为之。一切世界国民所不能忍受者，中国今日之国民，甘受诸同种同文号称共存共荣之日本而不辞，以期避免冲突，以后之事，听诸世界国民之公论可也。至于吾人希望中日两方舆情机关，幸勿过为事实外之宣传，勿各为事实内之隐蔽，是非曲直，予天下以共见，庶几两国人民免为宣传所误，互增恶感，导入歧途也。

蒋桂战争时期：

社评：桂系失败之教训

（1929年4月14日，第2版）

此次讨桂军事，成功之速，牺牲之少，逆部反正之勇，阀魁统制之弱，在中国内战史上，皆足打破纪录，创辟新例。此殆党国之威灵，尤征主帅之谋略，宜乎身与其役者，采烈而兴高，而远闻其事者，亦欢欣而鼓舞也。

虽然，中央初意，本只在讨伐桂系首领李白等，对所部军队，原可收容，然而不能不□钜财动大兵以临之者，岂非虞桂系军队之抗拒乎。且李白云云，设无军队在手，则个人已耳。政府处置个人，一令缚之足矣，然不能不大举讨伐者，则以其平日有大规模军队为其所用故也。国家军队，对任何长官之个人，本无绝对服从之义务，因长官与部下之关系，皆公人关系，有基础条件。以现制言，军属于党国，长官苟背党国，部下本可拒令，而何谓党国之合法命令，何谓不合法命令，兵士或难尽晓，军官应无不知。是以桂系军官，既有今日之勇于反桂，则当武汉政分会擅自攻湘之时，早应表示反对。再退一步，当国民政府下制止令时，武汉军官，早不应盲从胡陶。而动员备战，乃平日既俨然桂系，临时亦共同行动，直待中央不得已大举动员，编遣公债无端消费几分之几，然后向之桂者，转而讨桂，向之附阀者，转而攻阀。如此役起因，由于驱鲁涤平用何键，然何键今日亦讨桂矣。桂虽可讨，然讨桂者之中有何键，则固难乎其为桂，亦难乎其为讨矣，诸如此类，不可以胜道也。

此等现象，自绝对的方面言诚可喜，而自相对的方面言，亦可忧。何谓绝对的可喜，盖打破军阀制度，为建设民主国家之必要条件，而此次战役，证明新军阀无力，换言之，证明新造军阀之不可能，无论如何，此殆为好教训也。桂系诸人，有相当之才干能力，而过用私心，妄欲造成系统，扩张势力，其有私于桂省，仅为一方面，实则更欲藉学派以创巨阀。其用意之点，实非民主国家所应有。乃此次初试锋芒，即遭瓦解，腹心学友，平日倚为长城者，反颜相向，弃若敝屣，数年经营，一朝崩溃，此诚现代之活教训也。何谓相对的可忧，夫在民主的组织未完成以前，维持国家，端赖有中心势力，吾人由此意义而赞成国民党政一党专政，去夏以来，逆料平和统一之必能成功者，亦以此一点耳。然不幸以近月之考察，党的精神未能统一，民主集中制之意义，未能充分表现，虽经三全代会之圆满闭幕，而全国党员与民众之热情，依然未见其振发鼓舞，故自根本言之，已稍可虑矣。而此次讨桂之役，在迅速成功之内幕中，实发见军官风气之弱点。换言之，以身居要职之中上级军官，平日妄附派系，自由行动，一朝情势变迁，立趋反对地位，且振振有词以骂军阀焉。夫人类相处，不外公私两方面，公则忠于国家，私则信于个人，平日附阀，不忠也，临时弃友，不信也。官吏本应先公后私，故果为殉公，私可不论，乃公既先背，私复弃之，则社会失其维系之道矣。当此民主势力，尚未形成，党治精神，复未贯彻之时，而一部分新军人之风气又如此，为目前若干年内之平和统一计，转令人增不安之念矣。

是以中央当局，绝勿仅以此次之迅速成功为可喜，亟宜对于大局有善后之道。就军事论，应趁此裁并部队，勿徒奖励桂系部队之反桂，而尽量收录，或甚而升其官以为报酬焉。编遣公债，本为裁兵之用，今不幸既消费若干，应乘此规复武汉之时，实行裁并若干，以弥缺憾。自严格的意义言之，裁一部队，即少一乱源，勿徒喜其从我之易，当知此种兵队之绝不可用。就政治论，中央党局，责任加重，当益存戒慎恐惧之心，党政双方，均须极力改进，庶几精神上物质上，真形成巩固之中央，而中山先生遗言所称平和奋斗救中国者，始可达到钦。若夫仅论目前讨桂之成功，尚不胜忧喜参半之感也。

蒋冯战争时期：

社评：彻底打倒军阀之道
（1929年5月20日，第2版）

自武汉战事告一段落，中原形势，密云不雨者已历多时，直至最近，新幕方渐见揭开。北平方面且盛传讨伐令将下，为减少时局沉闷之精神苦痛计，国民毋宁欢迎此种消息。诚以方今多数人厌乱，而少数人好乱酿乱，乃系一种不可否认之事实。祸机久伏，原因复杂。

衡以毒蛇在手，壮士断腕之义，早日破裂，从速推演，自犹胜于不死不生拘牵掣制之局。盖自北伐完毕，统一告成，本为中国剥极而复生之最上机会。政府既标党治，以党统一国权，而党则应以民主集中制，表现有机体的集团意志，为改造国家，刷新政治之原动力。举凡统兵将帅，无论在中央抑在地方，至是概应解除兵柄，奉还大政，待命于党，党权既超越于军权一切之上，则其整理军制，规划善后，自能以至公至正之精神，发挥至大至强之权威。军制既改，凡百政制，悉可迎刃而解，事至盛也。不幸此种理想尚待完成，始也，军权党权犹相依倚，浸假则党权存于少数领袖之手，而军权亦集中于历史不同性格各异之三数要人，应整而散，宜合而分，党与军，军与军，浸相乖离，而问题渐起。一部分重要人物之溺于环境者，乃在不知不觉中渐又蹈袭军阀旧辙，时局之不安，战乱之酝酿，亦卒与军阀时代相仿佛，浅识者至有"何所为而革命"之叹，此诚可为太息憾惜者也。

夫今日之事，如就表面观察，使有一方领袖宣言下野，以职权还之于党，善后事宜，听诸公决，固不难将满天风雾悉化祥云，然而事实上却未必能如此简单。姑无论党之本身无此组织力，当事者无此大胸襟，藉曰有之，而今日局面，实由北伐告成后多数事实问题推演而来。有如畴昔所谓直皖之战，奉直之战，虽事过景迁，胜者败者皆觉爽然若失，而在当时则固箭在弦上，不得不发，凡彼身在漩涡之中者，若推若挽，殆都有其欲罢不能之势。此际挽回狂澜，消弭钜祸，有无可能性，已非局外者所能断言，与其空谈和平，无裨大局，尚不如希望其从速揭佈，彻底解决，犹可得一新归宿。惟是革命事业，如坠危石，不落不止，今日政局虽极纠纷，而国民对于革命前途，决不宜表示绝望。且正惟纠纷过甚，愈见革命不彻底之害，而国民之应努力者，亦正别有所在。盖就国民理想的希望言之，革命目的，当然在于建设清明政治，与廉洁政府，一日不达到此种境地，则革命一日不算完成，纠纷亦一日不能终息，此点实为真假革命所由分，亦惟有真革命，乃能有真力量与真成功，此一义也。革命对象为打倒军阀，举凡破坏国家，图谋私利，把持权位，专横自恣者，胥为军阀，此种特殊势力一日存在，则革命亦一日不算完成，内战一日不能终息，革命对象既为此项特殊势力，则真革命之使命，便在真正打倒军阀，且亦为真革命乃能澈底摧毁军阀之恶势力，使不能为建设之障碍，此又一义也。吾人明乎此二义，当知今日之内乱之所以不能终息，乃由打倒军阀之不澈底，而其所以不能澈底之故，则由于真革命之效率，犹有未尽之点。由此观之，军阀不足虑，而革命之真诚忠实，乃为国人今后所应益加努力者。易辞言之，惟真革命始可打倒真军阀，实为颠扑不破之原则。党国当局与革命民众，果欲早见长治久安之局乎，窃愿于此原则之实现，三致意焉。

中原大战时期：

社评：领袖人才与国家命运

（1930年6月21日，第2版）

在任何政体之下，领袖人才之关系国家命运者，皆至重大，而在无民主势力之国家，所关尤巨。近代以来，世界各后进国，为西欧潮流所激荡，莫不先后有政治改革之企图，而或奏成功，或陷失败，兴衰之间，演进各异者，则少数领袖人才之不同使之。中国吸收欧化，明末已启其端，迨清同光间，着眼维新，派欧西留学生，输入新科学，实与日本为同时，而六十年来之演进，乃有霄壤之判者，领袖人才之关系也。中国不幸，近代当国者，未遇第一流人才之领袖。曾李之识，不足建国，而权亦未逮，国家命运，为清西后支配者四十年，西后非无才，而识不足以副之，及庚子之变，弱点暴露，威信荡然，清室遂覆。民国人物，孙中山足当现代领袖，而遭际不顺，终身未得当权。袁世凯居大可为之位，有大可为之机，而不学无术，私心用事，遂致覆败，所遗军阀，贻祸国家障碍建设者十数年。袁氏以后，北方继承者之权力与时机，皆不及袁，段一时尚仿佛之，而亦自误，他更不如。民国历史，自民元迄民十五为一段落，其间国民生活，完全虚度，遇欧战千载一时之机会，而一事无成，徒增若干万万之债务，民国第一期建设之以失败告终者，领袖人才不足负责使之也。北洋失败，国党崛兴，至十五年秋，而有北伐之役，血战两年，而统一全国，此民国之一大变迁，亦建国之又一机会。而因国共斗争，党内变迁之结果，与夫外交内政种种之影响，国民政府权力，实际上渐集中于蒋。夫蒋之出现于政治舞台也，正如彗星之突现于天空，盖以全国不知名之人，不数年间，而掌握政府大权，求之历史，盖所罕闻。一般国民，以厌战求治之故，对于此领袖新人，最初大抵俱加以若干之期待。而其人富于机智胆略，行动果决，以人才论，固有杰出之点，向使其能公忠廉洁，为天下倡，则国家今日应渐入小康时代矣。乃不幸其人亦不学无术，以偏私之道治军事，且行贪婪之政，遂使国家再乱，自珠江到黄河，几无一片干净土，将士喋血，人民涂炭，纪纲解纽，不可收拾。以人民地位言之，诚国家最大之不幸。个人成败，犹其小焉者也。呜呼，国家数十年间，当国者之更迭，不过寥寥十数人，以个人成败论，其问题之细甚矣，然四万万人民之前途，乃受其障碍，每一当国者之失败，人民生命财产之牺牲，远无量数，更不能论积极的建设与进步。且尤可痛者，国家公私损失之量，乃与时俱进，社会民生基础之危险，随战役之次数以同增，至于今日，真山穷水尽之时矣。而往者不可追，未来者更如何乎，无已其惟有警告若干有领袖地位者凛念前车，痛自觉悟。须知领袖人物随时之一念，及其态度如何，皆与国家前途有关，个人之成败亦系之，一朝误国，终身误己矣。苟明乎此，庶几望有公忠有能之政治家，以措国家于小康乎。至于真正之建国，则次代之青年是赖乎。而即此拨乱反治之一段落事业，在最近期间，尚无把握也，国家不幸，可胜言哉。

约法之争时期：

社评：论制定约法之必要

（1930年10月17日，第2版）

国民党训政期中，制定约法，以资遵守一节，乃国民党统一中国后之一大悬案。近经蒋中正氏江电向中央提议，召集国民会议，议决颁布宪法日期，并称"于宪法未颁布以前，如需先制定一种训政时期适用之约法，使训政纲领所规定与第一次全国代表大会宣言中之政纲，益能为全国国民所谅解，亦可由国民会议讨论决定之"等语，重申"约法"之议，复令此项问题，再受党内党外之重视。转瞬第四次全国代表大会开会，预料当有相当之讨论。试观五中大会以还，约法问题，曾经不少之争论。即至最近，中央要人，犹有赞否不同之表示，事关宪法未成立前之根本国法，无论正负议论，胥有尽量发挥之必要，且在此大战甫定，海内喁喁望治之时，尤应使人民有申说国家需要之机会。吾人本兹理由，窃愿就此重大悬案，一抒所见，以供国人参考。

查民国十七年国民党北伐成功之后，六月十四日曾发表对内宣言，以"励行法治"，巍然首列，不啻信誓旦旦，昭告有众。八月第五次中央全体会开会，南京特别市党部及上海商界请愿团皆有制定约法之申请，法制局亦提出"请起草约法案"，经中央常会采为提案，中有"总理于其所定革命方略中明认训政时期为'约法'时期，各地于战事停止之日，原应概改'军治'之治为'约法'之治，而所谓'约法'者，依总理之解释，即'规定人民之权利义务与革命政府之统治权'之大法，盖即现代诸国之所谓根本法，特此种根本法，仅适用于训政时期，其性质为暂行者耳"等语。同时中委朱霁青复有相类之提议，皆于训政时期应有约法之理由，言之简捷明快。九日审查会审查兹案，决议送请大会，推定起草委员，俟起草完竣后，再提出第三次全国代表大会通过，迨大会决议，"训政时期应遵照总理遗教颁布约法"。其后常会对此，并无进行，至三全代会则完全推翻兹案，将孙中山先生所著建国方略，建国大纲，三民主义及第一次全国大会宣言等定为效力等于约法之根本大法，遂将约法起草之举完全打销，即焦易堂等提出人权法欲制定约法中之一部分者亦被否决。就国民言，不能不引为遗憾，而于蒋中正氏最近之重提旧案，乃殊欲乐观厥成焉。

夫革命者非常之事也，在势与理，不可以久，不可以屡。故非常之局一终，宜即导入法治，以定人心。现代革命成功之国家，如德，如俄，如土耳其，建国第一件大事，即是制宪。大法既立，国基巩固，任何政争党争，皆只能在宪法范围内为之，全国共守，莫之敢渝，是为以法治之力，保障革命政权，实属最贤明而安全之政策。中国辛亥改革以后，仅有临时约法，破碎不完，卒归废弃，而正式宪法，迄未制定。国民党艰苦经营，虽克统一南北取得政权，而因忽视根本大法之故，国民权利义务之界限不明，中央地方政权之分划未定，国政省政，漫无标准，单行法令，繁复支离。两年以来，当局者感劳而寡效之苦，被治者怀压迫无告之痛，今日苟能促成制宪，还政国民，固属大幸。即令训政时期，未便缩短，苟于民权政制，荦荦大端，能有切实之规定，制为约法，布之全国，使政府人民中央地方，发号承命，各有轨范可循，至少能收汉高入关约法三章之效，使人心归于安定，在国民固得保障，在政府亦得有力之后盾，种种建设，自可历级以进。或者以为孙先生遗教昭垂，已成典则，约法之制，等于多事，吾人所见，殊难苟同。盖孙公遗著，浩瀚渊深，旨非一贯，著非同时，取舍之际，势须变通，从违之间，动须诠释，律同宪典，似有不伦。即如建国大纲所载，五院之立，须在宪政开始时期，试行五权之治，今则提前创设，明明基因事实，从权试办。又如大纲之中，行政院暂设各部，固与现制不同，而总统之称，在今日复未尝实现，至若建国方略之建设计划，三民主义之理论研讨，或关事实条件之有无，或属抽象问题之解说，因时制宜，望文生义，虽起先生于地下，亦未必无斟酌回旋之余地，谓为章则，责诸奉行，笼统含糊，何以昭信，此其一。法律也者，在实质须养成人民之法律的意识，有依法遵守之自觉，在形式须经过相当手续，使制定公布，秩然有序，内容显豁，举国明了。按世界不成文宪法，惟英国有之，然其民两百余年，未经革命，政治习惯，具有悠久之历史，法律的意识，涵养孕育，视他国之有成文法者初无二致。中国国民党，政权在握，未逾三年，宣传党义，迄未普及，将欲以繁赜之理论，错综之政纲，令训政中之国民，有法律的信念，夫岂可能之事，此其二。有此两种特殊情形，吾人认为根据党义政纲，整齐条理，制为约法，不但治者被治者权义之间，有所尊依，即党义政纲，亦可因法律形式而大收普遍宣传之效用，为政府计，为国民党计，乃绝对的有利之事也。抑吾人尤有感者，国民今日初步希望，在求于小康局面之下，稍舒喘息，自谋生存，故反对政争，畏惧兵祸，而保证和平之道，断断乎不在兵力而在法律。苟能明划中央地方权限，规定政权军权范围，政府执此以周旋各方，人民本此翊赞政府，三五年休养生息之后，任何建设，皆有可能。方今拨乱反治之机，稍纵即逝，窃望党国要人，全体民众，宝贵时机，精勤惕厉，努力促成约法，俾将政争纳入正轨，永断兵争根蒂，国家前途，实利赖之。

约法之争时期：

社评：制定约法之完成

（1931年5月14日，第2版）

国民会议，于五月十二日议决中华民国训政时期约法，十三日发表废除不平等条约宣言，此国议两大使命之完成，宜为全国人民所欣幸，兹先就约法贡献数言，兼以志祝。

吾人自十七年第二届五中全会决议"训政时期宜制定约法"以来，常不断的拥护此项决议，中间党议变更，迁延两载。迨大战既兴，汪精卫等曾在太原制一草案，然以与中央敌对之团体所起草，而中央胜利，统一告成，该项草案，自不生效。惟在中央胜利之始，蒋主席即建议中执会，宜召集国民会议，制定约法。本年三月二日，中常会通过十二委员之提议，遂产生约法起草委员会，二届五中之决议，至是复活。五月五日，国民会议开幕。十二日，以半日之力，举行二读三读会，决议约法全文，进行之速，尤出意表，全国人民，犹如吾人夙昔主张宜有约法者，诚不胜庆贺之意也。虽然，约法者，就其本身言，只若干条文而已，其是否名实上能成为全国共守之约法，全在实行之诚意如何，而政府责任为尤重。查人民权利义务章，人民各种自由，除信仰外，皆附以"非依法律不得停止或限制之"之条件，而其继承财产、诉讼、请愿、考试、服公务等各项权利，则皆冠以"依法律"之限制，是易言之，人民之自由与权力，皆受法律之限制或停止，然法律内容，则约法不载。是以本章之适用如何，尚在于各项法律之良否。而约法虽为团体代表所制定，至一般法律之立法权，则属于党属于政府。且也约法所定关于人民之义务各条，除服从公署一条有"依法执行职权之行为"之限制外，纳税及服兵役工役，则单规定有此义务，易言之，如何使人民纳税及服兵役工役，政府可以随时自由规定之矣。是以就约法本身言，关于民权之实际保障，殊不充分。将来能否收预期之效果，其责任仍全在党及政府，此大可注意之一点也。他如国民生计教育两章，多为原则的规定，如何实行，亦全在政府。人民于平时既不能参预立法，复无从监督行政，是约法所定各原则，是否实行，及成绩何若，其责仍将为党及政府所自负。是以自大体言之，自有此约法，而党及政府对于人民之责任，更益加重。自形式言，固为政府人民共守之法律，自实质言，则等于统治者对人民之誓约。煌煌法典，全国共闻，苟不励行，责言立至，诚不得不望党国负责诸公之努力矣。惟人民亦有须绝对自勉者，如关于人民权利义务，不论所谓"依法律"之限制，若何森严，果依法而行，必优于现状远甚，故各界人民今后日常生活上第一要义，为谙各项法律，苟受官厅非法侵害，应依法诉愿，断勿屈忍，犹如约法上已有明白规定者，如第八条"人民因犯罪嫌疑被逮捕或拘禁者，其执行逮捕或拘禁之机关，至迟应于二十四小时内移送审判机关审问，本人或他人，并得依法请求于二十四小时内提审"。第九条"人民除现役军人外，非依法律不受军事审判"。现在各处公安局羁押嫌疑犯人，动辄旬月，黑幕重重，军事机关，往往滥捕军人以外之人民。约法施行后，倘遇此等非法之事，不论何人，皆应依法抵抗，毫勿畏惧。又如生计教育各章，既规定各项良好之原则，人民积极的应援助政府，催促实行，消极的则可抵抗原则上违法之处分，此则愿人民自行努力者也。惟有重要一点，吾人认为有疑问者，在去冬四中全会决议召集国民会议之时，实以"议决训政年限"为召集之一大理由，乃此次约法全文，并未规定及此。据第八十七条，全国有半数省份，达至宪政开始时期，即全省地方自治完全成立时期，国民政府，应即开国民大会决定宪法而颁布之"。依此规定，则训政并无年限，自一种意义言，即可解释为无限之延长。盖自治完成无限期，则训政之终了亦因而无限期也。从前本有训政六年之党的决议，去年蒋主席江电用意，似在缩短之，今乃得一无限延长之结果乎。抑六年终了之党的决议尚有效乎，吾人纵不必空言求缩短，但亦绝对反对更延长。国议诸君，对此点果作何解也。

虽然，自约法制定之日，国民党训政之制度，要之已入于一新时期。从

附录

279

前漫言尊重遗教全部，而法令纷纷，实乏一定轨道，今以政治制度及各项政策原则，俱纳入约法，由全国职业团体之代表者，共同制定。此后人民所以督责政府，及政府所以之治理人民者，皆得以此八十九条为大体之范围，而复有"凡法律与本约法抵触者无效"之规定。苟政府从此努力，人民群起后援，则法治基础，当可渐次确定，主义理论之空辩，亦可减少，俾以全力趋于建设之途，则故吾人竭诚希望者矣。

宁粤对峙时期：

社评：粤事感言

（1931年5月29日，第2版）

粤事激荡推演之结果，竟至别组政府，形成对抗，喘息甫定之大局，又陷入混沌分裂之状态，为国为民，万分不幸。按据广州传来之简单消息观之，第一，广州之新组织中，地方色彩，异常浓厚，即其十三人之委员中，除一二人皆属粤籍。第二，凡旧属国民党之各派粤人，殆呈完全合作之状，其最著者如孙科汪精卫许崇智邹鲁，之数人者，年来早互成秦越，各不相能，而此番聚一炉而治之。第三，唐少川自军政府时代以来，不任官职，乃此番竟以七旬衰翁，挺身加入。凡此种种，皆证明此番举动背景之深刻，而不幸之程度，乃愈增重大也。

国家只许有一政府，全中国必须统一于一政府之下，方能有和平与建设之可论，是以不论在任何时期，以任何理由，而招致国家之分裂者，皆与国家利益，严重违反。况今日之中国，国民党训政之中国也。人民自十五六年时，日盼北伐成功，祝革命胜利，岂不曰一党执政，实行建设，从此可一劳永逸乎。乃北伐告终，未半载而战复起，十八九两年，更有大规模之战，去年九月，始得结束，人民于创巨痛深之余，以为经此牺牲，殆真可高枕无事矣。何也，北伐军力，本以各方拼凑而成，阎冯皆中途加入时党员，其本身原为北方之特殊势力，广西诸将，亦非基础党员，是此等武力之破裂，犹不尽为意外之事。而中央政府，以两年大战，扫荡各方，自此军权归于一，而政权在于党，此真千载一时之机，可谓统一之确定矣。然孰料时未半年，而纠纷又发见于意外的方向，且此番之号召反对中央当局者，乃多为历史甚长之无枪党员，汪邹许姑不论，孙科则中山先生之子，现任铁道部部长要职之人也，乃亦舍中央而走岭表，唐少川为辛亥以来之元老，今亦弃其唐家湾隐居颐养之生活，而甘于投入纠纷之涡中。且观广州施设，与现在中外承认之中央，殆如剧中之唱双包案，甲执监，乙亦执监，甲国民政府，乙亦国民政府，观其氏名，皆党人也，论其标榜，皆党义也，然结果则须决之于战争，人民至此，对国民党前途，对中国前途，殆真感觉一种莫可名状之烦闷。盖如何始可免于内战，如何始能使国民党人先自己相安，直无从加以判断矣。目下之纠纷，已大不了，而此次是否为最后，仍无从预料矣。此诚人民今日惶惑苦痛之所在，而上海公债市场所以反映悲观之趋势也。

然则将如之何，曰，对于广州诸人，吾侪无从向之进言，无已，惟有进言于统治吾侪之中央政府。其意无他，事有能以武力解决者，有不能者，如此次之粤事，即在不能以武力解决之列，此非事实上不能用兵，乃虽胜而不能解决之谓也。中央政府今日所有之兵力，即除开防共剿匪不能他调者以外，尚优于两广远甚，假令尽力发公债以维军费，陆海空三者并用以袭羊城，须时虽稍久，而非不可能者。然结果为党的成功乎否乎，中央政治上之地位，得以增进乎否乎，此则恐因人而观察不同。吾尝思之，国民党之基础，为主义总章与党员，而其取得信仰同情者，尤在中山先生个人之人格精神。夫主义之说，今难言矣，盖一切尚未暇实行，或未及收效，故维持局面之最初义，在党员之守纪而团结。惟自经共产党之混淆，与连年登记之变更，党的形式虽扩张，而内容则削弱，且官僚明袭，共产党暗侵，无形中潜伏不少危机，是以政府所凭以施政之权力中心，事实上逐渐由党的组织而迁移于一般军队之上。夫名义上军人皆党员，文武之说，本不必存，然无奈一般军队未遑改造，军队长官，有许多依然为旧思想旧行动，精神上难为革命之基础。当此过渡时期之重要关头，而有此次粤事之发生，夫中山先生既逝世，人民所视为其代表人者，自为其股肱腹心之党员，故党的干部之合作，对党内对党外，皆属必要。而今日分裂如此，政府纵以兵力削平广东，而本身基础，毋宁更陷于单薄，况用兵进讨之需时乎。苏联斯大林，尝驱逐多数干部党员而成功，然苏联无军阀之存在，一般党员，严守纪律，热心工作，斯大林之建设计划，又事实上著著收功。中国现状，非苏联比，惟有于彼此互让中，以党内之相安，维平和之现局，整军剿匪，徐图建设，凡舍此而欲求痛快如意，结果恐皆得其反。吾人因此主张中央当局对粤军事，以防堵为止，不必急于进讨，最切要可行之策，为蒋胡二公就近在京自行披沥协商，求一适当解决之方法。粤变近因在于胡，而政府责任属于蒋，解铃系铃，二人应可了之，至解决方法，或求之临时全国代表大会，以其议决办法为一切标准。倘政府于用兵之外，努力解决，则全国舆论，必援助政府，其影响当能使粤方诸人感于民意之向背，而不至竟恃疲兵以兴大战，诚能挽回战祸，保障统一，使人民知党员纠纷有不用兵而可以解决之例。即此一端，其增加党全体之信仰已不小，当局者之威望，转因而增高矣。此就中央论如是，至于广州诸人，苟念善后之艰难，统一之匪易，则应勉求解决，勿徒以破坏现局为快，其理显然，更无待论。当此千钧一发之时，甚愿各方有责者冷静一思也。

蒋介石第二次下野与复职时期：

社评：蒋汪入京

（1932年1月21日，第2版）

自京粤统一，国民政府更新，吾人尝致殷恳之期望，并警告当局者，此为国民党对国事负责最后试验之时机。乃荏苒兼旬，政象涣散，成合而不作之势，凛中枢无主之忧，举国慨然，不可终日。今者蒋介石汪精卫二君，接受各方之敦促，定今日到京服务，胡展堂君虽不来，惟知胡君为人者，可断言果政局依轨进行，彼必为政府助，虽在港粤，无碍进行。是以蒋汪今日之到京，应可认为国民党内部统一之实现，对国事最后负责之开始。当兹大难，不能无一言以为蒋汪诸君勉。

还政于民，为最近社会之呼声，实亦中山先生本来之党义。惟民者，是人民大众，非社会之一部或一层。党国近年之训政，完全无功，其所指导之外交内政，同陷失败。今当国家危机存亡关头，国民党应本中山遗嘱，积极唤起民众，以为还政之准备，然同时须仍以全力负此过渡期间之重大责任。惟负责者，非掌握政权强拖硬干之谓，必须有适合国家民族远大利益之政策，且能确实行之。不然，则弄政误国而已。然而政不容常弄，国不堪再误，此领袖诸人应一致彻底觉悟者也。吾人日前立论，谓国家最亟之务，在重新决定政治的总纲领。蒋汪此番负责之后，应全力注意此一大问题。夫政治总纲领非片言可决，亦非少数人可专。需学理，需识见，需研究，故应由政府集中舆论，博采群议以定之。下月召集之国难会议，及议而未定之国民救国会议，自吾人言，皆应为促成解决此一大问题之机关。凡现在全国有智识经验者之智识经验，自应一切网罗，使得充分表现，先与所谓全国社会中坚者，共负此过渡时期安内攘外之责任，以期渐达于还政人民大众之成功。吾人对于中国今后之政治总纲领，亦有若干意见，然目前尚不可具论，愿先陈述数点。第一：日本外患，为今日第一严重问题，自须确立根本方针，及应付步骤。吾人以为政府应速乘东省伪独立国未发表之先，宣布中国对日之具体主张及最后态度。国联转瞬开会，中国应在国联席上，发表绝对否认割裂中国领土行政完整之日本企图。同时宣布，苟日本依照迭次国联决议，撤兵复原，中国愿以如何如何之原则，与日本和平解决关于东省之问题。查国联无力，早经暴露，故强制制裁之事，国联势不能实行，只有藉此机会为宣布中国对日具体主张之用。夫宣布主张，诚不必有效果，然此为必经之阶段，日本倘允，则开交涉，使其执迷不悟，则东省伪独立宣布之日，即中日精神上断交之日！无论日本如何胁迫，断不屈服。政府除充分号召世界舆论，充分应用一切国际形势之外，从此准备非常，唤起民众，以为今后数年甚至数十年之一切方法之斗争！第二：四万万人民之大国，当然富而且强，其未能者，全以未努力之故。清末一误，民国初年再误，国党执政后三误。今已误至水穷山尽，再一懈弛，真不可救，此番汪蒋负责之后，对军事财政经济，必须定最小限度之整理及建设计划，而尤以整理军事为先。吾人尝主张军人领袖大团结之议，蒋君地位，应号召此事。不惟张冯阎李等必使各尽其能，即北洋在野元老，亦须邀其与议。军人领袖一旦团结，可使中外同信从此无内战之可起。同时使军界之智识能力经验，俱可贡献于统一之政府，分担职务，筹划今后之自卫图存。当兹国家极危极险之时，吾深信一切军人必乐于效命，而新旧领袖既各有职责与发言权，则军事政治，可以实行分开，军备能进步，政治免把持，一举两得矣。至如何缩减军费，筹划国防，皆领袖团结后应决议之事也。第三：江西共产党问题，最近情报殊少，但其事未了，自不必论。吾人所最痛心者，日阀武力侵略，我不能与战，而本国同胞，则尚须为惨酷之血战，此四万万人民良心上极大之痛苦！最近赣无战事，故少注意，万一春间战事再起，则国民精神上，将苦痛而至于迸裂矣！故对共问题，必须重立计划无疑也。夫一国之内，不容有内乱，共产党武装四窜，政府势不能不截杜，故自政府言，一切皆不得已。虽然，当兹中国将整个的被日本军阀摧毁吞并之时，为民族生存计，为中山主义计，政府必须抱与民更始之决心，另辟平和的解决赤祸之路。夫共产党，要之皆中国人也，谓宜以不暴动，不割据，不违法扰乱秩序为条件，开放党禁。仿西欧各立宪国办法，许一切左倾或右倾之政治团体或个人，有结社及言论之自由。同时应命刻在俄京之议约代表，向苏联当局正式协议，改变第三国际政策，中止指导中国赤色暴动之方法。按此事关系重大，非此文所能罄，惟望当局先注意及此，容再详论之。